集 集人文社科之思 刊 专业学术之声

集 刊 名：民族史文丛

主办单位：西北民族大学社会科学研究院

主　　编：才让　周松

COLLECTION OF ETHNIC HISTORY STUDIES

2019年第1辑（总第1辑）

集刊序列号：PIJ-2018-335

中国集刊网：www.jikan.com.cn

集刊投约稿平台：www.iedol.cn

民族史
文丛

COLLECTION OF ETHNIC HISTORY STUDIES

2019 年第 1 辑
（总第 1 辑）

才让　周松／主编

社会科学文献出版社
SOCIAL SCIENCES ACADEMIC PRESS (CHINA)

发刊词

20世纪80年代，西北民族学院（后改名"西北民族大学"）历史系（后改名"历史文化学院"）曾编辑发行内部刊物《西北民族文丛》，刊载过不少高质量的学术论文和译文，有一定的社会影响。可惜由于经费等问题，出版几期后，未能赓续。此次我们编辑《民族史文丛》时，有学者建议采用《西北民族文丛》的原刊名，但鉴于现在国内类似的刊物不少，遂以《民族史文丛》为刊名，我们希望对我校的学术传统有所继承，同时，又能体现本刊侧重西北民族历史研究的特色。

"一带一路"倡议的提出和建设，为西北地区的振兴提供了重大的历史机遇。经济的发展离不开物理上的"互联互通"，更离不开心灵上的"互联互通"，这就对我们从事民族问题研究的学人提出了更高的要求，赋予了更大的责任。怎样把握时代的律动，如何继承和发扬优良的学术传统，成为每一位心系国家、民族的学人必须面对和深入思考的问题。必须看到，西北地区民族历史文化的深厚传统和积淀与研究现状之间仍然存在较大的差距。在史料的挖掘与整理、理论的创新和发展、方法的多样与成效、研究的深度和广度诸多方面还有很大的发展空间。只有扎扎实实、脚踏实地地做好基础研究工作，才能为学术话语权的提升创造前提条件，才能为顺应时代要求、经得住历史检验的成果夯实基础。

为此，本刊确定以下三个方面作为办刊的努力方向。

第一，夯实基础，侧重于史料的整理和研究。西北地区是内亚与中原的结合部，是欧亚大陆文明互通的舞台。有着不同文化传统的人类活动都在西北地区留下了丰富的文献典籍资料，如敦煌－吐鲁番文献、黑城文献、拉卜楞寺等藏传佛教寺院所藏文献、民间所藏苯教文献等，今后还会不断出土新文献，它们为西北民族史、区域史的研究提供了坚实的史料支撑。虽然敦煌－吐鲁番文献、黑城文献的研究可谓成果辉煌，但仍有众多的各类文献尚未被学界所触及，有待于今后的发掘和整理。此外，明清以降，西北地方传世文献更是家底不清，其数量、性质、内容都没有经过系统性的梳理，举凡传世方志、家族谱、明清档案等，都有待抢救和整理。因此，本刊十分重视和支持稀见文献的公布、少数民族历史文献的翻译和解读、档案文献的整理和研究，以此切实推进西北民族史研究。

第二，立足西北民族史研究的基本面，突出"丝绸之路"沿线民族史、文化交流史的研究。西北民族大学的民族史研究中，以部分族别史的研究为特色，诸如藏族、蒙古族、回族等民族的历史研究有丰厚的学术积累。在延续学术传统的基础上，我们要加强"丝绸之路"沿线民族史的研究，注重围绕"丝绸之路"民族文化交流史的研究，梳理相关史实，彰显各民族在共建中华文化中发挥的积极作用。文化的交流与共享，是"丝绸之路"历史发展的特点。我们不仅要重视物质文化方面的交流，还要重视非物质文化和精神文化方面的交流，不断拓展研究领域。尤其深入挖掘宗教、档案、考古、图像等方面的资料，深刻揭示现存"丝绸之路"沿线文化遗存中存在的多民族因素。

第三，开阔学术视野，注重新方法、新思路。民族史的研究在最近30多年中取得了长足的进步，成绩斐然。然而，还存在不少薄弱环节，考古学的最新资料与文献对接和解读上还存在明显的脱节，新方法的运用、新思路的展开也存在明显的不足。如何从中国历史发展脉络，从东亚文明演进，从旧大陆东西部的交流，从区域史向全球史的转变等角度审视西北民族史，探索文明繁荣与衰落的变迁规律，多元化解读古代丝绸之路之兴与今天欧亚大陆内部联系再强化的内在逻辑，都给我们提出了一系列重大课题。所以，西北民族史的研究不仅是西北的，也是全国的，不仅是中国的，也是世界的。因此，摆脱单一视角的束缚，广泛吸收国内外新近研究成果，消化吸收，取长补短，增强研究方式的分析性、批判性，以此持续、深入地耕耘民族史研究领域，才有可能出现更多的创新性成果。

众人拾柴火焰高，我们热切盼望以《民族史文丛》为平台，能有越来越多的有志之士加入西北民族史、地方史研究的行列中来，共同努力，携手前行，推进民族史学科的发展。

目　录

青年平台

CONTENTS

Tibetology Research

Ethnic Culture

North Ethnic History

俄氏世系谱中的吐蕃史料考辨[*]

才 让^{**}

内容提要： 俄氏世系谱所记俄氏先祖历史中，多有与吐蕃历史相关的内容。所述俄氏起源于天的神话传说，与吐蕃悉补野王室神话相类似。俄氏家族先后两人出任泥婆罗地区的官员，反映了吐蕃对泥婆罗的经营。俄氏家族成员参与攻占河州之战役，其中提到了"凤林"这一重要的古地名。记述俄氏家族成员担任过的多种官职，如佛教宗师、大贡论等。俄氏世系谱所涉吐蕃的对外战争、职官制度、法律制度等，可与其他文献相印证，具有一定的可信度，对研究吐蕃历史有参考价值。

关键词： 俄氏世系谱 吐蕃 职官制度

吐蕃史研究虽取得了不俗的成绩，但因资料所限，仍存在诸多疑问或未解之谜。吐蕃分裂以后出现的史书中，除学界熟知的王统、佛教源流类史书内有吐蕃史记述外，一些家族世系谱中亦偶见与吐蕃史相关的

* 本文为2014年度教育部哲学社会科学重大课题攻关项目"藏文历史著作总目提要"（项目编号：14YJZD037）的阶段性成果。

** 才让，西北民族大学社会科学研究院院长、历史文化学院教授、博士生导师，国家民委人文社科重点研究基地西北民族文献研究基地主任，西北民族大学学术委员会副主任委员，主要研究方向为民族学、藏学。

资料，但此类文献的真实性到底如何、研究吐蕃史方面是否有参考价值等问题，似未引起学界之注意。本文就俄氏（rNgog）世系谱中所见吐蕃史料予以摘录翻译，并就其内容略加梳理和考辨，进而揭示其所含史料价值。

一　俄氏世系谱文献概述

百慈藏文古籍研究室所编丛书"先哲遗书"之《俄派师徒文集》第 2 册中有两种俄氏世系谱，即《上师俄巴父子历代传记·大宝饰鬘》（*Bla ma rNgog pa yab sras rim par byong pa'i rnam thar rin po che'i rgyan gyi phreng ba bzhugs pa yin no*，以下简称《大宝饰鬘》）和《尊者玛尔巴至俄雄巴父子间的上师传记·宝鬘》（*rJe Mar pa nas brgyud rNgog gzhung pa yab sras kyi bla ma'i rnam thar nor bu'i phreng ba bzhugs so*，以下简称《宝鬘》）。① 编者将《大宝饰鬘》排在了前面（第 1~34 页），实则《宝鬘》（第 35~68 页）·的问世早于前者。

《宝鬘》后记云："诸上师圣者之传记，名宝鬘者，由密咒师贝吉多杰编纂。对此（内容）略加增减后，由俄师二次第瑜伽师菩提释编写。"可知，《宝鬘》是以贝吉多杰所编本为基础，由菩提释修订而成。"菩提释"是梵语名，其藏文名是绛曲贝（Byang chub dpal，意译"菩提祥"）。其为俄氏传人仁波切顿珠贝之子，《青史》称为"仁波切绛曲贝"。他生于金鼠年（1360），去世于火虎年（1446），享年 87 岁。绛曲贝通达俄宗（rNgog lugs）之学，继承父亲的法座，主持寺院，成为俄宗传承的代表人物，有一定的社会影响。宗喀巴大师在准布龙（Grum bu lung）讲法时，绛曲贝曾前去拜会，颇得宗喀巴之礼遇。宗喀巴之弟子妙音法王等从其学法。②

《大宝饰鬘》后记云："金阳鼠年完成。虎年向俄仁波切绛曲贝

---

① 百慈藏文古籍研究室编《俄派师徒文集》（第 2 册），"先哲遗书"，中国藏学出版社，2011。

② 廓·宣尼贝：《青史》（上册），四川民族出版社，1985，第 496~498 页。

（Byang chub dpal）求俄宗诸法时，由我布纳亚释书写。"① "布纳亚释"
（PuN＋ya shri）亦是作者的梵语名，意译"福吉祥"，藏文应是 bSod
nams bkra shis。其为俄宗传人绛曲贝之弟子，生平不详。《大宝饰鬘》完
成于金阳鼠年（1420），而且是在《宝鬘》的基础上完成的。就此可推断
《宝鬘》完成于1420年之前。

此两种著作既是法脉传承史（Chos brgyud），又是俄氏家族世系谱
（gDung brgyud）。首先简述了噶举派祖师玛尔巴之事迹，包括玛尔巴之前
的四代祖先的名称、玛尔巴的后裔、玛尔巴的主要生平等。之后，讲述
玛尔巴四大弟子之一的俄·曲多的家世和生平，是为此世系谱之重点。
俄·曲多所传密法被称为"俄宗"，其传承者以俄氏家族人物为主，故俄
宗同样是一个家族性的噶举派支派。

此二书之结构和内容大致相同，《大宝饰鬘》实际上就是《宝鬘》的
抄本。但是作为写本，免不了会出现抄写之谬误，乃至抄写者有意识的
改写或增补，致使原有面貌可能会发生变异。目前呈现在我们面前的两
个本子，相互间也有一定的差别，人名、地名等的拼写多有不同处。两
个文本间若做对校，亦可订正部分错误。

二　《大宝饰鬘》中的吐蕃史部分译注②

兹以《大宝饰鬘》为底本，选取与吐蕃史相关部分，进行翻译。凡
《宝鬘》中与此有不同者，以及部分词语，以页下注的形式加以说明。两
种本子中，皆有抄写错误，部分文义难解，翻译时只能大致推测而已。
若要完全解决疑惑不解处，尚有待更好的版本之发现。

《大宝饰鬘》："玛尔巴之弟子为喇嘛俄·曲多。俄氏之祖先俄王森波
杰王（rNgog rje Zings po rje）者（与拉脱脱日聂夏同时），从上方（乐化
天之神［'Phrul dga'i lha］）中而来，足踩（为利益众生）九层幻化梯

---

① 此处"虎年"指布纳亚释向绛曲贝求法之年，其间绛曲贝向其传授了《宝鬘》，遂予以
　 抄录。之后，到金鼠年再次编写定稿。故"虎年"似是1410年。
② 原文中的夹注，译文中置于（）中，译文所附地名等的转写，属于夹注的，置于
　 ［］中。

（降临雪域雅东波［Gya' ltum po］地方）降临大地。姓氏属于四原始姓氏之东氏（sTong），从中（衍生）宗氏（'Dzoms rus）九姓①，俄氏是其中之一（从中又衍生出卓聂［sGro gnya'］、玛［rMa］、嘎巴［rKa ba］、甘［Gan］、朗巴［Lang pa］、达［Dar］、郎卓［Lang 'gro］、甲杰［Bya rje］、宁杰［sNyang rje］，此等皆源自俄氏）②。

其中，东宗俄（sTong 'dzom rngog）之子为俄·赞多热弃坚（rNgog Tsan dho re khris 'jam）③。其子俄·达聂斯（rNgag rTag snyan gzigs），被封为泥婆罗（lHo bal）之官员，属下无不听命。其从大食（sTag gzigs）地方游历④，亦有大的（收获），将金玉、绸缎、珍珠、珠宝等大量献与（赞普）⑤，（赞普）心欢喜而赐大金文字告身。

其子俄·贝冲木（rNgog dPal khrom）在松赞干布时期，与吞米桑布扎一道从印度将知识幻化之文字学得后，献与国王，遂命吐蕃之尚论、青少年（Bu tsha）、平民（'Bangs）学习。主持大小计策（'dun pa）⑥的制定，以聪慧（'dzangs）⑦分出升和合⑧、两和克等（计量单位）；给诸蕃人划分区域和门户（sgo ru?），分如（Rus）⑨和千户（sTong lter）⑩。千户长是琛氏（'Chims），代理千户长由俄·贝冲木担任。

---

① 此句《宝鬘》作"其中发展（de las che ba）出九'宗姓'，俄杰（直译为'俄王'——译注）是其中之一"。藏文原文中的"che ba"应是"mched pa"。

② 《宝鬘》无此注释。

③ 《宝鬘》作 rNgog tsan to ri kri 'dzam。

④ sTag gzigs，又译为"波斯"。在敦煌文献《大事纪年》中作 Tag chig，《赞普传记》作 Ta zig，皆为波斯语"Tazi"或"Taziks"的音译；唐代汉语音译为"大食"，参见黄布凡、马德编著《敦煌藏文吐蕃史文献译注》，甘肃教育出版社，2000，第 111 页，"大食"条注释。《藏汉大辞典》认为"sTag gzigs"是"Ta zig"之异写，所指即古代的波斯，今之伊朗。松赞干布时代吐蕃与大食（阿拉伯帝国）间尚无交集，此处之"sTag gzigs"可能是波斯及其以西地区的泛称。

⑤ 此处《宝鬘》的记述更为具体，言从大食获得的物品有"宝座铁轮（Bzhugs khri ljags kyi 'khrul 'khor can）、丝绵之靠背［（rnge rngog）Srin bal gyi rgyab yol can，疑'rnge rngog'是衍文］、装饰以太阳之银鸟（dNgul bya nyi ma'i rgyan cha can）、银鞍（dNgul sga）、黄金甲胄（gSer gyi ya lad can）、金玉、丝绸、珍珠、珍宝等大宗物品奉献而心喜"。

⑥ 'dun pa，《宝鬘》作 mdun pa。正字应是 'dun ma 或 mdun ma。

⑦ 'dzangs，《宝鬘》作 mdzangs，应是。但古藏文文献中 mdzangs 多作 'dzangs。

⑧ 指一升的六分之一。

⑨ Rus，应是"Ru"。

⑩ 《宝鬘》作"sTong sde"（千户），应是。

复次，国王松赞干布和俄·贝冲木二者之时期，俄氏无论出现（财产）散失或人被杀等何种情况时，若（财产）散失，则予'六寻找'（btsal drug）①，得万两赔偿（bstod pa）②；被杀，则获得二万一千（银两）等之赔偿（bstod pa）③。男子的（赔偿）是金马（gSer gyi rta）配玉鞍，以金饰银（Phra men）④为马镫，以'塘续'（'Thing shun）⑤做笼头和嚼子（'Thur srab），以此为赔偿；给妇女赐以一头螺白色雌犏牛，以黄金做牛鼻圈（rNal 'ju）⑥，以丝做鼻绳（rNal thag）⑦，牛背上驮以'缂丝'（Gu zu）⑧和缎子，以此为赔偿。因是国王身边的密咒师，被赐以一把一箭长的黄金之手杖（Phyags shing）⑨。

俄·贝冲木之子为俄·朵斯冲木丹（rNgog mDo gzigs khrom bstan），其继承祖父之职务，担任驻泥婆罗之官员，极为聪慧。其有五子，即赞罗那通（rTsan la nag po）⑩、仁罗那通（Ring la nag po）⑪、赞聂（bTsan gnya'）⑫、仁丹波（Rin ldan pa）⑬（发展到仆跋日地方［Bogs ba ri bya bar chad do］）⑭、赞当日界卢（bTsan to ri gel lo）⑮（发展到康区［Khams su chad］）。赞罗那通降伏大食国（sTag gzigs kyi rgyal khams），仁罗那通降伏回鹘国

① btsal drug，直译为"六种寻找"，可能是指财产受损后的一种赔偿制度。

② bstod pa，意为"褒奖"或"赞颂"。《宝鬘》作"bstad pa"，应是。

③ 《宝鬘》言："俄氏虽出现各种障碍，但授予'散失六寻找'（bor btsal drug）和'法律赔偿'（khrims stod pa）。被杀者，给两万一千（银两）等的赔偿。""stod pa"的过去式为"bstad pa"，意为"交付"，此处译为"赔偿"。《大宝饰鬘》作"bstod pa"，应是"bstad pa"或"stod pa"。

④ Phra men，《藏汉大辞典》释为"非人、鬼神"。但吐蕃时期，又指告身的一种，为第三等级。《新唐书·吐蕃传》译为"金涂银"，《册府元龟》称为"金饰银上"，故可知"Phra men"的形制是以银为主，但其上又涂黄金。王尧等将"Phra men"音译为"颇罗弥"。

⑤ "'Thing shun"，意义不明，"Shun"指"皮子"，"'Thing shun"可能是指一种皮革。

⑥ rNal 'ju，《宝鬘》作 sNa 'ju，应是。

⑦ rNal thag，《宝鬘》作 sNa thag，应是。

⑧ Gu zu，不知何指，与汉语之"缂丝"音近，暂译如上。

⑨ Phyags shing，《宝鬘》作 Phyag shing，应是。

⑩ rTsan la nag po，《宝鬘》作 bTsan dha nag po，而且排在第二位。

⑪ Ring la nag po，《宝鬘》作 Ri la nag po，下文又作 Rin la nag po。

⑫ 《宝鬘》此处注有"lnga tshig"二字。

⑬ Rin ldan pa，《宝鬘》作 Ri ldan po。

⑭ chad，应是 mched，下文亦同。

⑮ bTsan to ri gel lo，to 下文作 sto，lo 下文作 pa，《宝鬘》作 bTsan dho ri gel po。

（Hor gyi rgyal khams），仁丹波能背负大象，赞当日界波（rTsan sto ri gel pa）担任国王的大贡论（Gung blon chen po），获得金玉相叠（gSer gyu rtsegs ma）之告身。国王喜勇武之时，降伏突厥国（Gru klu）①，攻下四大城堡。因其英勇，获得土地之封赏（dpa' ba'i la dor?)②，及豹皮虎皮相间（gung stag spel ba'i yig tshang）之告身，并将白狮子之足爪作为特殊奖励。

阿戚波（lNga tshigs pa）俄·赞聂在国王赤松德赞在位时期，年十三岁时，替父亲担任庙祝（lDang gnyer）③，首次到王臣（rje blon）④ 驾前，获得认可，任内侍'舍独波'（Nang 'khor shan thogs pa）⑤。年十四岁时（bcu gnyis）⑥，唐蕃交战，担任夜间巡逻（悉）南纰波（Mel tshe nam phyed pa）⑦。十五岁时，担任'南热'之祭祀（Nam ral gyi mchod pa）和寺庙等之修缮官。十六岁时，降伏边疆的唐、回鹘（rGya Drug）。进军唐朝时，引蕃军三万，越过扎磨公武铭日（Tra ma gong bu me ru），军队隐匿于中间（dMag thel du spub）⑧，王臣、王民三十六人在军队（ru）的背面居住。唐朝之三位游奕使（Gyen po）及属下三十位（bcu rngog gsum）⑨ 勇士等身带利刃（sku la brdar ba)⑩（而进攻），时（俄·赞聂）之属下忠心耿耿，不惜牺牲，因此军威壮大（mnga' thang che)⑪，砍断唐游奕使之脖子，蹂躏唐人为奴，唐之儿童被捆绑（bsdabs）⑫ 于悬崖，唐狗穿（rGyus）⑬ 于矛尖（sTong）⑭，唐之田地被播种（rGya zho hab gyis

---

① Gru klu，编者在括号中注为 Gru gu。《宝鬘》作 Gru gu，应是。
② dor，下文中指土地之面积单位，故此处暂译如上。
③ lDang gnyer，《宝鬘》作 lha gnyer，应是。
④ rje blon，《宝鬘》作 rje btsun （至尊），有误。
⑤ shan thogs pa，意义不明，可能是官职名。
⑥ bcu gnyis，《宝鬘》作 bcu bzhi，应是。
⑦ nam phyed pa，规范拼写应是 sNam phyi pa。
⑧ dMag thel du spub，疑 thel 是 mthil （中央、中间）之误；spub 意为"倒扣"或"向下"。此句语义不明，暂译如上。
⑨ bcu rngog gsum，《宝鬘》作 bcu phrg gsum，应是。
⑩ brdar ba，意为"磨刀"。《宝鬘》作 gdar ba，其义不明，似有误。
⑪ mnga' thang che，意为"威力大"。《宝鬘》作 mtha' thang phye na，意义不明，似有误。
⑫ bsdabs，似是 bsdams 之误，意为"捆绑"。《宝鬘》作 gdabs，意义不明。
⑬ rGyus，似是 rgyud，《宝鬘》作 rus。
⑭ sTong，似是 mDung （长矛）。

btab?）①，以唐女为俘虏，战胜唐人。时九百人中，俄·赞聂因英勇而获得土地之封赏（dpa' ba'i la dor ro?）②。

之后，将游奕使之首拴于马尾巴，军队隐匿于中间（lag mthil du spub）③，攻下河州城（Kwa chu'i mkhar），砍断凤林（Bum gling）之铁桥，九百（战利品?）到手，金玉以驮运而献，缎子驮在骡子和马上而献。当时向俄·赞聂（'Khor btsan hnya'）④ 和属下九百三十六位，赐以各种享用和奖赏（brtsigs）⑤。特别是对俄·赞聂，赐三张虎皮上镶白狮皮领者（sTag gsum gyi glag pa la seg ge dkar ma'i gung［gong］btang ba gnang）⑥，获得金文字叠加之告身（gSer gyi yi ge rtseg ma）⑦，在阳扎之益沟（Yul yang gra'i yid dgu）地方，分封田百突之面积（zhing dor brgya'i gling），及奴（户）（bran）斯（bZi）⑧、沃加（'Or brgyad）、楚弥（Chu mi）⑨、喀色（Kha gze）⑩ 等，共计二十户作为其属民。娶妻徐布氏（Shud bu bza'）⑪。

其子俄·赞波仁波切（迁徙至南汤［rNam thang du babs]）者，女儿嫁与琛·玉百（'Phyims g·yu bar）⑫。在逻些之止地（lHa sa'i grib），分封田百突，及奴（户）骆悉加（Klog skya）、妥波（Thod pa）、资弥（Tsi mi）等，二十户为其属民。娶娘·夏杰（Nyang Zhwa rje）⑬ 之女为妻。其子俄·赞斯囊跋（rNgog bTsan gzigs snang ba）（住悉囊汤［sNang

---

① rGya zho hab gyis btab，意义不明，暂译如上，俟考。

② dpa' ba，《宝鬘》作 dpa' bo（勇士）。

③ lag mthil du spub，《宝鬘》作 dmag thil du spub，故《大宝饰鬘》之 lag 应是 dmag 之误。此句语义不明，暂译如上。

④ 'Khor btsan hnya'，《宝鬘》作 rNgog bTsan hnya'，应是。

⑤ brtsigs，有修砌、墙等含义。《宝鬘》作 rtsis，意为"计算"。似二者均有误。

⑥ 《宝鬘》作 sTag gsum blag pa dang seg ge dkar mo'i gung btang ba gnang。可译为"赐予三张虎皮，上加白狮子（皮）之领子"，二者意思相近。

⑦ 《宝鬘》作 gSer gyi yi rtser gar，其中 rtser gar 似有误。

⑧ bZi，《宝鬘》作 gZi。

⑨ Chu mi，《宝鬘》作 Chu ma。

⑩ Kha gze，《宝鬘》作 Kha bze。

⑪ Shud bu，吐蕃大姓之一，俄氏谱之写法与敦煌文献同。

⑫ 'Phyims g·yu bar，《宝鬘》作 'Tshams g·yu ber。其中，'Phyims 或 'Tshams 应是 mChims（琛氏），乃吐蕃后族大姓之一。

⑬ Nyang，吐蕃大姓之一。

thang]），女儿嫁与悉贝·趣赞（sBas Che btsan）①，在都普沟尾（Dol phu mdas）②，分封田地三百突，及奴（户）李（Li）、甲（Bya）、让卓（Rang ’gro）、让达（Rang rta）、罗窝（Blo bo）等，四十户人家为其属民，并将山地查拉拆拉（La khra la khre la）、牧地帕羌粗羌（’brog phar cham tshur cham）以内作为势力范围分封。洛窝（Glo bo）在桑日之平地（Zang ril gyi thang）③建造‘桑城堡’（zangs ’khar）④。（俄·赞斯囊跋）统辖楚达二部（Chu rta gnyis ka）⑤，并娶妻德曼萨（lDe sman bza’）⑥。国王赤松德赞对佛法产生信仰之时，其在秦浦南热（’Ching bu nam ral）⑦（建）珍宝殿（rin po che’i khang bu），加绿玉塔和一水晶宝瓶以献；担任佛教宗师（bCom ldan ’das kyi ring lugs），获得大金文字告身；成为佛法大宝三藏，及密续、经教（lung）、秘诀之主宰，向金刚王授（rDo rje rgyal po）灌顶，担任国王身边的大密咒师。

俄·赞斯囊跋子俄·赞斯绰丹（rNgog bTsan gzigs khrom stan）⑧担任‘拉冲’之负责人（La tshong gi zha che ba）⑨，财富大增，娶妻谢藏莫（She bzang mo）⑩。俄·赞斯绰丹子俄·赞斯博噶列（rNgog bTsan gzigs sbo ga lags），俄·赞斯博噶列子悉囊波雄巴（sNgang ba gzhung ba），悉囊波雄巴有二子，芒波杰斯故（Mang po rje gzig gu）⑪、芒赞（Mang btsan）⑫。因二兄弟不睦，弟弟迁徙到卫如堆龙（dBu ru stod lung）。芒波杰斯故有二子，悉达贡斯（sTag gung gzigs）和朗加热斯（glang rgya ra

---

① sBas Che btsan，《宝鬘》作 sBas lce tshan（悉贝·吉参）。

② Dol phu mdas，mdas 似应是 mda’，《宝鬘》作 Dol phu ma bu（都普磨菩）。

③ Zang ril gyi thang，《宝鬘》作 Zang ril gyi ltems。

④ zangs ’khar，应是 Zangs mkhar，直译为“铜城堡”。

⑤ Chu rta gnyis ka，《宝鬘》作 Cha rta ra ga，似有误。

⑥ lDe sman bza’，《宝鬘》作 lHe sman bza’，lHe 似是 lDe 之误。

⑦ ’Ching bu nam ral，《宝鬘》作 ’Ching phu nam ral，其中，’Ching bu 或 ’Ching phu，应是 mChims phu（秦浦），桑耶寺附近的修行地。

⑧ rNgog bTsan gzigs khrom stan，《宝鬘》作 rNgog bTsan khrom bstan。

⑨ La tshong gi zha che ba，La tshong 似指“关口市场”。Zha che ba，《宝鬘》作 Zhal che ba，规范的拼写应是 Zhal lce ba，意为“法官”。此处似指市场的管理者，暂译如上。

⑩ She bzang mo，《宝鬘》作 Shel bza’ mo。

⑪ Mang po rje gzig gu，《宝鬘》作 Mang po rje zi gu。

⑫ Mang btsan，《宝鬘》作 Mnga’ btsan。

gzigs)。贡斯有二子，即悉达热多赞（sTag ra mdo btsan）[1] 和悉达热玉由（sTag ra g·yu yig）[2]。玉由有二子，达妥（rTa tho）（迁徙到羌塘）和玉弃（G·yu khri）[3]。玉弃有三子，贝垒（dPal le，在丹坚）、仁达那（rTan）（在左边）（其有二子，军逋和弃确 [sKyong bu dang Khri mchog]，弃确有三子，即塔米 [mTha' mi]、噶尔擦 ['Gar tsha]、蓓擦 ['Be tsha]，蓓擦有三子，果波 [sGo po]、果琼 [sGo chung]、谢悉帕 [Sher spags][4]）[5]、玉锦（Yul sbyin，迁徙到裹地 [sgog]）。

贝垒有二子，雄波（gShang po）和若波（Rog po）。若波有三子，噶波玉（dGa' po yu）（波刚巴 [po sgang pa]）、嘎啦拜（dGa'la 'bar）（吉仲巴 [skye grong pa]）和杨噶（Yang dga'）（乃喀巴 [na kha ba]）。杨噶之子俄本钦喀巴（rNgog ban chen kha ba，此以上属于旧派）。"

三　相关史事考辨

以下就俄氏世系谱中与吐蕃历史相关之问题，加以梳理，并结合其他文献略加考述。

（一）俄氏的起源

吐蕃王族宣称其始祖源自天，见于吐蕃之碑铭、敦煌文献、《通典》等早期资料，此为学界所熟知，无须引证。吐蕃王室巩固其至上地位而所做舆论宣传的核心之一就是悉补野氏血统高贵，是天神来做人主，这也是其权力正当性最为合理的解释。那么，从吐蕃时代的文献看，源自天的说法似乎为王室所专有，受其统治的其他部落或小邦自无资格如此标榜，即使有此类传说，也因吐蕃政治一统只能缄口不语，不然就对王室的超然地位形成了挑战。但是从后世的文献看，将首领或祖先说成神

---

① sTag ra mdo btsan，《宝鬘》作 rTa ra mdo btsan。
② sTag ra g·yu yig，《宝鬘》作 rTa ra g·yu yig。
③ 《宝鬘》言玉由有三子，即悉达妥（sTag tho）、悉达波（sTag pa）和玉弃。
④ Sher spags，《宝鬘》作 Sher legs。
⑤ 此处的注释，《宝鬘》写在正文中。

的后裔，在吐蕃之前可能是一种普遍的现象，非悉补野王室所独有。到了吐蕃一统后，神道设教，王室赞普的神圣性不断增强，其他部落的地位自不能相比。但吐蕃分裂后，一些家族重新崛起，或继承本身固有的说法（如有些与悉补野氏同样古老的家族），或借鉴吐蕃王室的做法，无不自称天神之后裔，以显示血脉之高贵，并构建起从神到人的先祖世系。有关俄氏祖先的传说，也是在这种历史背景下产生的。俄氏谱中祖先从天而降之说，与聂赤赞普神话的叙事方式相类似，似仿照了聂赤赞普的神话，如言先祖从九层幻化梯降临人间（《弟吴佛教源流》亦云聂赤赞普从九层天梯下降人间）等。与此同时，俄氏谱中又将始祖描述成菩萨式的人物，使其肩负道德使命。本土的神话和佛教的价值观之间得以结合，为此将天界说成是乐化天（欲界六天之第五天），而降临人间的目的则更是崇高无比——利益众生。

俄氏之祖先名俄王森波杰（rNgog rje Zings po rje），而森波杰之名亦见之于敦煌吐蕃历史文书 P. T. 1286 中，作 Zing po rje。森波似指拉萨河流域的小邦政权，"森波杰"三字可理解为森波王。在吐蕃统一前，森波有两位王，即森波杰·悉诺悉迦逋（sTag skya po）和森波杰·弃榜辛（Khei pangs sum）。按此，则俄氏所谓最早的祖先森波杰，实是小邦之王姓。十二小邦的有关记述，史书较为混乱，其中与俄氏相关的记述有如下。

其一，《贤者喜宴》言十二小邦之一的沃普悉榜城堡（'O phu spang mkhar），其王名森杰妥常（Zing rje thon phreng，敦煌文书作 'Ol rje 'i zin brang tsha），大臣是俄（rNgog，敦煌文书作 rNgo，《弟吴佛教源流》作 Go）和卫（dBa's）。rNgog 和 rNgo 可能是同音字。如此俄氏是小邦之大臣，非国王。

其二，P. T. 1286 言十二小邦之一为俄地的柱息城堡（rNgegs yul gyi gru bzhi），有俄王拉章（rNgegs rje 'i la brang）。《弟吴佛教源流》中 rNgegs rje 作 rNgog rje，《贤者喜宴》则作 gNyag rje。rNgegs 和 rNgog 读音相近，容易混用，或可通用。吐蕃大相中亦有姓 rNgegs 者。

其三，《弟吴佛教源流》载四十小邦之一益莫玉周（dBye mo yul drug）的大臣为俄氏（rNgog）。

以上诸说与俄氏谱中之记述间，无完全相吻合的。相比而言，《贤者喜宴》有关沃普悉榜城堡的记述，与俄氏谱间有较高的关联度。"森杰妥常"名中的 Zing rje 二字，与 Zings po rje 相近，其大臣之姓氏又是俄（rNgog）。以此看，俄氏是小邦之大臣，非小邦王。但上文之 rNgegs 与 rNgog 间，如果能通用，则俄氏又是小邦王。俄氏后人虽以起源于天的神话来彰显家族之神圣，但语焉不详，其早期祖先之形象模模糊糊，难以进一步坐实。不过，俄氏谱中出现 Zings po rje 这样见于古文献的名称，的确令人称奇！可以推测俄氏在建构祖先世系时，必有所本，可能依据了早期的文献资料或口碑资料。

（二）吐蕃对泥婆罗的管辖

俄氏谱中提到两位祖先担任过吐蕃驻泥婆罗的官员，即俄·达聂斯（rNgag rTag snyan gzigs）和俄·朵斯冲木丹（rNgog mDo gzigs khrom bstan）祖孙二人。吐蕃的势力翻越喜马拉雅山脉进入泥婆罗，是在松赞干布时期。据《大事纪年》文成公主至吐蕃之年（641），吐蕃杀泥婆罗国王毗湿奴·笈多，立那陵提婆为王。对此《旧唐书·吐蕃传》也有记载。吐蕃能左右泥婆罗国王的废立，泥婆罗自然成了吐蕃的藩属。众所周知，吐蕃对一些征服的邦国往往采用保留王室而又实行吐蕃军政制度的统治方法。例如，对吐谷浑就是如此，吐谷浑国王在吐蕃有一定的地位，但在吐谷浑故地吐蕃推行千户制等一系列制度，进行了严格的控制。是否对泥婆罗也是如此呢？如果从文献记载的一些史事来推断的话，答案是肯定的。

648 年，中印度国王阿罗那顺劫掠唐朝王玄策使团，王玄策逃至吐蕃西境向吐蕃求援，吐蕃派出了吐蕃和泥婆罗的军队去援助王玄策。研究者早已指出王玄策到达的吐蕃西境就是"吐蕃管辖的泥婆罗"[①]，王玄策就近求援符合常理，不然难以想象他在极短的时间内如何经泥婆罗进入吐蕃本土。松赞干布派出的援军中，吐蕃军队有 1200 人，泥婆罗的军队

---

① 克·东杜普：《西藏与尼泊尔之间的早期关系七一八世纪》，伊西兰姆措译，《西藏研究》1987 年第 2 期，第 109 页。

有 7000 人。显然，吐蕃的军队也应是驻扎在泥婆罗的，有调遣之便利。现在尼泊尔境有塔马（rTa dmag，意为"骑兵"）族，据说是吐蕃驻军的后裔①。

除了驻军外，吐蕃从泥婆罗征收赋税，如《贤者喜宴》云："向称为南巴德王（Nam pa lde rgyal）、泥婆罗铜王（Bal po li rgyal）、苏毗铁王（Sum pa lcags rgyal）、门孜王（Mon rtse rgyal）的四方之四王征收赋税，成为吐蕃属民。"② 695 年立的泥婆罗石碑上有向吐蕃纳贡的记述，云："由于尼泊尔向吐蕃纳税的原因，所以每年由五名官员负责率领携带着贡物的苦力到吐蕃纳贡。"③

敦煌藏文文献中称泥婆罗为 Bal po 或 lHo bal④，后者可译为"南泥婆罗"。因泥婆罗在吐蕃西南边，故有是称。而且这一用法一直延续到后弘期，《玛尔巴传》亦将泥婆罗称为 lHo bal。《旧唐书·吐蕃传》亦言："（长安三年）吐蕃南境属国泥婆罗门等皆叛。"故俄氏世系谱中称泥婆罗为 lHo bal，属于吐蕃时期的通行用语。吐蕃既然统治了泥婆罗，自然会派遣军队、官员。俄氏两位祖先先后出任泥婆罗官员的记述，至少与当时的历史大背景是相吻合的。俄·达聂斯还从 sTag gzigs 获得了大量物品，包括金属制品、丝绸、珠宝等，极有可能是通过泥婆罗贸易所得。赞普赏赐给他的大金文字告身，按《贤者喜宴》之所记，这是赐给小贡论、中内相、大整事一级的官员，而此三类官员是"政务九大臣"之组成部分。就此可知吐蕃派往泥婆罗驻守的官员，其告身品级不低，属于吐蕃之重臣，亦想见吐蕃对泥婆罗之重视。

（三）吐蕃社会制度

1. 告身制与官职名

告身是吐蕃一项重要的政治制度，以此体现官员的等级尊卑和社会

---

① 克·东杜普：《西藏与尼泊尔之间的早期关系七一八世纪》，第 109 页。
② 《贤者喜宴》（上册），民族出版社，1986，第 189 页。
③ 克·东杜普：《西藏与尼泊尔之间的早期关系七一八世纪》，第 109 页。
④ lHo bal，除指泥婆罗外，又延伸出"边鄙""蛮貊"等义。参见杨铭《藏文 Bal po 一词的演变》，载四川大学中国藏学研究所编《藏学学刊》（第 10 辑），中国藏学出版社，2014，第 38～43 页。

地位，维护吐蕃统治体系的运转。敦煌藏文历史文献、法律文献及西域出土吐蕃文献中有告身之零散记述；汉文文献新旧《唐书》、《册府元龟》及《南诏德化碑》等中亦有详略不同的记述。告身制度的级别等方面主要见于后弘期的史书，如《贤者喜宴》《弟吴佛教源流》等。有关告身制的史料亦得学界之梳理，研究成果也有不少。但至今对吐蕃告身制度的渊源流变、不同时期的特色等问题，尚不明了。对吐蕃的职官制度的认识，也经学术界不断研究而得以深化，但仍对其职官制度发展变化的一些具体细节，乃至部分官职的职权范围等方面缺乏了解。

俄氏谱中俄氏先祖出任的官职及获得的告身名称有：俄·达聂斯，泥婆罗长官，得大金文字告身；俄·贝冲木，千户代理长官，御前密咒师；俄·朵斯冲木丹，泥婆罗长官；俄·赞当日界波，大贡论，得金玉相叠之告身；俄·赞聂，任内侍"舍独波"、夜间巡逻悉南纰波，金文字叠加之告身；俄·赞斯囊跋，担任佛教宗师，得大金文字告身。另外，提到了"豹皮虎皮相间之告身"。

以下就上文提到的告身和官职，分别加以论述。

俄氏祖先中两人获得大金文字告身，一人担任泥婆罗长官，一人担任佛教宗师。佛教宗师是吐蕃佛教事务的最高负责人，见于译经题记、碑铭、敦煌文献（P. T. 849）等。"佛教宗师"一职最早出现于赤松德赞时期，益西旺布是其第一任。据《巴协》载：

> 时赞普任命益西旺布为宗师。复降旨云益西旺布亦具神通，是我王臣之善知识，所说与佛相同，遂赐衔署，任命为佛教宗师，选为上师之尊。又颁布佛法之诏令，赐小金文字告身，其座次排在大尚论之上，并将神法之衔署置于小衔署之上，交给（佛教之宗师）。①

按此记述，佛教宗师的告身是"小金文字告身"。但《贤者喜宴》所引《巴协》则云授给佛教宗师以大金文字告身。② 西藏昌都地区察雅县香

① 《巴协》（藏文），民族出版社，1980，第62页。佟锦华、黄布凡译注的《拔协增补本》中此部分内容较简。
② 《贤者喜宴》（上册），第381页。

堆区仁达乡丹玛山（Brag gyab ri mda'ldan ma'i brag）摩崖刻石中，亦云参与政教事务的僧人授予金文字以下告身。因此，可知佛教宗师一般被授予金文字一级的告身，则俄氏谱有关佛教宗师告身的记述，与吐蕃历史相符。只是我们在已知的佛教宗师中未见俄·赞斯囊跋之名，而且其名似为俗名，非僧人之法名，再加其有后裔，显见不是出家僧人。则俄氏谱中所说俄·赞斯囊跋之职位，令人存疑。

俄·贝冲木担任的职位有二，其一为 sTong tshab，字面意思似指"代理千户长"，但尚未见到其他记述，不知究竟是何官职。其二是国王身边密咒师（rGyal po'i sku sngags mkhan），《贤者喜宴》作 sKu sngags mkhan①，一般授予大银文字告身。因此，俄氏谱中这个职位的记述也是准确的。

俄·赞当日界波担任了大贡论，得金玉相叠之告身。据《贤者喜宴》所载，大贡论是"政务九大臣"之首，亦即吐蕃之大相。《大相世系表》中无 rNgog 姓者，但有 rNgegs 姓者，如俄·芒响木达擦卜（rNgegs Mang zham stag tshab），担任大相的时间是 725～727 年。如上文所言，rNgegs 与 rNgog 若能通用，则俄氏家族先后出过三任大相（松赞干布之前有两位，之后有一位）。但俄氏谱中所记担任大贡论者之名字，与敦煌文书不一致，也许是记忆之误。大贡论的告身是最高一级的大玉文字告身，此处所谓"金玉相叠之告身"，似指金玉相间之告身或包括金玉两种告身。此亦见之于《柱间史》，言其是唐太宗送给文成公主的嫁妆之一，作 gSer gyu brtsegs pa'i yig tshang chen po②，可译为"大金玉相叠之文字告身"。《柱间史》的作者按自身的文化想象唐朝，实则反映的是本土的习俗。故俄氏谱之记载，亦非孤例，应有依据。又言赞当日界波还获得"豹皮虎皮相间之告身"，及"白狮子之足爪作为特殊奖励"。吐蕃以虎豹等猛兽之皮制品来奖励勇士，并写入有关法律中（称为"六勇饰"）。汉文史书亦言吐蕃的精锐部队着虎豹衣。虎皮装之吐蕃勇士形象又见之于敦煌壁画等。虽然从《贤者喜宴》《弟吾佛教源流》等记载看，吐蕃告身制和虎

---

① 《贤者喜宴》（上册），第 190 页。
② 《柱间史》，甘肃民族出版社，1989，第 175 页。

豹皮制品的奖赏是两种制度，但因对立功人员封赏告身时，又有虎皮制品之奖赏，故极有可能将后者也泛称为"告身"了。俄氏谱中所谓"豹皮虎皮相间之告身"极有可能属于此类。I. T. J. 307 号是一部有关吐蕃告身制度的重要文献，其内记述了对有功人员的奖赏，包括告身和虎皮制品。开篇云："呷哇彭区域所颁，立军功奖赏虎皮告身（sTag yig）。"① 但下文中 Yi gi（告身）和 sTag（虎皮）是分开记述的，未见在虎皮制品后面缀有 Yi gi 字样。因此，sTag yig 可能是"虎皮和文字告身"之省称。

穿戴或使用奖赏的虎豹皮制品是勇士或有功者之象征，自然也能体现一定的社会地位和身份，故获得者乐于炫耀。莫高窟114窟的供养人题记中有"瓜州都督仓曹参军金银间告身大虫皮康公"字样，显然康公的告身是金银相间，而大虫皮是其战功之奖赏，但也成了一种身份，故陆离称为"吐蕃王朝的勋官制度"②。俄·赞当日界波的告身是金玉相间，又因战功卓著而得虎豹皮奖赏。就此亦可知，虎豹皮及相关制品，不但是对下级士兵或军官的奖赏，而且覆盖参战的各阶层。同时，应知虎豹皮制品的获得，并不与告身等级等同，即告身低的也有可能获得高等级的虎豹皮奖励。俄·赞当日界波所得"白狮子之足爪"之奖励，其意与虎豹皮之奖励性质相同。

俄·赞聂任内侍"舍独波"、夜间巡逻悉南纰波等职务，金文字叠加之告身。其中，"舍独波"未见其他记载，从称为内侍看，属于囊论系统的官职。悉南纰波（Nam phyed pa）在《唐蕃会盟碑》上作 sNam phyi pa，汉文译为"悉南纰波"；《贤者喜宴》作 sNam pyi pa，故俄氏谱中的 Nam phyed 应是 sNam phyi 之误。赤德松赞发布的盟誓文书中，有多位官员署名，其中悉南纰波类的官员派在囊论之后，共有 16 位③，可知悉南纰波是吐蕃的一项重要官职。但之前赤松德赞时期发布的盟誓文告中，不见悉南纰波一职④。总之，悉南纰波的职责不够明了。俄氏谱中称为"夜间巡逻悉南纰波"，可能与军职有关。俄·赞聂所得"金文字叠加之

---

① 陈践：《敦煌吐蕃文献选辑·社会经济卷》，民族出版社，2013，第189页。
② 陆离：《吐蕃统治河陇西域时期制度研究》，民族出版社，2011，第112页。
③ 《贤者喜宴》（上册），第412页。
④ 《贤者喜宴》（上册），第372~373页。

告身"，亦不知具体含义。又言俄·赞聂被"赐三张虎皮上镶白狮（皮）领者"。《贤者喜宴》《弟吴佛教源流》言吐蕃有称为"七大"者，其中之一没卢·弃松罗舍（'Bro khri zungs ra shags），因着白狮皮为领之皮袍，被称为"大者"①。吐蕃的法令中虽未见以狮子皮为奖励者，但狮子这一猛兽颇得吐蕃之喜爱，狮子皮通过贸易进入吐蕃进而用来奖励勇士或功勋之士是完全可能的。而且，从《弟吴佛教源流》看，白狮子皮奖赏的规格高于虎皮。

2. 其他社会制度

赔偿命价。俄氏谱言俄·贝冲木时期，"（俄氏）被杀，则获得二万一千（银两）等之赔偿"。此句原文虽然表述不清，使人不明所以，但若结合吐蕃的法律制度，则可知俄氏先人不知何故被人杀害，但又获得了命价赔偿。此处的"二万一千"笔者以为是指银两，不然难解。敦煌吐蕃法律文书中，赔偿的命价数也是以银两为单位的。

土地分封。吐蕃常将田地、平民、奴隶分封给有功于王朝者，俄氏谱中也有反映。例如，俄·赞聂因功，"在阳扎之益沟地方，分封田百突之面积，及奴（户）斯、沃加、楚弥、喀色等，共计二十户作为其属民"。再如，俄·赞波仁波切时，"在逻些之止地，分封田地百突，及奴（户）骆悉加、妥波、资弥等，二十户为其属民"。俄·赞斯囊跋时，"在都普沟尾（Dol phu mdas），分封田地三百突，奴（户）李（Li）、甲（Bya）、让卓（Rang 'gro）、让达（Rang rta）、罗窝等，四十户人家作为其属民。"俄氏谱中 Bran（奴）与 'Bangs 可能是同义。'Bangs 意译为"属民"，'Bangs 既可以包括一般平民，也可以指奴隶等身份低下者。作为平民之指称，又称为"黔首"（'Bangs mgo nag）。吐蕃社会中可将平民分封给权贵、寺院等，成为为贵族或寺院的专门服务者，有人身依附关系，但同时有一定的人身自由和属于自己的财产。如敦煌文献 BD16099《龙年购马契》中有"论孔热属民李钻钻"之记述，论孔热是吐蕃权贵，李钻钻是分封的属民，但李钻钻与他人签署契约，进行交换，说明他有自己的财产，不是奴隶。敦煌契约文献如 P. T. 1080《比丘尼为养女事诉

---

① 《贤者喜宴》（上册），第 379 页。

状》、P. T. 1079《比丘邦静根诉状》、P. T. 1081《关于吐谷浑莫贺延部落奴隶李央贝事诉状》中有 Bran（奴）、Bran mo（女奴）、Bran bu（奴子）等身份出现，可以买卖，可以赠予，如同私有财产。因此，Bran（奴）属于 'Bangs 之一类，但不是所有的 'Bangs 皆是 Bran（奴隶）身份，即使是分封给贵族或寺院的也不是严格意义上的奴隶。P. T. 997《榆林寺庙产牒》中统计有该寺的寺属财产，其中云："属榆林寺之属民共计：唐人二十家、独居男子三十一人、老汉一人，独居女子二十六人，老妪五人，单身男奴二人，单身女奴一人。"① 其中，"属民"就作 'Bangs，"唐人二十家"等属于平民阶层，而男奴、女奴则单独列出，说明其等身份不同于前者。

《贤者喜宴》中，琛·结昔续灯（mChims rgyal gzigs shud ting）有奴九万，属庐·孔赞（Cog ro khong btsan）有属民九百九十户②。前者拥有的 Bran，统计的是人数；后者拥有的 'Bangs，统计的是户数。可能后者所拥有的 'Bangs，单指被分封的平民。另外，吐蕃法律文献中有 Khol yul（汉译文为"奴户"）、rGyal 'bangs（汉译文为"王室民户"）、Gyung（汉译文释为"生产奴隶"）、dMangs kyi bran rkya la gtogs pa（汉译文为"百姓的耕奴"）等，其等具体的社会身份和社会地位有待于进一步的研究。

俄氏谱中用 gcad（bcad 的未来式）或 bcad 表示土地的分割，《贤者喜宴》中亦用 bcad 字。这是较为古老的用法。俄氏谱"田百突之面积"（zhing dor brgya）中的 Dor 就是吐蕃时期计算土地面积的单位。Dor 又称"Dor ka"，直译为"一对牛"，意指一对牛一天所耕之地。Dor 见之于敦煌吐蕃文献、西域出土的简牍文献，在计算土地面积时被广泛使用。吐蕃占领敦煌等地时，有关汉文文献中土地的计量单位称为"突"，研究者已指出就是 Dor 之译音③。姜伯勤在《突地考》中认为一突等于唐制十亩④。

---

① 陈践：《敦煌吐蕃文献选辑·社会经济卷》，第 87 页。原译文中 'Bangs 译为"民户"，笔者引用时改译为"属民"。
② 《贤者喜宴》（上册），第 379 页。
③ 黄布凡、马德编著《敦煌藏文吐蕃史文献译注》，第 246 页。
④ 姜伯勤：《突地考》，《敦煌学辑刊》1984 年第 1 期，第 10～18 页。

（四）吐蕃的对外战争

俄氏谱中多处提到了家族先辈参与的对外战争，并以此炫耀，夸示后人。其中，记述的一次唐蕃战争，令人印象深刻。俄·赞聂曾参与唐蕃战争，俄氏谱云：

> 十六岁时，降伏边疆的唐、回鹘（rGya Drug）。进军唐朝时，引蕃军三万，越过扎磨公武铭日（Tra ma gong bu me ru），军队隐匿于中间，王臣、王民三十六人在军队的背面居住。唐朝之三位游奕使（Gyen po）及属下三十位勇士等身带利刃（而进攻），时（俄·赞聂）之属下忠心耿耿，不惜牺牲，因此军威壮大，砍断唐游奕使之脖子，踩蹦唐人为奴，唐之儿童被捆绑于悬崖，唐狗穿于矛尖，唐之田地被播种（rGya zho hab gyis btab？），以唐女为俘房，战胜唐人。时九百人中，俄·赞聂因英勇而获得土地之封赏。
>
> 之后，将游奕使之首拴于马尾巴，军队隐匿于中间，攻下河州城（Kwa chu'i mkhar），砍断凤林（Bum gling）之铁桥，九百（战利品？）到手，金玉以驮运而献，缎子驮在骡子和马上而献。

此段记述中文字谬误不少，但所记史事可与其他史书相印证。所反映的吐蕃对占领地区的残暴行为，汉文史书亦有不少记载，如《旧唐书·吐蕃传》言吐蕃攻打吴山及宝鸡北界时，"焚烧庐舍，驱掠人畜，断吴山神之首，百姓丁壮者驱之以归，羸老者咸杀之，或断手凿目，弃之而去"。[①] 俄氏谱中记述了战争的残酷性，也是历史真实的反映。反之，其他藏文史书中此类记述较少。此外，所提到的部分古词及古地名同样见之于其他史书。

rGya Drug，有可能是 rGya dang Dru gu 之缩写，一般译为"汉（唐）、回鹘"。Dru gu 有时指突厥，有时指回鹘。rGya Drug 一词，最早见于 P. T. 16 号祈愿文。后弘期文献中，rGya Drug 一词见于萨迦派大师索南孜莫

---

① 《旧唐书》卷一百九十六下《吐蕃列传下》。

的《佛教史入门》，作 brGya Drug①，其中 brGya 应是 rGya 之误。总之，rGya Drug 是吐蕃时期的用法，俄氏谱沿用，说明其必有依据的原始文献。

扎磨公武铭日（Tra ma gong bu me ru），这是一个重要的地名，见之于后期的多种史书中。《贤者喜宴》作"唐之公谷铭日"（rGya'i gong gu rme ru），则俄氏谱中的 gong bu 或许是 gong gu 之误。公谷铭日应是汉语的音译。《贤者喜宴》并言赤松德赞时期唐蕃举行会盟（即长庆会盟），双方在铭日各建一寺，会盟碑立在长安、铭日和拉萨三处。此地原属唐朝，吐蕃东扩以后，公谷铭日就处于唐蕃交界处。但至今此地的具体方位，我们并不清楚。而上译俄氏谱所言战争以河州为中心，则说明公谷铭日应在河州境内。"公谷铭日"这一地名，可能也是源于吐蕃时代的翻译。

Gyen po，敦煌文献《大事纪年》中作 Gyim po，《藏汉大辞典》中释为"哨兵、侦察兵"。《大事纪年》云："至鸡年（玄宗天宝四年，公元745年），赞普行宫驻于羊卓之夷塘，唐将马将军（马灵察）领郭域（俱位）之唐哨兵（rGya'i gyen po）至。"②《贤者喜宴》作 rGya'i gen bo。现代藏文中无 Gyen 字。黄颢和周润年的汉译文中译为"首领"，没有说明，可能是根据前后文义大致推断的。因此，俄氏谱中的 Gyen po 和《贤者喜宴》中的 Gyen po 均应是 Gyim po 之误。但是将 Gyen po 直译成哨兵，又有点文义难通，将军何以只带哨兵？而《大事纪年》中的另一条记载言："（747年）唐哨兵（rGya'i byim［Gyim］po）出现于郭域（俱位），灭小勃律与郭（域）。"③何以"哨兵"就能灭小勃律！俄氏谱中言："对唐朝之三位游奕使（Gyen po）及属下三十位勇士等身带利刃（而进攻）。"按此，Gyen po 是唐朝军队的下级官员。唐朝置于边疆掌握巡逻侦察的军官称为"游奕使"，故本文把 Gyen po 暂译为"游奕使"。

凤林之铁桥（Bum gling gi ljags zam），据《大事纪年》："［至虎年］（肃宗宝应元年，公元762年）……尚结息与尚悉东赞等越凤林铁桥

① 索南孜莫：《佛教史入门》（Chos la 'jug pa'i sgo zhes bya ba'i bstan bcos，直译应是"佛法入门论典"），《萨迦五祖全集》（第9册），中国藏学出版社，2015，第587页。
② 黄布凡、马德编著《敦煌藏文吐蕃史文献译注》，第55页。
③ 黄布凡、马德编著《敦煌藏文吐蕃史文献译注》，第55页。

（Bum glIng ljag zam），率大军攻克临洮军、成州、河州等众多唐廷城堡。"①《大事纪年》中 Gling 字之元音 i 反写外，Ljag 缺再后置字 sa 外，二者的写法相同。以往所知，吐蕃军队占领"凤林铁桥"只见于敦煌文献《大事纪年》中，而俄氏谱中有此记述，则可证明其应有原始文献之依据。凤林即凤林关②，是黄河上的一个重要渡口，也是唐蕃古道上的交通要道。凤林关的具体位置在今临夏西北，靠近炳灵寺处③。根据《大事纪年》和俄氏谱的记载，证明当时在凤林关附近的黄河上是建有铁桥的。Bum gling 这一古地名，后来写成 'Bum gling，成了地道的藏语，意为"十万佛像寺"，专指炳灵寺。宋以后，'Bum gling 又音译为"炳灵"。④

河州城（Kwa chu'i mkhar），即唐朝河州治所在地，即今之临夏市。《大事纪年》中，河州之名藏文作 Ga cu，而 Kwa cu 是瓜州之音译。从上下文判断，俄氏谱中的 Kwa chu'i mkhar 应是河州城。当然从唐代的汉藏对音看，Ga 或 Kwa 与汉语的"河"对不上，Kwa chu 可能是汉语"夏河"之音译⑤，河州正好在夏河岸边。

综上所述，俄·赞聂应是参与了 762 年吐蕃对唐朝河州等地的战争，其所述之情节与实际的历史背景大致相合。

结　语

通过文献的翻译和解读，可以提出如下看法。

---

① 黄布凡、马德编著《敦煌藏文吐蕃史文献译注》，第 57 页。

② 相关地名有凤林山、凤林川、凤林津、凤林县。

③ 其具体地望，研究者颇有争议，参见刘满《西北黄河古渡考》（二），《敦煌学辑刊》2005 年第 4 期，第 102～146 页。该文认为唐代的凤林关在今临夏县莲花镇的原唵哥集（此地已被刘家峡水库淹没）。

④ 对"炳灵"一词之来源，笔者新近撰有专文。

⑤ 根据 P. T. 16 号祈愿文，赤松德赞时期，吐蕃在三方会盟的地点德噶玉彩（De ga g·yu tshal）建了寺院。而德噶玉彩在雅莫塘（g·Yar mo thang）境内，但雅莫塘的具体方位，历史文献中有不同的记述。学界的一种观点认为此处的雅莫塘指大夏川，在今甘肃南部的大夏河流域。马休·凯普斯坦进而指出"德噶"（De ga）实为"大夏"之音译，藏语之 ga 即"夏"，参见马休·凯普斯坦《德噶玉蔡会盟寺的再思考》，载四川大学中国藏学研究所编《藏学学刊》（第 10 辑），卢素文译，中国藏学出版社，2014，第 35～37 页。Ga 和 Kwa 音相近，故此处 Kwa 亦可作"夏"之对音。

其一，俄氏谱中对俄氏先辈在吐蕃时代的历史记述，往往与吐蕃历史相合。所涉及的吐蕃的官职、法律、社会制度以及对外的军事扩张等，皆可得到其他史书的印证。有些十分生僻的词语、地名等出现在俄氏谱中，显然，如果没有一定的依据，这是很难进行臆造的。现在虽然无法得知这些内容最早是什么时候写成文字的，但作为其家族的历史记忆，有一定的客观性和真实性，对吐蕃史研究不无参考价值。

其二，作为家族的记忆往往也是有选择的，即凡被认为是光彩的值得夸耀的历史必然会被代代相传，直至写入谱中。同时，在历史记忆成为文本的过程中，又避免不了对祖先的美化和事迹的放大，甚至攀附或挪用他人的功绩。例如，俄氏谱中言其祖先中有人曾担任过大贡论一职，但我们在相关文献中还没有发现人名相吻合者，对此我们不能不保有一种怀疑的态度。俄氏祖先帮助吞米桑布扎创制文字的说法，虽然对我们有所启发，即吞米在创制文字的过程中有协作者或者助手，乃在情理之中。但孤证难立，只能存疑。就放大历史之记忆而言，藏文的世系谱与内地的家谱间，有着惊人的相似之处。

其三，西藏一些著名的古老家族，均有世系谱，其追溯的祖先无不久远，如萨迦款氏家族、帕竹朗氏家族，以及一些传承苯教的古老家族。因此，家族世系谱成为藏文历史著作的一大类别，其中所隐含的古代史资料，既要引起重视，又要加以甄别，不能盲从盲信。

Textual Research on the Historical Materials of Tubo in the rNgog Genealogy

Cai Rang

Abstract：In the history of rNgog ancestors recorded in the genealogy of rNgog clan, many contents are related to the history of Tubo period. The myths and legends of the rNgog clan originated from the heavens are similar to the myths of the Royal Family of Tubo king. Two ancestors of the rNgog family have served as officials in the Napal areas, and it reflected Tubo's control of Napal. Also, members of the rNgog family participated in the battle of capturing

Hezhou, which mentioned an important ancient place name "Fenglin". According to the genealogy of rNgog clan, members of the rNgog family held many official positions, such as ministers and monks. The wars mentioned in the rNgog genealogy, and official or legal systems can be verified by other documents, so it has certain credibility and reference value to study the history of Tubo period.

Keywords：rNgog Lineage；Tubo；Official System

吐蕃治理对敦煌石窟艺术的影响

马　德[*]

内容提要：吐蕃治理敦煌期间，敦煌石窟的营造不仅继续进行，而且在内容和风格方面发生了巨大变化，净密同窟，显密同崖，让佛教全面进入社会，开创了一个全新的时代，并为后世所传承。

关键词：敦煌治理　敦煌石窟　塔窟组合　显密一体

一　佛教在吐蕃的早期传播

吐蕃王朝是 7 世纪崛起于青藏高原的一个强大的奴隶制王国。在这之前，它也经历了漫长的部落时代及联盟、吞并的过程。一般认为，佛教传入吐蕃是 7 世纪吐蕃王国建立以后的事。但是在许多藏文文献中，提出在拉托托日年赞在位时期，吐蕃已有了佛教，但是对此也有各种不同的说法。《西藏王统记》和不少教法史中说，拉托托日年赞是普贤菩萨

---

　*　马德，历史学博士，敦煌研究院研究员，兰州大学历史文化学院兼职教授、博士研究生导师；首都师范大学历史学院特聘教授，陕西师范大学人文社会科学高等研究院特聘研究员。研究领域涉及敦煌历史地理、敦煌石窟、敦煌文献、敦煌石窟与敦煌文献的结合、敦煌佛教文化、敦煌吐蕃文化研究及历史文化遗产与社会发展关系等。

的化身，有一天，当他登上雍布拉康宫顶的时候，从天空降下了《宝箧经》《诸佛菩萨名称经》《百拜忏悔经》，以及一尊一肘高的金塔、旃陀嘛呢印模、木扎手印等物品，并有声音从空中传来："五代以后，将会出现懂得它们的意义的人。"按时间推算，这应该是 5 世纪前期的事。而五代以后，正好是建立吐蕃王朝的松赞干布时期。而从历史上的情况看，这个传说也并非空穴来风。这就得从吐蕃的起源说起。

近年有一种说法：吐蕃为 5 世纪初，北方五胡十六国时代被夏国灭掉的南凉秃发氏族的后裔，亡国后迁徙到青藏高原腹地的，并举出"吐蕃"为"秃发"的另一种写法。这个说法有一定的道理：南凉时期的地域先后与后秦、后凉、西秦等国纵横交错，文化方面自然少不了交流与互动。而这三个国家都大力推崇佛教，影响到南凉是顺理成章的。这样的话，秃发族人带佛教入藏地也不无可能。而这个时期，正是传说中的拉托托日年赞执掌部落时代。虽然我们不能确认拉托托日年赞本人是不是南凉秃发氏首领，但即使作为外族融入这个部落，进献佛经、佛塔等佛教礼品并无不妥。只是由于这本身就是个传说中的时代，又是佛教时代的吐蕃史家所撰，进献的礼品也就成了传说中的神降之物，这一系列的问题就不难理解了。只是这一切还需要有史实来证明。

至于吐蕃王朝建立之后，佛教在当地的传播和发展，是人所共知的"前弘期"，此处无须多叙。需要强调的是，佛教圣地敦煌曾一度成为吐蕃文化的中心地域，也是被大量的文献和遗迹印证了的历史事实。①

二 吐蕃时期敦煌石窟营造概况

吐蕃统治敦煌时期，石窟的营建分为前后两个时期，前期主要是莫高窟部分洞窟的补修和重修，后期则是新建了一批洞窟。正是从吐蕃统治后期新建的这批洞窟开始，敦煌石窟完成了自身的重大变革。

敦煌石窟创建于 4 世纪中期，经历了十六国、北魏、西魏、北周、

---

① 参见马德《试论敦煌在吐蕃历史发展中的地位》，载敦煌研究院编《敦煌吐蕃文化学术研讨会文集》，甘肃民族出版社，2009。

隋代和唐代前期，一直没有停止营建，以莫高窟为首，包括敦煌西千佛洞、瓜州榆林窟等在内的佛教石窟群，已经有300多座洞窟。从767年开始，在吐蕃与沙州汉唐军民10余年间对敦煌的争夺战争，① 加上吐蕃占领敦煌初期的10余年，前后20多年时间里，敦煌石窟的洞窟营造活动曾一度中止，有许多洞窟的营造半途而废。787年以后，敦煌的社会局势逐步稳定，② 洞窟营造活动才重新开始。刚开始进行营造的，自然是那些战争之前没有完成的洞窟，根据莫高窟崖面上留下的痕迹，这一时期补修和重修的先代未完成窟龛有40多座。有据可查者，例如，莫高窟第201窟，原开凿于唐代前期，窟壁上保存的补修时的题记称："谨就莫高山岩第三层旧窟，开凿有人，图素（塑）未就；创修檐宇，素（塑）绘复终。"③ 该窟内吐蕃时期绘制的南壁壁画所表现出的盛唐余风，证明它的补修时间就在吐蕃占领初期。又如，敦煌文书 P.1991v《莫高窟塑画功德赞文》残文，是蕃占初期的作品，它所记为吐蕃统治后敦煌最早开始的佛窟营造活动之一。在莫高窟崖面上属唐代前期开凿的第205窟，主室西壁即为吐蕃时期绘画，下部有20多位男供养人画像，其题名均只冠以"社人"称号④，推测应是赞文所记"官品社"，即陷没于吐蕃的唐朝的"破落官"们所组织之修窟社团，因江山易主，故不便在窟壁上书其原官职。再如，莫高窟第216窟西龛下，保存了吐蕃统治时期《再修功德记》墨迹⑤，明确记载了敦煌某社社众在社长氾光秀、社人宋先言等人的组织下，"命良工……粉之绘之，再涂再腰，或饰或装，复雕复错"的过程，该窟现存壁画多为吐蕃时期所绘。除此而外，虽然文献中没有保存下明确记载，但莫高窟的许多洞窟，如第379、第386、第205、第212、第218、第225等窟，都是吐蕃时期补修和重修的前代洞窟，有个别洞窟如第212窟，至今尚未完全绘制完毕⑥。

---

① 有关吐蕃进攻和占领敦煌的年代，学术界有多种说法。此处用笔者自己的说法，即767～777年，具体可参见马德《敦煌陷蕃年代再探》，《敦煌研究》总第5期。
② 参见马德《敦煌莫高窟史研究》，甘肃教育出版社，1996。
③ 敦煌研究院编《敦煌莫高窟供养人题记》，文物出版社，1986，第91页。
④ 敦煌研究院编《敦煌莫高窟供养人题记》，第94页。
⑤ 敦煌研究院编《敦煌莫高窟供养人题记》，第98～99页。
⑥ 参见敦煌研究院编《敦煌石窟内容总录》，文物出版社，1996，第84页。

当然，在吐蕃河西西部的大本营瓜州，新建了榆林窟第25窟，它是敦煌石窟中唐（吐蕃时期）艺术的代表窟。但洞窟壁面上没有保存下原建时代的只言片字，唯经变画中的藏族人物形象、藏文榜书与壁画本身的盛唐余风展示其营造于吐蕃时代的特征①。而且在内容方面，主要传承唐代前期净土内容，同时出现了大规模密教题材，形成了佛教净密同处一室的新局面，这也成为敦煌石窟历史上的创举。

图1　弥勒经变一铺（中唐，榆林窟第25窟，北壁）

资料来源：吴健摄影。由敦煌研究院提供。

图2　乐舞图（榆林窟第25窟，南壁）

资料来源：吴健摄影。由敦煌研究院提供。

---

① 参见沙武田《榆林窟第25窟》，商务印书馆，2016。

从莫高窟、榆林窟等处现存情况看，在吐蕃后期新建了 60 多个窟龛。其中有两份造窟文献保存下来，即《吴僧统碑》和《阴处士碑》，它们不仅是吐蕃时期石窟营造的重要文献，也是莫高窟历史上乃至整个敦煌历史上的重要文献。《吴僧统碑》全名为《大蕃沙州释门教授和尚洪䛒修功德〔记〕》，所记为吐蕃统治下敦煌地区的最高僧官——都教授洪䛒和尚营造七佛堂（今莫高窟第 365 窟）及法华塔（可能是今第 130 窟顶土遗址）的"功德记"。洪䛒在后来的张氏归义军时期曾担任河西都僧统职务，张氏归义军府衙的抄写者将该文献简称为《吴僧统碑》。洪䛒一生投入了许多精力从事莫高窟的洞窟营造，莫高窟第 365 窟与其上之第 366 窟、其下之莫高窟三大地面洞窟之一的第 16 窟为同一组石窟建筑群体，俗称"三层楼"，这三个洞窟的营造是一个连续过程。据记载，中层的第 365 窟营造于 832～834 年[1]，上、下的第 366 窟和第 16 窟的营造是在此前后十来年间的事。总之，包括最后完成的第 16 窟甬道北壁的洪䛒禅室（死后的影堂）第 17 窟，都应该属于吐蕃统治时期。

《阴处士碑》全称为《大蕃故敦煌郡莫高窟阴处士公修功德记》，碑石已无存，碑文在敦煌遗书 P.4638 及 P.4660 都有录文，为阴嘉政及其家族营造今莫高窟第 231 窟的记录。文中所谓"岁次己未四月壬子朔十五日丙寅建"即指第 231 窟的建成时间 839 年；第 231 窟在《阴处士碑》中称"额号报恩君亲"，俗称"第二层阴家窟"[2]。

P.2991v《报恩吉祥之窟记》，记述了氾氏父子在莫高窟营造佛窟的事迹。父为唐朝官吏某，子为吐蕃宠僧镇国，人为两代，国为两朝，各行其道，各事其主，但都在本文中备受赞颂。记文中所谓"遂于莫高胜境，接飞檐而凿岭，架云阁而开岩"，说明该窟为新建窟，位于上层崖面；文中所记一佛八菩萨的造像题材，未能在莫高窟保存下来，但将西壁佛龛记为"富阳"，透露出佛龛建筑形制上的特殊性；根据以上线索，初步推定此"报恩吉祥窟"为莫高窟第 361 窟[3]。

---

[1] 参见贺世哲《从供养人题记看莫高窟部分洞窟的营建年代》，载敦煌研究院编《敦煌莫高窟供养人题记》，第 207 页。

[2] 贺世哲：《从供养人题记看莫高窟部分洞窟的营建年代》，第 207～208 页。

[3] 参见马德《敦煌莫高窟报恩吉祥窟考》，《敦煌研究》1999 年第 4 期。

三　窟塔组合：石窟建筑形制上的创新

历史事实证明，在吐蕃统治敦煌后期，敦煌曾是吐蕃的文化中心，这里集中了大批的吐蕃族、汉族及各族的文人，从事佛经翻译和各种文化事业活动。吐蕃族在这里大量接受唐朝先进的经济文化，促进了自身的历史性发展变革，敦煌成为吐蕃文明的历史见证。

吐蕃时期就出现了上塔下窟的建筑组合，第 237、第 235 窟（《内容总录》记为 234）及顶上土塔，第 16、第 365、第 366 窟及顶上土塔，就是这类窟塔组合式的建筑，这是吐蕃时代莫高窟新出现的洞窟形制。塔下面的洞窟窟型不一致，第 237、第 235 窟一组是覆斗帐形窟与中心佛坛的组合，第 16～17、第 365、第 366 窟以上是中心佛坛、佛床、覆斗帐形窟的组合，第 235 窟和第 366 窟顶上的土塔均为正方形。当然，第 237 窟实际上位于崖面的第二层，它的下面是建造于唐代前期的第 86 窟至第 90 窟，早于吐蕃时代，与第 237 窟在建筑方面似乎没有什么联系。①

这种建筑组合形式可能源自古代原始佛教寺院建筑群的上塔院、中佛院、下僧院的组合形式。在敦煌早期佛教建筑中也出现过，不过那应该是莫高窟创建之前的事②。同时，在吐蕃时期创建的一些洞窟壁画的布局设计上，出现了一塔龛合一的形式，即佛窟主壁（西壁）与窟顶西坡的绘画和造像合为一体，如莫高窟第 359、第 360、第 361 诸窟，整个西坡绘塔顶和塔身上部，象征塔院；下方的西壁中部为佛龛，代表佛院；西壁最下方的佛龛之下绘僧俗供养人，代表僧众活动的僧院。这个时期在敦煌出现的这种形式，应该是吐蕃治理下的佛教文化交流的产物。当时统治者从其占领区佛教发祥地尼泊罗移民到敦煌，自然也包括佛教信众和工匠，将原始佛教时期的文化带到敦煌这一佛教圣地。也正是因为

---

① 此现象发现于 21 世纪初，可参见马德《"特蕃"考》，《兰州大学学报》（社会科学版）2006 年第 5 期。之后沙武田、赵晓星等都有论及，参见越晓星《吐蕃统治时期敦煌密教研究》，甘肃民族出版社，2017，第 182 页。

② 参见马德《莫高窟前史新探——宕泉河流域汉晋遗迹的历史意义》，《敦煌研究》2017 年第 2 期。

如此，我们就不难理解这一时期为什么会出现像敦煌遗书 P. t. 993 那样绘制敦煌早期佛教圣迹的画作了。

图 3　敦煌遗书 P. t. 993《仙岩寺图》

注：画中有藏文题记"下部的僧院和讲堂"，证明此处是一早期佛教寺院建筑群。许绢惠的《论张议潮功德窟的塔窟组合》（《敦煌学》第 34 辑，台湾南华大学敦煌研究中心，2018 年 8 月）也讲到这个问题，但许文中也未涉及此种组合式建筑的来源。

资料来源：由敦煌研究院提供。

四　赞普与众臣登堂入室

吐蕃赞普作为《维摩诘经变》画中的听法王子，在吐蕃时期的洞窟中大量出现，最有代表性的是莫高窟第 159 窟。因为与其他地区保存的图像资料相一致，赞普的形象基本固定下来，包括吐蕃统治结束后在壁画中退居次要位置的赞普，一般都比较好辨认。但实际上，早在吐蕃占领敦煌之前的一些各国王子壁画中，热带地区与高寒地区的王子们同聚一壁，我们还不能排除这些王子们当中就有吐蕃王的可能性。比如，莫高窟盛唐第 103、第 194 窟头戴毛棉大帽的王子，他们在之前的初唐壁画中就没有出现过。

与赞普同时出现在壁画中的还有大量赞普的随从，与赞普一起组成强大的吐蕃阵容。参照相对的汉族帝王及群臣的人物布局，这里跟在赞普身后的也都应该是吐蕃大相（大论）等重臣。虽然这些壁画都出自唐人汉族画家之手，但在这里还是显示出以赞普为核心的吐蕃王朝对佛教的认同和信仰。当然，这些壁画多为吐蕃治理敦煌后期所绘制。

图4 莫高窟第159窟东壁《吐蕃赞普礼佛图》（中唐）

资料来源：吴健拍摄。由敦煌研究院提供。

图5 莫高窟第194窟维摩诘中各族王子

资料来源：盛羲海拍摄。由敦煌研究院提供。

天王作为佛教的护法神，敦煌隋唐以后大量的石窟塑像和壁画中，精品不断。但这些天王塑像的造型，基本上是以那个时代的武士和将帅形象为蓝本的。吐蕃时代也不例外，最典型的就是莫高窟第205窟的披虎皮天王，应该是吐蕃军政制度中"虎皮告身"的将军形象。这个洞窟原建于唐代初期，后经各个时期的续修和补修，完成于吐蕃时期；佛坛上的二身护法天王是吐蕃时期的作品。虎皮天王对面的南方天王虽然未着吐蕃装，但也应该是吐蕃将军形象。

吐蕃赞普和手下的文臣武将们进入敦煌石窟，是吐蕃文化与敦煌文化相碰撞的历史见证。实际上此时的敦煌已经成为吐蕃文化的一个中心，在这里进行佛经的翻译、抄写和传播。① 在佛教的大旗下，吐蕃文化与敦煌文化已经融为一体。

五 一窟之中"化尽十方"的壁画内容

吐蕃治理敦煌后期，敦煌石窟的营造活动不仅十分盛行，而且在题材、内容上发生了历史转折性的变革。在这一时期的洞里，一窟之内绘制十几幅、二十几幅经变画，它们是西方净土变、东方药师净土变、弥勒经变、观无量寿经变、法华经变、维摩诘经变、涅槃经变、华严经变、楞伽经变、金刚经变、金光明经变、报恩经变（报父母恩重经变）、密严经变、天请问经变（思益梵天请问经变），以及各种各样的观音经变等。② 一座石窟里几乎囊括所有的佛教内容，不仅仅是显教、密教，应有尽有，即所谓"方丈室内化尽十方，一窟之中宛然三界"，让后世津津乐道于宗派学说的佛教史家们也一头雾水。

这一时期的壁画，虽然表面上看似包罗万象，但在主题思想方面还是有所侧重，即报恩思想，实际上是营造佛窟的大唐民众在异族统治下民族情感的特殊表达。

《报恩经》全称《大方便佛报恩经》，是南朝宋梁之际（445～516年）选辑《涅般经》《贤愚经》《杂宝藏》等经典中的有关内容编纂而成。300年后，唐玄宗李隆基又"御注《孝经》"颁行天下。孝道思想盛行，《报恩经变》也出现在莫高窟的壁画中，这一现象与唐代乃至整个中国古代社会的大背景是一致的。建于唐与吐蕃争夺敦煌战争之际的莫高窟第148窟所绘制的报恩经变，是战争时的特殊需要，旨在激励唐人抗

---

① 参见马德《甘肃藏敦煌藏文文献概述》，《敦煌研究》2006年第3期。
② 参见敦煌研究院编《敦煌石窟内容总录》，"索引"。

蕃，表现中国"战场无勇非孝也"的古训，[①] 在战争中曾起到振奋民族精神的作用。孝道思想盛行一时，如石窟被命名为"报恩君亲窟"（莫高窟第 231 窟）、"报恩吉祥之窟"（莫高窟第 361 窟）等，经佛教石窟作为祖宗祠堂行孝尽孝。

图 6 金刚经变之乐舞（中唐，莫高窟第 112 窟，南壁）
资料来源：由敦煌研究院提供。

六 密教题材的广泛流行

密教题材在敦煌石窟中出现于吐蕃占领敦煌的前夕，但在吐蕃时期得到发展。这一时期的敦煌密教，实际是吸收、融合和借鉴了印度密教、汉传佛教与道教的内容与形式，让佛教进入社会，进入人们的日常生产生活，适应人们各种各样的社会需求，佛教诸神成为人间的救世主。例如莫高窟第 361 窟，由于窟顶藻井绘代表大日如来的羯摩杵，西壁龛外南侧、北侧分别绘普贤变与文殊变；一铺九身塑像（已毁）可能是毗卢遮那并八大菩萨，东壁门南上画千手千钵文殊变和不空羂索观音变，门北

---

① 参见史苇湘《丝绸之路上的敦煌与莫高窟》，载敦煌文物研究所编《敦煌研究文集》，甘肃人民出版社，1982。

画千手千眼观音变，主室也绘制手持法器、佛具的供养人。① 这是佛教社会化的重大变革，在艺术上也展示出既有唐朝风格又有异域风格的浓郁的敦煌地方色彩。

吐蕃时期的敦煌石窟密教题材的特点是，含有密教思想的显教大乘经变非常流行，如金光明经变、法华经变和根据法华经观音普门品绘制的观音经变等，这些经变多与密教图像绘制于同一窟，并带有护国护法的实际功用。大量出现的文殊普贤会的组合则更是突出了密教思想与华严思想的相互融通，体现了"况文殊主智，普贤主理，二圣合为毗卢遮那，万行兼通，即大华严之义也"。这一时期的壁画中还绘制了许多单体密教尊像，如西方无量寿佛、东方不动佛以及成组出现的毗沙门天王与毗琉璃天王等。特别是在重修的洞窟中大量补绘观音、地藏、毗沙门天王等与密教关系密切的单体尊像，甚至还绘制了日藏、月藏菩萨。② 另外，瑞像图是吐蕃时期出现的一种新题材，主要是绘制表现佛教神异的内容。这种起源于武周时代的"祥瑞"，可认为是开唐代密教流行之先河。

壁画、绢画的题材和内容也影响到敦煌地区的各类法会、道场等佛教活动，也体现着净密相互融为一体而服务于社会的作用。

七　艺术与信仰的共识

从吐蕃占领敦煌前后的敦煌石窟的艺术风格和内容看，敦煌石窟在这一时期经历了两次大的转型，即从密净合一到显密合一。这就是吐蕃与当地唐朝民众在佛教信仰方面达成的共识。

密净合一的佛窟早在吐蕃占领敦煌之前就已经在莫高窟出现了，最具代表性的是大历年间建成的莫高窟第148窟，主题表现涅槃净土思想，佛坛上为巨型涅槃佛像，东壁是巨幅净土变相；密教题材方面，不仅绘制了壁画，而且专门在南北两头的龛内塑了如意轮观音和不空羂索观音

---

① 参见赵晓星《梵室殊严：敦煌莫高窟第361窟研究》，甘肃美术出版社，2017。
② 参见赵晓星《吐蕃统治时期敦煌密教研究》，甘肃民族出版社，2017。

的造像。看来，敦煌地区是与中原同时期接纳密教的，这个时期也正是吐蕃赞普派僧人到中原学习密教，而后在占领区内全面推广。所以，唐蕃同时接纳密教是历史必然，而敦煌作为唐文化的基地，在吐蕃治理下传播密教顺理成章，无论是信仰还是艺术，敦煌也就作为唐蕃密教的标志之处。

蕃占初期的榆林窟第 25 窟，是蕃汉合作互动的密教与净土内容相融合的艺术精品。该窟南北两壁的弥勒净土和西方净土变是敦煌艺术的代表作；弥勒经变中的藏文榜书，体现出汉藏同壁的交融与共识；东壁的密教八大菩萨，与南北壁的净土经变浑然一体，快速成佛的净土信仰与面向社会的密教思想完美地结合在一起；加上东壁的药师如来行道图等，让佛教信仰成为社会共识。而且由于密教内容的进入，壁画的内容和艺术在这座洞窟里有了划时代的变革。①

显密一体突出地表现在吐蕃后期新建石窟包罗万象的壁画内容中，是唐蕃民众佛教信仰达成共识的顶峰。佛教信仰是社会需要。敦煌石窟是古代敦煌人表达自己佛教信仰的活动场所。佛教这一关于社会和人生的哲学理论，一直建立在人们精神需求的基础上，并且随着历史与社会的进步不断发展和完善。敦煌石窟艺术在敦煌的历史上适应和满足了各历史时期、各阶层人们的各种社会需要：各类净土变相，表现出人们所追求的理想世界；维摩诘的形象为中国士大夫们所钟爱；描写一种七收场景的壁画，是现实的写真，也可能是人们对美好事物的向往。而密教活动直接进入社会实践，则是从心理和精神上协助信众们去实现这些美好的愿望。

我们再看一个共识的具体细节，即迦陵频伽乐伎的大量出现。迦陵频伽，又作歌罗频伽鸟、羯逻频迦鸟、迦兰频伽鸟、迦陵毗伽鸟，略称迦陵频鸟、迦娄宾鸟、迦陵鸟、羯毗鸟、鹍鹎鸟、羯脾鸟、频伽鸟等，意译作好声鸟、美音鸟、妙声鸟。迦陵频伽，敦煌壁画伎乐天之一。迦陵频伽是鸟身人首图形，身体类似仙鹤，翅膀张开，两腿细长，头为童

---

① 关于榆林窟第 25 窟的内容研究情况，可参见沙武田《榆林窟第 25 窟》，商务印书馆，2016。

子或戴冠之菩萨首状,其中有持乐器或作舞者,称为伽陵鸟乐伎(或迦陵频伽伎乐)。在莫高窟,持乐器的迦陵频伽共有80余身。也有画为双首鸟身的,佛经称"共命鸟"。此伎乐主要出现于经变画说法图或周围,左右对称,也有出现于藻井的中心龛之内者。有极少数飞天伎乐亦带有双翼,如第180窟,飞天与迦陵频伽同时出现。伽陵频伽鸟指美音鸟,《正法念经》云:"山谷旷野,其中多有伽陵频伽,出妙音声,如是美音,若天若人,紧那罗等无能及者,惟除如来言声。"传说伽陵鸟声音美妙,当年释迦牟尼在祇园精舍修行时,伽陵鸟围绕其间,且歌且舞,妙音天模拟其声,奏"伽陵频曲",阿难传之,成为"林邑八乐"之一。于是作为佛画的一种典故,凡绘制有佛说法及礼佛的场面,都绘有伽陵鸟乐伎,这就使壁画更加烘托出天国的欢乐和神秘之感。① 这是吐蕃时代出现得最频繁也最有特色的乐舞伎图像,为各族民众共同喜爱的艺术形象。

八 后世的承袭与发扬

莫高窟第156窟是推翻吐蕃统治的功臣张议潮的"功德窟",建成于吐蕃统治敦煌结束不久。此窟的建筑形制是与上层的第161窟及其顶上的土塔在一条中轴线上分上、中、下三层。这种窟塔组合的石窟形制与结构是吐蕃时代的产物。这里需要说明的是,第156窟一组的营造年代是归义军初期,完全属于吐蕃时代佛窟的体系,是吐蕃组合式石窟形制的延续。所不同的是,第156窟顶上的是八角形塔,而第235、第366窟顶上的两处均为方形塔。这是第156窟一组建筑群对吐蕃时期窟塔合一建筑群的传承与创新。②

包罗万象内容的发扬光大。第156、第85、第12窟等晚唐洞窟,一直到后来的第98、第100、第454、第61窟等曹氏大窟,在内容上都承袭这种形式。而且"方丈室内化尽十方,一窟之中宛然三界"即出自第

---

① 关于迦陵频伽乐伎内容,参见郑汝中《敦煌壁画乐舞研究》,甘肃教育出版社,2002。
② 详见许绢惠新作《论张议潮功德窟的塔窟组合》,载《敦煌学》(第34辑),台湾南华大学,2018年8月。

156 窟的功德记。所以说，无论是洞窟里的壁画内容，还是窟外的各种佛事活动，整个 9～10 世纪的归义军时代都与吐蕃时期的一脉相承。

至于壁画的细节方面，如迦陵频伽乐伎，在这些洞窟的壁画和绢画中仍是出现最多、最丰富的，一直延续到 10 世纪末的曹氏归义军中期。

九 藏传佛教艺术与敦煌石窟的重生①

敦煌石窟的晚期，西藏后弘期佛教兴起和广泛流传，给徘徊 200 多年的敦煌石窟营造，展现出一个崭新的时期，石窟艺术重新焕发了青春，莫高窟和榆林窟、安西东千佛洞、五个庙等地的西夏、蒙古和元代的壁画，可以说是敦煌佛教壁画登峰造极、炉火纯青的时期。这一切有赖于藏传佛教（后弘期）艺术所注入的活力。

敦煌石窟出现藏传佛教艺术作品，应该从西夏时期就开始了。现在能够确实的敦煌西夏石窟，如榆林窟第 29 窟、第 4 窟等，就是藏传佛教后弘期之初的艺术作品。

1227 年，蒙古人占领了敦煌地区，一直到明朝关闭嘉峪关的 14 世纪后期，前后约一个半世纪的时间，为敦煌石窟历史上的蒙元时代。这一时期所造佛窟，在艺术风格方面以藏传佛教艺术为主，现存这一时期的莫高窟第 465 窟，后来的榆林窟第 2、第 3 窟，以及东千佛洞现存的壁画，都说明这一历史现象。

莫高窟第 465 窟，是蒙古占领时期所造全面反映藏传佛教内容的大型洞窟之一，也是现存最早的表现后弘期藏传佛教艺术内容的石窟，而且完全出自藏族艺术家之手。榆林窟第 3 窟也建于同一时期，绘制此窟壁画的艺术家们为我们留下了大量富有时代气息的百工乐艺等社会生活画面，它所反映的不仅是古代藏族的手工业生产活动、经济发展及精神生活，而且几乎所有的画面都与敦煌藏经洞文献中所记载的工匠活动相吻合。

敦煌石窟的几处小石窟群，如安西东千佛洞、肃北五个庙等，都在

---

① 关于更多本节内容参见马德《敦煌石窟营造史导论》，新文丰出版公司，2003。

图7 金刚（莫高窟第465窟，西壁）

资料来源：由敦煌研究院提供。

图8 千手千眼观音变（元代，莫高窟第3窟，北壁）

资料来源：吴健拍摄。由敦煌研究院提供。

蒙元时期经过大规模的营造整修。东千佛洞是蒙古时代及元朝时期新创建的一处石窟群，位于安西县城东南 98 公里的长子山北麓的古河道两岸，现存大小窟龛23 个，有9 座洞窟内保存画塑，其中蒙元时期有 6 窟、清朝有 3 窟。五个庙石窟现存壁画基本上都是蒙元时期的。

　　蒙元时期敦煌石窟的内容和风格多属于藏传佛教，对晚期的敦煌石窟艺术产生了很大影响。例如，莫高窟第 3 窟千手千眼观音被看作敦煌壁画线描的顶级作品，其构图形式、笔法等，都可以看作藏传佛教艺术的再现，其艺术风格可以看作敦煌壁画的盛唐艺术与藏传佛教艺术的完美结合。

　　总之，由于藏传佛教艺术的渗透，蒙元窟的密教壁画，不光内容是莫高窟、榆林窟的补充，而且技艺精湛，又是以藏传佛教艺术的新面孔出现，艺术内容和风格也为敦煌石窟增添了光彩，使敦煌石窟群焕发活力，获得新生。

Influence on Dunhuang Grottoes Art in Tubo's Reign

Ma De

Abstract：During the Tubo governed Dunhuang, the construction of grottoes were continued, at the same time, great changes happened in contents and styles, which helped the Buddhism to enter the society in general, start a newly era and were inherited by the generations to come.

Keywords：Governance in Dunhuang; Dunhuang Grottoes; Combination of Pure Land Sect and Esoteric Buddhism; Integration of Gsang Sngags and Mdo Phyogs

吐蕃王朝职官制度研究综述[*]

朱悦梅[**]

内容提要： 对吐蕃王朝的职官制度及其体系的研究，学术界有着丰富的成果，第一，从宏观上分析了吐蕃王朝职官体系的社会基础和制度特征。第二，详细阐述了吐蕃王朝时期的中央职官制度，包括尚论、大相、宰相、钵阐布等职官名称及其作用，体现出宰相制度是吐蕃王朝职官体系的核心。第三，则利用汉藏文献考察了吐蕃王朝时期的地方职官体系，基本上构建了茹、尺岱、东岱等层级的职官管理制度，在该体系内，除了各级部落长官外，还设有节儿管理军户等。第四，在社会生活管理、社会基层组织、财政、监军方面，吐蕃王朝时期都形成了相应的职官体系，多与告身制度有一定关联。吐蕃职官及其制度的研究，取得了可喜的进展，但仍存在一定的问题，主要问题有四：缺乏职官序列的完整版、吐蕃节度使问题的观点模糊、告身与职官位阶的关系尚未厘清以及职官管理制度方面的研究缺乏对其运行机理的了解与把握等。

关键词： 吐蕃王朝　职官制度　职官管理制度　政治制度

---

[*] 本文为国家社会科学基金项目"吐蕃王朝职官管理制度研究"（编号：09BZS039）的研究成果。
[**] 朱悦梅，博士，西北民族大学历史文化学院教授，四川大学博士生导师。

吐蕃王朝，是 7～9 世纪古代藏族在青藏高原地区建立的政权，由松赞干布统一，到朗达玛时期政权分裂，前后延续两百多年。吐蕃王朝是在部落军事联盟基础上建立的，终其一代，职官体系的形成与发展，有着自身特有的风格与发展轨迹。职官制度及其特殊性，是区域管理的基础，也是吐蕃王朝时期政治、经济、文化发展最为直观的表现。在吐蕃王朝时期的历史研究中，对职官制度及其体系，学术界有着丰富的成果，对今天进一步观察与认知吐蕃历史，具有重要意义。

一　吐蕃王朝时期的职官体系与制度研究

还原吐蕃的职官体系与制度，首先要弄清吐蕃王朝的社会性质与组织结构的特征，对此，学术界展开了长期的讨论。王静如的《关于吐蕃国家时期的社会性质问题》在收集大量吐蕃社会政治生活、经济生产等方面史料的基础上，认为藏族古代社会（吐蕃时期）属于奴隶制社会。①陈庆英的《试论赞普王权和吐蕃官制》考察吐蕃王朝遗留下来的文献、碑刻、简牍等资料后，指出吐蕃赞普由王朝建立之前的部落军事联盟的盟主，演变为王朝时期的政治经济上的主宰，为吐蕃王朝名副其实的君主。②王尧、陈践的《吐蕃兵制考略——军事部落联盟剖析》从军事建制的角度，论证了吐蕃社会"军事部落联盟的性质"。③林冠群在其《吐蕃赞普墀松德赞研究》一书中，认为吐蕃赞普实际上并不掌握政治实权，贵族会议更像是吐蕃政权的中心，贵族还常与蕃教结合起来，以控制赞普王权。④继之，林冠群在其《唐代吐蕃政治制度之研究》中指出，吐蕃国家体制乃以封建与贵族官僚为基础，由氏族部落联盟演进到君主集权

① 王静如：《关于吐蕃国家时期的社会性质问题》，载《西藏史研究论文选》，西藏人民出版社，1984，第 37～64 页。
② 陈庆英：《试论赞普王权和吐蕃官制》，《西藏民族学院学报》1982 年第 4 期，第 53～64 页。该文后收入《西藏史研究论文选》，西藏人民出版社，1984，第 65～83 页。
③ 王尧、陈践：《吐蕃兵制考略——军事部落联盟剖析》，《中国史研究》1986 年第 1 期，第 118～127 页。
④ 林冠群：《吐蕃赞普墀松德赞研究》，台湾商务印书馆，1989，第 123～139 页。

及虚位元首的王朝政体。① 褚俊杰的《试论吐蕃从部落制向国家制的过渡》认为吐蕃在松赞干布建立"王政"之国家制之前，六部落联盟建成后已经有了国家制度的萌芽。布德贡甲以后，国家制的因素已然超过了部落制因素，形成了早期奴隶制政权——部落，并接着向奴隶制王朝过渡了。②

西方学者在研究吐蕃职官与社会进程史时，也多绕不开赞普王权这一问题。法国学者巴科认为吐蕃王朝时期，赞普们已开创了个人权力的社会变革。③ 法国藏学家石泰安认为吐蕃的权力机构具有家庭特点，一方面是集团的统一和力量，另一方面是一个人的世袭权力和等级结构的敏感性，两种原则性关系相结合，导致行使等级结构原则的各领域常常混合在一起，从而出现君臣、夫妻、甥舅、父子、师徒等关系并存；吐蕃王朝时期的赞普与其臣子们（贵族）之间的关系是个人性的，赞普是通过道德和圣神的魅力而吸引信徒的。④ 美国学者戈德斯坦的《吐蕃传统政治体系下的集权与分权的平衡》指出，吐蕃政治体系是集中了神与贵族的政治，其特征为中央政府与地方和贵族集团人员的重叠。⑤

学界对吐蕃时期社会性质的认识有所不同。通过加强对吐蕃职官制度、职官管理制度、社会控制方式、社会经济发展以及宗教文化演进等的研究，亦将有助于对这一问题进行全面而深入的认识。

关于吐蕃职官制度的渊源，学界已有专门讨论。陆庆夫、陆离先是撰文《论吐蕃制度与突厥的关系》，讨论了突厥人的职官系统对吐蕃人产生了影响，认为吐蕃王朝设立的行政建制——如、奎本、如本和贡论、

---

① 林冠群：《唐代吐蕃政治制度之研究》，载林冠群《唐代吐蕃史论集》，中国藏学出版社，2007，第 65~114 页。

② 褚俊杰：《试论吐蕃从部落制向国家制的过渡》，《西藏研究》1987 年第 3 期，第 104~111 页。

③ Jacques Bacot, *Introduction a l'histoire du Tibet*, Paris：Societe Asiatique, 1962. 该书第一章收入巴科《吐蕃王朝政治史》，耿昇译，载《国外藏学研究译文集》（第 2 辑），西藏人民出版社，1987。

④ Rolf-A. Stein, *Tibetan Civilization*, Stanford University Press, 1972, pp. 130-132. 〔法〕石泰安：《西藏的文明》，耿昇译，中国藏学出版社，1999。

⑤ M. Goldstein, "The Balance Between Centralization and Decentralization in the Traditional Tibetan Political System", *Central Asiatic Journal*, Volume 15, 1971, pp. 170-182.

囊论、喻寒波等都是效法突厥,而非仿照唐制;吐蕃实行兵民合一,以十进制编制军队,设千户、万户等,亦是源自突厥。① 之后,二位作者在《再论吐蕃制度与突厥的关系》中进一步从地理位置、社会发展阶段及经济结构等方面讨论吐蕃与突厥的相近和相似,认为松赞干布的复杂而完备的典章制度是向突厥学习而来,医学、工艺、历算等才是来自唐朝。②

吐蕃王朝的职官设置,无疑与其社会组织的形式和性质有着密切的关系。陈庆英的《试论赞普王权和吐蕃官制》在讨论吐蕃王朝社会性质的基础上,根据《贤者喜宴》《五部遗教》等文献复原了吐蕃王朝官制由贡论 (gun-blon)、囊论 (nang-blon)、喻寒波 (bkav-yo-gal-vachos-pa) 和僧官四大系统组成。③ 王尧的《吐蕃的王权与官制考略》认为,吐蕃建国之初以君权为中心建立了职官制度,职官为分封世袭,世卿世禄;职官系统分为中央官员和地方官员两级;官员分工和职权范围各不相同;大相位高权大,故于噶尔家族后设几位大相以相互制约;吐蕃后期,佛教势力抬头,钵阐布始踞群臣之上,并以师保之尊总揽国务;尚论则分指与王室通婚之家族和其他氏族贵族,冠名是贵族身份的体现而非姓氏;告身是一种勋位,与职称地位有关,但不是职称,更不是职务;吐蕃人还喜好比附唐官官名,但并不一定完全等同。④ 安应民的《吐蕃初期建制考释》指出吐蕃政权时期的职官有六类:赞普之下最高一级官职、内相官职、司法官、军务官、级层官和其他专职之官,其中前四类属藏史所统称的"尚论掣逋突瞿",意为"政务大臣"。⑤ 张云的《新疆藏文简牍所见吐蕃职官考述》细梳新疆出土的古藏文简牍,从中整理出吐蕃职官44 种,发现吐蕃在西域的职官系统与本土职官有关,有中央一级如大尚论、内大论等,也有地方一级,如茹本、某地节儿等;还增置了新的职

① 陆庆夫、陆离:《论吐蕃制度与突厥的关系》,《兰州大学学报》2005 年第 4 期,第 60 ~ 67 页。

② 陆庆夫、陆离:《再论吐蕃制度与突厥的关系》,《藏学学刊》2009 年第 5 期,第 69 ~ 78 页。

③ 陈庆英:《试论赞普王权和吐蕃官制》,第 53 ~ 64 页。

④ 王尧:《吐蕃的王权与官制考略》,载《藏学研究文选——祝贺王森先生从事藏学研究工作五十周年》,西藏人民出版社,1989,第 229 ~ 247 页。

⑤ 安应民:《吐蕃初期建制考释》,《西北史地》1986 年第 3 期,第 11 ~ 19 页。

官，如军镇长官、郎官、节儿等；高级军事官员基本上由吐蕃人担任，这些人多有"论"衔；在基层官员中，毛遂自荐是任职的方式之一。① 顾吉辰的《唐代吐蕃官名考》将唐代古籍中出现的吐蕃官职名称做了梳理。② 陈楠的《吐蕃职官制度考论》研究认为，吐蕃任官制度基本上是世卿世禄，并仿效唐朝，将中央职官系统分为三个部分，不同的是吐蕃的贡论、囊论、喻寒波三个系统形成上、中、下三个层次的塔式结构。此外，吐蕃在中后期有僧人参政；吐蕃王朝各级官吏的职掌较为笼统，从中央到地方均带有明显的军政合一特点。③ 熊文彬的《两唐书〈吐蕃传〉吐蕃制度补证》认为吐蕃本部职官主要是中央职官系统，地方职官所见较少；吐蕃占领区的职官系统与本部有一定区别，主要是地方官。④ 林冠群在《唐代吐蕃政治制度之研究》中提出，吐蕃官僚体系在松赞干布以后逐渐完备。在中央有"三尚四论""小御前会议""大御前会议"等类似内阁会议，还有辅助赞普总理万机的大相及"九大尚论"组织；在地方实行类似汉朝的郡国并行制度，"郡"方面是翼、千户两级的军事、生产、地方行政三合一机构，"国"为半独立性质的小王领地。⑤ 德格吉的《从吐蕃碑文和简牍看吐蕃职官制度的差异》除了梳理出节儿（rtse rje）、收差税的官员（kral dpon）、扎论（dgar blon）、营田官（zhirg dpon）为简牍所出而不见于碑文的官名外，认为松赞干布统一青藏高原时，吐蕃的官职组织是紧紧围绕着赞普王室建立的，主要为化身大臣十六人，分设中枢、内相、外相三个系统；随着吐蕃社会对外扩展，逐渐形成了贡论、囊论、喻寒波三大职官系统，各分大、中、小三等，即"九大臣"；再之后，出现了僧官系统。吐蕃在本土和东扩后的占领区所实行的职官制度有所差异，分别设置了乞利本（khri dpon）、节儿监军（rtse rje spyan）、中等节儿（rtse rje vbring po）、小节儿（rtse rje cung）、汉人都护

① 张云：《新疆藏文简牍所见吐蕃职官考述》，《西域研究》1992 年第 4 期，第 63 ~ 72 页。

② 顾吉辰：《唐代吐蕃官名考》，《西藏大学学报》1990 年第 5 期，第 1 ~ 9 页。

③ 陈楠：《吐蕃职官制度考论》，《中国藏学》1988 年第 2 期，第 90 ~ 106 页。收入陈楠《藏史丛考》，民族出版社，1998，第 19 ~ 55 页。

④ 熊文彬：《两唐书〈吐蕃传〉吐蕃制度补证》，《中国藏学》1989 年第 3 期，第 2 ~ 14 页。

⑤ 林冠群：《唐代吐蕃政治制度之研究》，第 65 ~ 114 页。

（rgya vispyan）等掌管地方军政。①

对于吐蕃王朝建立后的职官体系，学术界较早就开始了专门研究。吐蕃王朝职官的核心层为赞普王廷的中央职官体系，其中，"尚论"为学术界最早展开热烈讨论的术语。著名美籍德裔学者劳费尔早在 1914 年即指出，吐蕃政治组织与中原相同，Žaṅ Lon（尚论）与中文"尚书"相当，Žaṅ 为"尚"之音译，又可作部族名，而 Lon 则为"大臣"之意译。② 20 世纪 40 年代，韩儒林的《吐蕃之王族和宦族》指出，"尚"（Žaṅ）在唐代吐蕃为宦族之通称，纠正了劳费尔有关吐蕃的"Žaṅ"即汉文"尚"之音译的说法。韩儒林认为正好相反，汉文的"尚"为藏文"Žaṅ"的对音；而"论"［（b）lon］为王族之通称；尚和论表示吐蕃统治阶级的两大宗族，而非表示其地域或姓氏；"尚论"［Žaṅ（b）lon］用来统称王族和宦族，或者作为政府的别名，故"尚论掣逋突瞿"为王宦两族或政府之九长官。③ 1950 年，意大利藏学家图齐在其著名的《吐蕃的王陵》中指出，"尚"在单独使用时指王妃的家族，在墀德松赞（亦译作赤德松赞）时期有琛、那囊、蔡邦、没卢氏四大冠"尚"字的家庭。④ 黎吉生在其《拉萨的古代遗迹》中还指出，"尚"也被给予四大姓氏的后裔。⑤ 之后，黎吉生在其《早期吐蕃记录中有姓名与冠衔》中同意图齐的观点，认为"尚"是某个时期赞普母亲家族成员的象征，在早期记录中突出地指琛、那囊、蔡邦、没卢氏四家庭。⑥ 乌瑞则认为自松赞干布之后，"尚"只给

① 德格吉：《从吐蕃碑文和简牍看吐蕃职官制度的差异》，《黑龙江史志》2013 年第 5 期，第 24～25 页。

② Berthold Laufer, "Bird Divination among the Tibetans（notes on document Pelliot no 3530, with a study of Tibetan phonology of the ninth century）", *T'oung Pao*, Volume 15, 1914, pp. 1–110.

③ 韩儒林：《吐蕃之王族和宦族》，载韩儒林《穹庐集》，河北教育出版社，2000，第 449～456 页。

④ Giuseppe Tucci, *The Tombs of the Tibetan Kings*, Serie Orientale Roma 1, Roma：Is. M. E. O., 1950.

⑤ Huge E. Richardson, *Ancient Historical Edicts at Lhasa and the Mu Tsung/Khri Gtsug Lde Brtsan Treaty of A. D. 821–822 from the Inscription at Lhasa*, London：The Royal Asiatic Society of Great Britain and Ireland, 1952.

⑥ Huge E. Richardson, "Names and Titles in Early Tibetan Records", *Bulletin of Tibetology*, Vol. Ⅳ, Namgyal Institute of Tibetology, Ganktok/Sikkim, 1967, pp. 5–20.

予赞普母亲的没卢、那囊、琛、蔡邦氏四个家族。① 山口瑞凤在《唐蕃间的姻亲关系》中认为，dbon 与 zhang 是外孙与外祖父的关系，因此，"尚"应当是母舅与岳父，而不是外祖父。② 英国学者道特森的《尚——吐蕃王室的母舅与姻亲家庭》认为"尚"是吐蕃王朝时期与赞普王室有姻亲关系的亲属称谓，如母舅、岳父或嫁出者，是专给某位生养了吐蕃赞普的女性的贵族氏族家族成员的，并且这种称谓至少可以延续到之后的四代。③

在这之后，对吐蕃职官进行综合研究的热潮开始出现。陈楠的《吐蕃的"尚"与"论"》在韩儒林的基础上，进一步论证了尚和论是吐蕃社会代表贵族身份的两大称号，构成了吐蕃社会的贵族阶层；能称为"尚"的家族是固定的，是历来与王室联姻的没卢氏、琛氏、那囊氏、蔡邦氏四大家族；"论"指四大尚族以外的其他贵族，有来自王族者，亦有与悉补野家族结盟并一起开创吐蕃基业的一些元老家族。④ 日本学者山口瑞凤认为吐蕃王朝受东女国影响，建立了由外戚组成的"尚论"（zhang lun）系统，作为王朝的统治机制。⑤ 匈牙利学者乌瑞⑥、丹麦学者哈尔⑦等认为"三尚一论"（zhang gsum blon bzhi）是吐蕃王朝特别是墀松德赞

① Géza Uray, "Review of the Life of Bu Ston Rin Po Che, with the Tibetan Text of the Bu Ston Rnam Thar by D. S. Ruegg", *Acta Orientalia Academiae Scientiarum Hungaricae*, Vol. 20, No. 3, 1967, pp. 382 - 385.

② Yamaguchi Zuiho, "Matrimonial Relationship between the T'u-fan and the T'ang Dynasties (Part I)", *Memoirs of the Research Department of the Toyo Bunko*, No. 27, 1970, pp. 144 - 166.

③ Brandon Dotson, "A Note on Zhang: Maternal Relatives of the Tibetan Royal Line and Marriage into the Royal Family", *Journal Asiatique*, Volume 292, Issue 1 - 2, 2004, pp. 75 - 99.

④ 陈楠：《吐蕃的"尚"与"论"》，载陈楠《藏史丛考》，民族出版社，1998，第 162 ~ 166 页。

⑤ Yamaguchi Zuiho, "The Establishment and Significance of the Zhang lon System of Rule by Maternal Relatives during the Tu-fan Dynasty", *Memoirs of the Research Department of the Toyo Bunko*, No. 50, 1992, pp. 57 - 61.

⑥ Géza Uray, "The Narrative of Legislation and Organization of the Mkhas-pa'I dga'-ston: The Origins of the Traditions Concerning Sron-brcan Sgam-po as First Legislator and Organizer of Tibet", *Acta Orientalia Academiae Scientiarum Hungaricae*, Vol. 26, No. 1, 1972, pp. 11 - 68；〔匈〕乌瑞：《〈贤者喜宴〉分析研究》，王青山译，载中央民族大学藏族研究所编《藏族研究译文集》（第一集），1982。

⑦ Eric Haarh, *The Yar lung Dynasty*, København: University of Cohenhagen, 1969.

时期的主要政治体系。林冠群的《唐代吐蕃的相制》提出，吐蕃的宰相是由原辅助部落长统治部落民的官员 Blon po 演进而来，吐蕃王朝建立后，其职权扩大，故冠以"大"，成为 blon chen 或 blon chen po，其由赞普任命，任期不定，不世袭；赞普是国家统一的象征，宰相才是政府的领袖，并承担政治上的一切实际责任；由于赞普王室不满大权旁落，设置宰相群，形成委员制；而多相制下赞普意志独大，王室心仪佛教，于是又以佛僧为相，最终破坏了传统社会伦理，导致王朝崩溃。[1] 后来，林冠群的《吐蕃"尚"、"论"与"尚论"考释》又讨论认为，吐蕃王朝为区别出任官员的贵族身份，采用"zhang"（尚）与"lun"（论）加以界定，前者为吐蕃王室外戚中特定的四氏族，后者为吐蕃本土贵族之出仕者。藏文文献中"尚"与"论"是吐蕃官僚集团的共称，但不包括吐蕃本土的氏族以及出家僧侣入朝为官者；二衔称的使用，是吐蕃王室争取各地方势力以巩固社会基础的措施，也是控制官僚群的手段。[2]

二　吐蕃王朝时期的中央职官研究

宰相制度是吐蕃王朝职官体系的核心。张琨将"论且"与"波钦波"（即"大相"与"大论"）视作同一职。[3] 在《吐蕃大相禄东赞考》中，李芳桂则认为虽然《唐蕃会盟碑》中同时有九个大论，而查敦煌史料二三百年间吐蕃大相姓氏，几乎全是一个人继一个人做大相，没有同时有两三个大相的，故推测，大相或论茞（blon che）是首席宰相，而大论为一般的宰相，故将后者译作"blon bo chen po"。[4] 山口瑞凤的《吐蕃王朝母系亲属管理之尚论系统的建立与意义》认为"三尚一论"是赤松德赞

---

① 林冠群：《唐代吐蕃的相制》，载林冠群《唐代吐蕃史论集》，中国藏学出版社，2007，第 165~202 页。

② 林冠群：《吐蕃"尚"、"论"与"尚论"考释——吐蕃的社会身份分类与官僚集团的衔称》，《中央民族大学学报》2012 年第 6 期，第 68~81 页。

③ 张琨：《敦煌本吐蕃纪年之分析》，李有义、常凤玄译，载中国社会科学院民族研究所历史研究室资料组编译《民族史译文集》（第 9 期），1981，第 52 页。

④ 李方桂：《吐蕃大相禄东赞考》，《西藏研究》1985 年第 2 期，第 73~80 页。

赞普时期实行的制度。① 陈楠的《吐蕃大相尚结赞考述——兼论吐蕃宰相制度变化的几个阶段》提出，吐蕃王朝的辅政大臣制度分为三个阶段。噶氏家族时期（650～698 年），职官制度尚不完备，沿袭了历史上一人担任大相的制度；墀德松赞嗣位前（701～798 年），为削弱相权，同时任用三人为大论；到达磨即位（798～838 年），任用僧人为宰相，以削弱尚族专权。② 林冠群先是在《吐蕃"尚论掣逋突瞿"考释——〈新唐书·吐蕃传〉误载举隅》中提出"尚论掣逋突瞿"（zhang lon ched po dgu）即"九大尚论"，源自 701～720 年吐蕃赞普祖母墀玛蕾主政及墀德祖赞（又译作赤德祖赞、弃隶蹜赞、弃迭祖赞、弃隶缩赞、乞黎苏笼腊赞等）在位早期，以取代噶尔家族当政时期的一人一族专权。③ 继之，林冠群又在《吐蕃"zhang gsum blon bzhi"考疑——吐蕃众相制度探微》中提出"三尚一论"可能从未在吐蕃实施，仅为一个名称而已；吐蕃在墀松德赞朝于 757～763 年实施众相体制，即由大论囊热领导 8～11 位宰相同平章事，组成宰相会议。④ 后来，林冠群撰《唐代吐蕃众相制度研究》进一步指出，唐代吐蕃的福相制度最具变化性，历经了独相制、众相制、僧相制又回复到众相制这四个变化过程，调整相制是赞普操控吐蕃政治与氏族生态的利器。宰相的任命由赞普主导，职衔名称的译法、职掌范围都师法唐制，由宰相会议决定政事，同时还类似唐朝制度中的遥授边师之职。⑤ 关于吐蕃宰相制度所涉及的吐蕃宰相人物、家族势力等方面的研究，可参考黄辛建、石硕的《吐蕃宰相制度研究综述》。⑥ 林冠群的《吐蕃中央职官考疑——〈新唐书·吐蕃传〉误载论析》提出，吐蕃的"九大尚论"指吐蕃宰相会议的总称，属 8 世纪的产物，九位尚论均为"宰

---

① Yamaguchi Zuiho, "The Establishment and Significance of the Zhang lon System of Rule by Maternal Relatives during the Tu-fan Dynasty", pp. 57–61.

② 陈楠：《吐蕃大相尚结赞考述——兼论吐蕃宰相制度变化的几个阶段》，《中国藏学》1997 年 3 期，第 53～68 页；收入陈楠《藏史丛考》，民族出版社，1998，第 56～79 页。

③ 林冠群：《吐蕃"尚论掣逋突瞿"考释——〈新唐书·吐蕃传〉误载举隅》，《中国藏学》2008 年第 3 期，第 68～79 页。

④ 林冠群：《吐蕃"zhang gsum blon bzhi"考疑——吐蕃众相制度探微》，《中国藏学》2009 年第 1 期，第 31～40 页。

⑤ 林冠群：《唐代吐蕃众相制度研究》，《中国藏学》2012 年第 1 期，第 48～67 页。

⑥ 黄辛建、石硕：《吐蕃宰相制度研究综述》，《民族学刊》2013 年第 1 期，第 87～90 页。

相同平章事"，藏文为"chab srid kyi blon po chen po bka' la gtogs pa"。①

吐蕃政教合一的政治体制自唐代吐蕃即已产生，这就是"钵阐布"一职的出现。李方桂《钵掣逋考》指"钵掣逋"即"钵阐布"，是"国政蕃僧"，即以沙门充任宰相；正是钵掣逋之流从事政治活动，压迫旧教，导致后来达磨大灭佛法。② 王尧认为钵阐布的藏文是"dpal chen po"，意译为"大德"。③ 黄文焕的《河西吐蕃文书中的"钵阐布"》认为，钵阐布的藏文对音是"ban de chen po"，是吐蕃语"大僧人"的汉字音译，不是吐蕃语，也不是梵语，很可能是于阗语。④ 王森⑤、王辅仁⑥同意黄文焕的对音。熊文彬的《两唐书〈吐蕃传〉制度补证》指出钵阐布至少有两人同时出任。⑦ 竺沙雅章先在《敦煌的僧官制度》中认为都僧统是吐蕃时期居最高位的僧官，800 年之后，被新设置教授所取代，并且都僧统的名称亦随之消失。⑧ 之后，在其《敦煌吐蕃期的僧官制度》中，认为僧统一职并未消失，且在河西诸州都有设置，其职责是监管当地佛教教团，由吐蕃本土派遣而来的西藏僧侣担任，亦可称为"教授"；教授则有多人，有都教授和副教授之别，为僧统所委任的处理教团行政工作者。⑨ 陈楠的《吐蕃职官制度考论》同意王尧钵阐布的藏文是"dpal chen po"对音的观点，并认为以沙门钵阐布担任首席宰相，进一步削弱了相权，巩固了王权。⑩ 林冠群的《唐代吐蕃的僧相体制》提出，僧相的设置是吐蕃王室为开展佛教信仰运动的一个主要措施；而吐蕃王权的扩

---

① 林冠群：《吐蕃中央职官考疑——〈新唐书·吐蕃传〉误载论析》，《中央研究院历史语言所集刊》2009 年第 1 期，第 43~76 页。

② 李方桂：《钵掣逋考》，《中央研究院历史语言研究所集刊》（第 23 本），1951，第 443~446 页。

③ 王尧编著《吐蕃金石录》，文物出版社，1986，第 14、49 页。

④ 黄文焕：《河西吐蕃文书中的"钵阐布"》，载中国民族古文字研究会编《中国民族古文字研究》，中国社会科学出版社，1984，第 222~236 页。

⑤ 王森：《西藏佛教发展简史》，中国社会科学出版社，1997，第 16 页，注 2。

⑥ 王辅仁：《西藏佛教史略》，青海人民出版社，2005，第 40 页。

⑦ 熊文彬：《两唐书〈吐蕃传〉吐蕃制度补证》，第 2~14 页。

⑧ 竺沙雅章「敦煌の僧官制度」『東方學報』31 号、1961，收入竺沙雅章『中国仏教社会史研究』同朋舍、1982。

⑨ 〔日〕竺沙雅章：《敦煌吐蕃期的僧官制度》，载《第二届敦煌学国际研讨会论文集》，汉学研究中心编印，1991，第 145~150 页。

⑩ 陈楠：《吐蕃职官制度考论》，第 90~106 页。

大与巩固，早在吐蕃实施多相制时已经达成，不必以位相之设置来画蛇添足；正因为僧相是吐蕃体制外的产物，只能持续短暂时间，但其破坏了吐蕃原有的官场伦理与政治生态，影响到传统贵族的权益，进而导致吐蕃王朝分崩离析。[①] 王尧的《吐蕃"钵阐布"考论》经过考证，指出钵阐布作为吐蕃首席官员，即大论（blon chen），位居众官之首，能领队参与和主持与唐廷的会盟，该职之设当在赤松德赞赞普去世的政治危机中逐步实现，其设置对改善唐蕃关系起了很大作用，在吐蕃内部，则确立了以佛教为指导政治思想、施政措施宗旨，使佛教成为吐蕃至高无上的精神支柱。[②] 张延清《吐蕃钵阐布考》详细考证了"钵阐布"一词，认为其为藏文"ban de chen po"的对音，意为"虏浮屠驰豫国事者"，根据法藏敦煌古藏文文献，梳理出其主要作为在于力促唐蕃会盟、赴敦煌处理政教事务等。[③] 此外，索南才让对娘·定埃增桑波的研究也进一步阐释了钵阐布一职的职掌与作用。[④] 通过以上对钵阐布的研究，基本上可以达到共识，即钵阐布为藏语"班第钦波"（pan de chen po），是对高僧的一种称呼，赤松德赞时期成为官职称谓，并为对参政高僧的尊称。在吐蕃，称"班第"者常见，但只有娘·定埃增桑波和勃阑伽贝吉云丹二人可称为"班第钦波"或"钵阐布"。

三　吐蕃王朝时期的地方职官研究

以上所涉及的尚论、大相、宰相、钵阐布等职官，多为吐蕃中央职官范畴。与中央职官相配套，还有地方职官体系，如茹（ru）、尺岱（khri sde）、东岱（stong sde）等，这些基层社会组织都由专门的首领任

① 林冠群：《唐代吐蕃的僧相体制》，《中国藏学》1998年第1期，第75～86页。后收入林冠群《唐代吐蕃史论集》，中国藏学出版社，2007，第203～219页。
② 王尧：《吐蕃"钵阐布"考论》，载四川大学中国藏学研究所主编《藏学学刊》（第3辑），四川大学出版社，2007，第76～80页。
③ 张延清：《吐蕃钵阐布考》，《历史研究》2011年第5期，第159～166页。
④ 索南才让：《吐蕃第一位钵阐布娘·定埃增桑波》，《青海民族大学学报》2012年第4期，第9～15页；索南才让：《从谐拉康碑文看钵阐布娘定埃增桑波的地位》，《西藏研究》2009年第5期，第51～59页。

长官。山口瑞凤的《沙州吐蕃军团组建时期的汉人与通颊人》通过研究吐蕃管理河西地区百姓的组织结构，认为吐蕃设置万户长管理民户，设节儿管理军户。① 岩尾一史的《吐蕃万户（khri-sde）制度研究》界定了吐蕃万户是建立在人口稠密的绿洲城镇的一种行政建制；吐蕃在本土的万户（khri sde）与河西、西域地区的万户不同，后者有族群的差异性；万户长在汉文中被译作"万人将"，但掌管沙州万户的官吏称为"节儿"。② 陆离的《吐蕃敦煌乞利本考》，认为吐蕃在敦煌设置的乞利本（khri dpon）又名"沙州节儿论"（rtse rje blon），简称"节儿"（rtse rje），是吐蕃职官中品级最高的一级，也是敦煌当地最高军政长官，由吐蕃人担任，统领敦煌各级蕃汉官员。③ 关于岸本，匈牙利学者乌瑞的《仲巴和大岸本的官职以及八世纪初中部西藏的区域划分研究》认为，仲巴（brun-pa）与岸本（mnans-chen-po）都是疆域的管理机构，但二者完全不同，前者最初具有财政职能，在 731 年的文献中，则指吐蕃的两个高级区划，即吐蕃三翼和大藏，而后者为大行政长官、大管理者。④ 乌瑞的《公元九世纪前半叶吐蕃王朝之"千户"考释》认为，千户是吐蕃王朝的基本单位，根据地理区域而组织，千户中的猛土（rgd）为被迫承担军事义务者；千户下还有百户（chan）、十户（lng-rkang）等。⑤ 岩尾一史的《吐蕃的茹与千户》梳理了文献中所见的吐蕃茹与千户。茹为 7～9 世纪

① 山口瑞鳳「漢人及び通頬人による沙州吐蕃軍団編成の時期」『東京大学文学部文化交流研究施設研究紀要』第 5 号、1982 年 3 月、1－22 頁。
② 岩尾一史「吐蕃の万戸（khri sde）について」『日本西藏学会々報』第 50 号、2014 年 3 月 15 日、118－103（逆）頁。〔日〕岩尾一史：《吐蕃万户（kjri-sde）制度研究》，杨铭、武丹译，载四川大学中国藏学研究所主编《藏学学刊》（第 7 辑），2011，第 116～129 页。
③ 陆离：《吐蕃敦煌乞利本考》，《中国边疆史地研究》2007 年第 4 期，第 74～81 页。
④ Géza Uray, "The Offices of the Bruṅ-pas and Great Mǹans and the Territorial Division of Central Tibet in the Early 8ᵗʰ Century", *Acta Orientalia Academiae Scientiarum Hungaricae*, Vol. 15, 1962, pp. 353－360.
⑤ Géza Uray, "Notes on the Thousand-districts of the Tibetan Empire in the First Half of the Ninth Century", *Acta Orientalia Academiae Scientiarum Hungaricae*, Vol. 36, No. 1/3, 1982, pp. 545－548；〔匈〕乌端：《公元九世纪前半叶吐蕃王朝之"千户"考释》，吴玉贵译，载《国外藏学研究译文集》（第 2 辑），西藏人民出版社，1987，第 49～53 页；〔匈〕乌瑞、佐尔坦·霍尔瓦特：《关于九世纪前半叶吐蕃王朝的千户部落》，杨铭译，《国外藏学动态》1987 年第 2 期。

实行的军事组织形式，每个茹包括 8 个千户、1 个小千户和 1 个赞普侍卫千户。与学术界所认为的茹产生于北方游牧地区和本土高原地区有所不同，岩尾一史认为茹还在特定时间发生了从军事组织向行政区的转化；茹构成吐蕃军事力量的基础，但四人士兵的最小单元并不是千户的组成成分；吐蕃士兵从本土招募，而后调度到边疆地区防戍，因此，千户仅仅是一个原先就划定了的组织。①

关于吐蕃在占领区所设置的管理制度与机构，学术界也有相关的研究成果。陈践践的《笼馆与笼官初探》，考证了唐书中的笼官是古藏文"slung dpon"一词的音译加义译，"slung"音译成"笼"，"dpon"义译成官；从文献记载看，笼官之职主要出现在白兰、剑南道北部、剑南道南部一带的"笼区"，为军事方面的长官，有品阶，从品位来看，似为唐之官员职称。②潘发生的《吐蕃神川都督府》考吐蕃在西洱河以北建立神川都督府，为军镇部落系统，以议事会议为其辅助管理机构，归吐蕃大相统管；吐蕃中央政权的两级御前会议所决定的事项，由"递送大臣"向议事会议传达，由都督府议会代为执行。③朱悦梅的《吐蕃中节度考》则考证了吐蕃控制西洱河期间，建立了中节度，中节度亦称"铁桥节度"，其为与"吐蕃东境（鄙）五道节度使""吐蕃北道节度使""南道元帅"所领机构等级别相当的军事机构。④

吐蕃王朝保留了部落制的社会组织方式，因此，部落首领的管理方式在当时非常流行，并产生了相应的职官系统。张云的《吐蕃在西域的部落及其组织制度》指出，吐蕃在西域实行部落制度，部落为行政单位，各有一定的区域和界线，并多与氏族有密切关系；每个部落设部落使或部落长，组织本部落的生产、保障安全、缴纳粮饷、委派斥候，对上级负责汇报等；部落内有专人管理兵械。⑤金滢坤的《吐蕃统治敦煌时期的

---

① 岩尾一史「吐蕃のルと千戸」『東洋史研究』第 59 卷第 3 号、2000、1 – 33 頁。
② 陈践践：《笼馆与笼官初探》，载中央民族学院藏学研究所编《藏学研究》（第 7 辑），中央民族学院出版社，1993，第 172 ~ 179 页。
③ 潘发生：《吐蕃神川都督府》，《西藏研究》1994 年第 3 期，第 69 ~ 76 页。
④ 朱悦梅：《吐蕃中节度考》，《民族研究》2010 年第 3 期，第 74 ~ 80 页。
⑤ 张云：《吐蕃在西域的部落及其组织制度》，《甘肃民族研究》1992 年第 2 ~ 3 期，第 76 ~ 83、31 页。

部落使考》依据敦煌文书及汉藏史籍，考论了吐蕃将其本部的军事部落建制和民部落建制与唐代敦煌乡、里制相结合，在敦煌设置军事部落、将组织、准军事部落三种类型的部落，设部落使、部落大使，负责部落内部事务。① 此外，关于吐蕃在占领区的统治方式，也是吐蕃王朝职官研究的基础，这方面的研究有杨铭《吐蕃时期河陇军政机构设置考》②、刘进宝《关于吐蕃统治经营河西地区的若干问题》③、朱悦梅《从出土文献看唐代吐蕃占领西域后的管理制度》④ 等。

德论（dbe-blon）是吐蕃时期的一种重要职官。黎吉生的《吐蕃帝国的德论辖区》认为，德论是吐蕃在 8 世纪中期占领唐朝部分地区后着手建立的，管辖范围东自陇山，西到萨毗冲控制区域，是这一区域的最高军事管理机构。这个名称在朗达玛之后从历史记忆中消失。⑤ 林冠群的《唐代吐蕃军事占领区建制之研究》认为德论一职，首先被授予吐谷浑的千户长，为吐蕃新设官衔，是"吐蕃在吐谷浑的建制上，既延伸吐蕃本土的建制，又加上新创"。新创此体制，以实现在占领区实行统治后，取代原来边疆大臣（so-blon）的职责。⑥

Rje-blas 在职官研究中亦引起过讨论。黎吉生最早判断其为"皇家的工作"之意。⑦ 美国学者柯蔚南在《论古藏语 Rje-blas》中释其为"服务或徭役"（service owed and rendered to one's superiors）。⑧ 许思莱则的《再

① 金滢坤：《吐蕃统治敦煌时期的部落使考》，《民族研究》1999 年第 2 期，第 73～77 页。

② 杨铭：《吐蕃时期河陇军政机构设置考》，载陈高华、余太山主编《中亚学刊》（第 4 辑），北京大学出版社，1995。

③ 刘进宝：《关于吐蕃统治经营河西地区的若干问题》，《中国边疆史地研究》1994 年第 1 期。

④ 朱悦梅：《从出土文献看唐代吐蕃占领西域后的管理研究》，《敦煌研究》2012 年第 3 期。

⑤ Huge E. Richardson, "The Province of the bde-blon of the Tibetan Empire, 8th to 9th Centuries," in Paolo Daffina, ed., Indo-sino-tibetica: Studi in Onore di Luciano Petech, Roma: Bardi, 1990, pp. 305 – 315.

⑥ 林冠群：《唐代吐蕃军事占领区建制之研究》，《中国藏学》2007 年第 4 期。

⑦ Huge E. Richardson, "Tibetan Inscription at Žva-ḥi Lha-khaṅ", Journal of the Royal Asiatic Society, part Ⅰ, 1952, pp. 133 – 154; part Ⅱ, 1953, pp. 1 – 12.

⑧ W. South. Coblin, "Notes on Old Tibetan Rje-blas", in Ernst Steinkellner ed., Tibetan History and Language: Studies Dedicated to Uray Géza on His Seventieth Brithday, Wien: Arbeitskreis für tibetische und buddhistische Studien, Universität Wien, 1991, pp. 63 – 110.

论古藏语 Rje-blas》，认为其为"为地主干活"者。① 白桂滋的《吐蕃 755年的叛乱》中将"rje"误解为"交换、以物易物、贸易"，而将"-blas"认作"glas"的变体，意即"工资、报酬"，因此"rje-blas"便是"负责给军队支付（报酬）的高级官员"。② 最终，柯蔚南在解读《达扎实禄恭纪功碑》时，通过汉藏语文献词语对照研究，指出"rje-blas"指"徭役、差事"。③ 王尧也同意这一解释。④

吐蕃的基层组织，是吐蕃社会地方管理的基础，地方职官研究亦是吐蕃职官制度研究的重要内容。熊文彬的《吐蕃本部地区行政机构和职官考》考证了 tshan-bcu、mi-sde、yul-sde、yul-gru、yul-dpon 等是吐蕃时期建立的地方基层行政机构的名称，与吐蕃这一时期建立的军事建制千户相对应，yul-dpon 是这个组织机构管理者的职官名称；军事建制千户和行政建制 tshan-bcu 或 mi-sde 是在噶尔·东赞划分的 rgod 和 g. yung 基础上建立的，最晚不迟于 7 世纪末叶；吐蕃本部地区的行政军事建制从中央到地方实行三级建制，分别为中央各类行政军事机构、茹、千户（军事）和 tshan/mi-sde（行政）。⑤ 杨铭的《吐蕃"十将"（Tshan bcu）制补证》在考证敦煌写卷的基础上，得出吐蕃本土与其域外的"十将"制虽同为一级地方行政机构，但有着不同的数量、辖境，职官名称及其与千户的关系亦不相同，前者为源且相对简单，后者为流并较为复杂。⑥

吐蕃在敦煌地区的基础职官体系也得到了学术界较为透彻的研究，特别是敦煌出土古藏文写卷 P. T. 1089《吐蕃官吏呈请状》的刊布与释读，对吐蕃占领西域敦煌地区后的职官制度提供了重要的资料基础，法

① Axel Schuessler, "Another Note on Old Tibetan Rje-blas", *Linguistics of the Tibeto-Burman Area*, Volume 21, Issue 2, Fall 1998, pp. 3 - 4.

② Christopher Beckwith, "The Revolt of 755 in Tibet", in Ernst Steinkellner and Helmut Tauscher eds., *Contributions on Tibetan Language, History, and Culture*, Wien: Arbeitskreis für Tibetische und Buddhistische Studien, Universität Wien, 1983, pp. 1 - 16. reprinted in Alex Mckay ed., *The History of Tibetan*, London: Routledge Curzon, 2003, pp. 273 - 285.

③ 李方桂、柯蔚南:《古代西藏碑文研究》，清华大学出版社，2007，第 96~97 页。

④ 王尧为李方桂、柯蔚南《古代西藏碑文研究》所做"序"，后收入《李方桂全集》（第9 册），清华大学出版社，2007，第 17~18 页。

⑤ 熊文彬:《吐蕃本部地区行政机构和职官考——tshan-bcu、mi-sde、yul-sde、yul-gru、yul-dpon》，《中国藏学》1994 年第 2 期，第 51~58 页。

⑥ 杨铭:《吐蕃"十将"（Tshan bcu）制补证》，《中国藏学》1996 年第 2 期，第 44~50 页。

国的拉露①、王尧、陈践和日本的山口瑞凤都对此文书进行了译释，并在此基础上对吐蕃的职官制度体系进行了详细的梳理、解读和研究。山口瑞凤的《吐蕃支配时期的敦煌》按照写卷所提供的吐蕃职官名称进行了职官自高到低的排序，认为吐蕃的职官体制有军政和民政两个体系，小千户长、千户长、副翼长、翼都护、翼长属于军政系统，副小千户长、副千户长、副都督、万户长属于民政系统；两套系统也正是吐蕃职官序列与告身高低不相一致的原因所在；吐蕃占领区职官的设置同本部中央职官的设置主要者基本一致。② 王尧、陈践的《吐蕃职官考信录》则进一步将吐蕃职官分为中央官员、地方官员两大体系。③ 汶江的《吐蕃官制考——敦煌藏文卷子 P. T. 1089 研究》则利用 P. T. 1089 写卷补充《贤者喜宴》的记载，给出一份完整的吐蕃职官名称。④ 任树民、白自东的《仕蕃汉人官职考述——P. T. 1089 卷子研究》则利用该藏文写卷对汉人在吐蕃被任用为官的情形进行探讨，发现仕蕃汉官中有降官叛将、有避难蕃境的获罪官僚世家子弟、有奉使入蕃后被扣为人质者，而更多的则为吐蕃占领地区的世家望族；吐蕃的政治体制结构复杂，因此其官制名称繁杂，官位、司职错乱混淆，较难厘清，但蕃官总是高于汉官，且在官职、权势、分工等方面对汉官存有偏见，在地方的社会经济管理方面则由汉官垄断。⑤ 杨铭的《P. T. 1089〈吐蕃官吏呈请状〉研究》依据文献列出了沙州节儿发布的职官序列、从吐蕃人中任命的沙州官吏、沙州官吏序

---

① Marcelle Lalou，"Revendications des fonctionnaires du Grand Tibes au VIIIe siècle"，*Journal Asiatique*，Vol. CCXLIII‑3，1955，pp. 171–212；〔法〕拉露：《〈8 世纪吐蕃官员呈文〉解析》，岳岩译，载中国敦煌吐鲁番学会主编《国外敦煌吐蕃文书研究选译》，甘肃人民出版社，1992，第 73～104 页。

② 山口瑞鳳「吐蕃支配時代」『講座敦煌 2　敦煌の歴史』大東出版社、1980、195–225 頁。山口瑞凤：《吐蕃支配敦煌时代》，许明银译，《国立政治大学边政研究所年报》1982 年第 13 期，第 243～268 页；山口瑞凤：《吐蕃在敦煌统治形态的变迁》，朴宽哲摘译，《甘肃民族研究》1985 年第 1 期，第 80～97 页；山口瑞凤：《吐蕃统治的敦煌》，高然译，载《国外藏学研究译文集》（第 1 辑），西藏人民出版社，1985，第 32～63 页。

③ 王尧、陈践：《吐蕃职官考信录》，《中国藏学》1989 年第 1 期，第 102～117 页。

④ 汶江：《吐蕃官制考——敦煌藏文卷子 P. T. 1089 研究》，《西藏研究》1987 年第 3 期，第 40～48 页。

⑤ 任树民、白自东：《仕蕃汉人官职考述——P. T. 1089 号卷子研究》，《西藏民族学院学报》1990 年第 2 期，第 56～61 页。

列等；蕃汉官吏的排列顺序为节儿论、万户长州内权限者、万户都护、大都督、吐蕃人千户长、副节儿、小都督、汉人都护、汉人副千户长、吐蕃人小千户长、小节儿、财务官州内权限者、汉人副小千户长、汉人守备长、全体汉人大收税官、万户长书记；大都督以上官吏、汉人部落的千户长、小千户长一类重要职官，由吐蕃人充任，汉人只能任千户、小千户长的副职；确定了 Mkhar tsan 军团即吐蕃凉州节度使，其下的吐谷浑部落有自己的千户长，但在吐蕃千户长之后。① 杨铭的《新刊西域古藏语言写本所见的吐蕃官吏研究》发现文献中将将军（dmag-dpon）与节儿（rtse-rje）、都护（spyan）与萨波（spa）、岸奔（mnagn）与守备长（dgra-blon）两两相配，但又没有内在联系，故提出这样写只是表现从高到低的官阶，是为了论述方便；从西域古藏文写本中，还发现了内务官（nang-rje-po）、上部吏民（stod-gyi-dbang-blon）、卧本（vog-dpon）、驿吏（ltang-sogs）、巡吏（tshugs-dpon）等职官名称。②

吐蕃的"khrom"和"节儿"（rtse-rje）是职官制度研究中的两个热点问题，争论最为繁复。学界对"khrom"的认识，是在不断的探讨中渐渐清晰，最早乌瑞释之为"军镇、军衙"（military government）③，杨铭译作"节度使"④，日本学者山口瑞凤译为"军团"⑤，王尧、陈践同意乌瑞的"一级军政机构"的观点，将"khrom"解释为"行军衙""将军"⑥，

① 杨铭：《P. T. 1089〈吐蕃官吏呈请状〉研究》，载杨铭《吐蕃统治敦煌研究》，新文丰出版公司，1997，第 115～138 页。

② 杨铭：《新刊西域古藏语言写本所见的吐蕃官吏研究》，《中国藏学》2006 年第 3 期，第 40～44 页。

③ Géza Uray, "Khrom: Administrative Units of the Tibetan Empire in the 7th–9th Centuries", in Michael Aris, Aung san Suu Kyi, eds., *Tibetan Studies in Honour of Hugh Richardson: Proceedings of the International Seminar on Tibetan Studies, Oxford, 1979*, Westminster: Aris & Phillips, 1980, pp. 310–318. 汉译文参见《释 KHROM：七—九世纪吐蕃帝国的行政单位》，沈卫荣译，载《国外藏学研究译文集》（第 1 辑），西藏人民出版社，1985，第 131～138 页；《KHROM（军镇）：公元七至九世纪吐蕃帝国的行政单位》，荣新江译，《西北史地》1986 年第 4 期，第 106～113 页。

④ 杨铭：《唐代吐蕃统治鄯善的若干问题》，《新疆历史研究》1986 年第 2 期，第 13～27 页。

⑤ 山口瑞鳳「沙州漢人による吐蕃二軍団の成立と mKhar tsan 軍団の位置」『東京大学文学部文化交流研究施設研究紀要』第 4 号，1981 年 3 月，1–12 頁。

⑥ 王尧、陈践：《吐蕃兵制考——军事部落联盟剖析》，《中国史研究》1986 年第 1 期，第 118～127 页。

马德指出此机构只出现在吐蕃新占领区（边境地区），为依照唐制设置的军政合一的统治机构及委派的统治者，可直译为"节度衙/节度使（都督府/都督）"①。黎桐柏的《简析吐蕃王朝边境后拓辖区的军政区划》认为吐蕃在边境地区设置了吐谷浑、南诏两个"羁縻藩国"和东道、南道、北道三路节度使。②

关于"节儿"，国内外学者的观点至今仍未达成统一。有节度使说、县长说、镇长说、襄结波（nang-rje-po）说、寨主说、"总管"或"上官"说等。节度使说的持有者为法国藏学家戴密微（Paul Demiéille），他依据沙畹《中亚十铭文》③中一篇 894 年的碑文内关于沙州、瓜州和甘州的刺史带有"使持节"官衔的记录，视"节儿"为"使持节"或"持节"的简称。④法国另一位藏学家拉露译"节儿"为"县长"，则"节作论"（rtse-rje-blon）为"县长顾问"。⑤匈牙利学者乌瑞修正了拉露的观点，持"镇长"说。⑥日本藏学家山口瑞凤直接将"节儿"作为"襄结波"的敬称。⑦中国藏学家王尧、陈践先是认为"节儿"意为"一寨之主"，⑧后来同意戴密微的观点，以为"节度使"一词译为藏语对之的省称。⑨之后，进一步讨论，认为"节儿"是藏语"rtse-rje"的对音，为当时一城一地之守官，在沙州、西州、于阗都有该官职，来源于吐蕃人构

① 马德：《KHROM 词义考》，《中国藏学》1992 年第 2 期，第 98～101 页。
② 黎桐柏：《简析吐蕃王朝边境后拓辖区的军政区划》，《西藏民族学院学报》2012 年第 4 期，第 49～53 页。
③ Éd Chavannes, *Dix inscriptions Chinoises de l'Asie centrale*, *d'après les Estampages de M. Ch. -E. Bonin*, Paris: Impr. Nationale, 1902.
④ Paul Demiéille, *Le concile de Lhasa*, Institut des hautes études chinoises, 1957；〔法〕戴密微：《吐蕃僧诤记》，耿昇译，西藏人民出版社，2001，第 355 页。
⑤ Marcelle Lalou, "Revendications des fonctionnaires du Grand Tibes au VIIIe siècle", *Journal Asiatique*, Tome CCXLIII-3, 1955, pp. 171-212；〔法〕拉露：《〈8 世纪吐蕃官员呈文〉解析》，岳岩译，载《国外敦煌吐鲁番文书研究选译》，甘肃人民出版社，1992，第 73～104 页。
⑥ Géza Uray, "Khrom: Administrative Units of the Tibetan Empire in the 7th-9th Centuries", pp. 310-318.
⑦ 山口瑞凤「吐蕃支配時代」、195-225 頁。
⑧ 王尧、陈践：《敦煌藏文写卷 P. T. 1083、P. T. 1085 号研究——吐蕃占有敦煌时期的民族关系探索》，《历史研究》1984 年第 5 期，第 171～178 页。
⑨ 王尧、陈践：《吐蕃简牍综录》，文物出版社，1986，第 41 页。

筑的山顶堡寨式的官府形式，同时，又取了汉语"节度使"的部分音节。① 张云在对这一吐蕃职官称谓进行综合梳理与分析后，特别根据藏文译汉典中出现的同一词语，推断"节儿"相当于汉文中的"总管"或"上官"，可以根据其所在行政区划的不同级别而为相应的最高长官。②

之后，随着敦煌汉文、藏文文献的刊布，相关的研究更趋活跃。邵文实的《沙州节儿考及其引申出来的几个问题——八至九世纪吐蕃对瓜沙地区汉人的统治》讨论了沙州节儿的职掌范围，包括地方军政、财政、司法等领域，吐蕃在地方基层实施双轨制的统治，职官序列为"节度使—节儿—都督—部落使—判官"，在对汉族官员的任用上，有重视地方累世簪缨的大族、推崇佛教的汉族僧人、带有一定的强制性等特点。③ 随着敦煌出土藏文文献的大量掌握，金滢坤、盛会莲进一步证实了沙州节儿为吐蕃统治敦煌时期在沙州设置的最高长官，由瓜州节度使衙任命，职掌沙州地区军政、司法、财政大权。④

与"khrom"和"节儿"都密切关联的是"节度使"，如前所述，三者在很多情况下被用来相互解释。但由于三者的出现频次都不低，故还是应该独立分析。藏学界关于"节度使"，也有较丰硕的研究。金滢坤围绕敦煌地区的吐蕃职官进行了一系列研究。《吐蕃沙州都督考》指出吐蕃沙州都督设正带二职，是沙州节儿的重要僚佐，一般由吐蕃人或汉人世家大族担任。⑤《吐蕃瓜州节度使初探》论证了瓜州节度使是吐蕃将其本部的军事部落联盟组织与唐代的节度使制度相结合的一种吐蕃在域外的军政机构，隶属于吐蕃东道节度使，辖瓜沙二州，把持瓜沙地区军事、政治、经济、宗教各方面大权。⑥《吐蕃节度使考述》认为吐蕃五道节度大使先后名称及内部建制不同，先后改为"吐蕃东境五道节度使""吐蕃

① 王尧、陈践：《敦煌吐蕃官号"节儿"考》，《民族语文》1989年第4期，第23~28页。收入王尧《西藏文史考信集》，中国藏学出版社，1994，第162~173页。
② 张云：《"节儿"考略》，《民族研究》1992年第6期，第99~104页。
③ 邵文实：《沙州节儿考及其引申出来的几个问题——八至九世纪吐蕃对瓜沙地区汉人的统治》，《西北师范大学学报》1992年第5期，第63~68页。
④ 金滢坤、盛会莲：《吐蕃沙州节儿及其统治新探》，《中国边疆史地研究》2000年第3期，第10~16页。
⑤ 金滢坤：《吐蕃沙州都督考》，《敦煌研究》1999年第3期，第86~90页。
⑥ 金滢坤：《吐蕃瓜州节度使初探》，《敦煌研究》2002年第2期，第20~25页。

东鄙五道节度使"，下设五"道"节度使，诸"道"节度使下又设若干
小节度使。①

之后，关于节度使的讨论异常热烈，观点各有不同。林冠群的《唐
代吐蕃军事占领区建制之研究》认为吐蕃军政机构建制将本部地方建制
移植于青海后，再扩张延伸于边区；吐蕃占领区称为"bde blon khams
chen po"，共由 5 个部分组成，分别为东、西、南、北四道，加上原有的
青海地区；各道设有一位德论，负责德论会议，加上都护有 3～4 人，议
决该道军政事务；其下辖军镇（khrom），长官为翼长（ru-pon）或将军
（dmag-pon）；军镇所辖各州，设节儿，节儿以下有各级官员。② 黄维忠
《关于唐代吐蕃军事占领区建制的几个问题》则认为吐蕃在军事占领区设
置了五道，其中的中道即朵甘思道（mdo gams kyl khams）；雅莫塘节度使
为河州节度使；吐蕃极盛时期的疆域由吐蕃本土和 bde blon khams chen po
两部分组成；mdo khams 地区为 bde blon khams chen po 五道之一的中道
（dbus kyl khams chen po）。③ 朱悦梅的《吐蕃中节度考》梳理了敦煌写
卷、《南蛮书》等文献资料，考证吐蕃中节度是吐蕃为统治南诏西洱河地
区而设置的军政机构，是在原吐蕃三大"勇部"之"中勇部"（dpav bvi
sde gsum）的基础上发展而来，与吐蕃东境五道节度、吐蕃北道节度、吐
蕃南道元帅所统、吐蕃在西域的军事机构为同一级别的军事指挥系统；
在占领西洱河地区后，吐蕃还设置了铁桥都督府，以管理南诏地区的民
政事务。④ 朱悦梅的《吐蕃占领西域期间的军事建制及其特征》指出，吐
蕃在西域设置一军区级的军事单元，在原吐蕃三大"勇部"之一的"三
勇部"基础上发展而来，在这里的管理模式有军事系统、吐蕃部落管理
系统、当地居民管理系统三个层面。⑤ 朱悦梅的《吐蕃东境五道（鄙）
节度使考》则进一步推论，吐蕃东境五道节度使是在吐蕃原三大"勇部"

① 金滢坤：《吐蕃节度使考述》，《厦门大学学报》2001 年第 1 期，第 97～104 页。
② 林冠群：《唐代吐蕃军事占领区建制之研究》，第 75～86 页。
③ 黄维忠：《关于唐代吐蕃军事占领区建制的几个问题》，《西北民族大学学报》2010 年第
4 期，第 58～64 页。
④ 朱悦梅：《吐蕃中节度考》，《民族研究》2010 年第 3 期，74～80 页。
⑤ 朱悦梅：《吐蕃占领西域期间的军事建制及其特征》，《西域研究》2011 年第 5 期，第 18～
26 页。

之"下勇部"（smad gyi dpav sde）的基础上发展而来，随着吐蕃势力向河西走廊、关陇地区和川西地区的渗透，在原来东境节度使的基础上，又形成或划分出北道节度使和吐蕃南道元帅统辖的区域；而东境五道则分别为河州、鄯州、青海、雅莫塘、玛曲节度五个区域，相当于一个大的军事战区中划分的五个军分区。①

四　吐蕃王朝时期的基层职官研究

除了以上有关 khrom、节儿、节度使等热点问题外，对于吐蕃王朝时期从赞普王廷的核心职官到地方部落组织职官，从占领地区的地方军政大员到社会生产的管理机构，都有了系统而细致的研究。特别是对大量西域、敦煌出土古藏文文献的释读与运用，极大地促进了吐蕃王朝职官研究的深入和对种种职官具体名称、职掌的清晰认识。

管理社会生产生活方面的职官。顾吉辰的《敦煌文献职官结衔考释》②、陆离的《吐蕃统治河陇西域时职官四题》考证了吐蕃统治河陇西域时期在当地设置了税务官（khral pon）、文书官（yi ge pa），分别负责赋税征收和公文处理、田亩登记等事务，汉文文书中称为"判官"，与唐朝的孔目官和掌书记有相似之处；营田官（zhing pon）和水官（chu mngan）分别负责土地分配调整、农田水利管理等，因部落大小不同，所设员数与级别有所不同，类似于唐朝的营田使、都水令等职官。③陆离在《吐蕃统治河陇西域时期的军事、畜牧业职官二题》中，考证吐蕃在当地设立了不同级别的扎论（dgra blon）作为军事官员，相当于汉文文书中的防城使者，是吐蕃特有职官；在河陇西域各地的上部、下部牧地大管理长（stod smad kyi phyug mavi gzhis pon chen po）、畜产大管理官（byang vtsho ched po）、副牧地管理长（gzhis pon vog po）、畜产小管理官等畜牧

① 朱悦梅《吐蕃东境五道（鄯）节度使考》，《中国边疆史地研究》2014年第1期，第41～55页。

② 顾吉辰：《敦煌文献职官结衔考释》，《敦煌学辑刊》1998年第2期，第21～38页。

③ 陆离：《吐蕃统治河陇西域时职官四题》，《西北民族研究》2006年第2期，第19～31页。

业官员，亦源自吐蕃本部，相当于汉文文书中的草宅使。① 陆离的《唐五代敦煌的司仓参军、仓曹与仓司——兼论唐五代敦煌地区的仓廪制度》，指出在吐蕃占领敦煌时期设有仓曹，即仓岸（stsang mngan），源于吐蕃职官岸本（mngan dpon），藏文"stsang"则源自汉唐仓曹参军、司仓之"仓"，负责官仓、军仓和寺院用粮的征收、发放与核查。②

关于社会基层组织职官。陆离《吐蕃统治敦煌的基层组织》认为吐蕃统治敦煌的基层组织负责人为将头，又称"lang btu rkang"（五十岗），为管理承种五十岗耕地民户的负责人，又被称为"bkyivu rje"（百户长）；lang rkang（五岗）则为管理承种五岗耕地民户的负责人。③ 武内绍人的《Tshar：吐蕃帝国千户的基层军事单位》④ 认为，tshan 是吐蕃东岱或千户区的基层单位，一 tshan 有 50 户，20 个 tshan 组成一个东岱；tshan 相当于"将"，长官称"lnga-bcu-rkang"或"brgye'u-rje"，从 tshan 内选任，相当于"将头"；这一职官也用于吐蕃控制时期的敦煌和于阗地区。海尔格·乌巴赫（Helga Uebach）的《吐蕃帝国（7~9 世纪）地域划分的最小单位》⑤ 亦持相同观点。

在基层兵制里，"tshar"一词是学术界关注较多的词语。杨铭、何宁生的《曹（Tshar）——吐蕃统治敦煌及西域的一级基层兵制》从语源上提出"tshar"与唐的基层兵制"曹"在音韵上相近，与其组织特征、任务亦相同，沿袭唐制，一曹之长为"曹长"。⑥ 苏航的《试析吐蕃统治敦

---

① 陆离：《吐蕃统治河陇西域时期的军事、畜牧业职官二题》，《敦煌研究》2006 年第 4 期，第 62 ~ 66 页。

② 陆离的《唐五代敦煌的司仓参军、仓曹与仓司——兼论唐五代敦煌地区的仓廪制度》，《兰州大学学报》2003 年第 4 期，第 64 ~ 72 页。

③ 陆离：《吐蕃统治敦煌的基层组织》，《西藏研究》2006 年第 1 期，第 8 ~ 16 页。

④ Takeuchi Tsuguhito, "Tshar: Subordinate Administrative Units in the Thousand Districts in the Tibetan Empire", in Per Kvaerne, ed., *Tibetan Studies: Proceedings of the 6th Seminar of the International Association for Tibetan Studies held at Fagernes*, 1992, Vol. II, Oslo: Inst. for Comparative Research in Human Culture, 1994, pp. 848 – 862.

⑤ Helga Uebach, "Small Units in the Territorial Division of the Tibetan Empire (7th –9th Century)", in Ernst Steinkellner, ed., *Tibetan Studies: Proceedings of the 7th Seminar of the International Association for Tibetan Studies held at Narita 1989*, Graz, 1995, Wien: Verlag derösterreichischen Akademie der Wissenschaften, 1997, pp. 997 – 1003.

⑥ 杨铭、何宁生：《曹（Tshar）——吐蕃统治敦煌及西域的一级基层兵制》，《西域研究》1995 年第 4 期，第 49 ~ 54 页。

煌时期的基层组织 tshar》认为 tshar 实际上就是唐朝军队中的"队",是吐蕃统治敦煌以后对当地原有组织方式的借鉴。①

在财政职官方面,金滢坤的《吐蕃统治敦煌的财政职官体系——兼论吐蕃对敦煌农业的经营》提出吐蕃在占领敦煌的 60 余年中,设置了由"岸本"负责管理经济事务和寺庙等公产的制度,在推行"突田制"、实行计口管理的基础上,建立了税制和财政体系,由岸本、军粮官、唐人地区总大税务官、唐人地区总税务官组成的职官体系,并设立勾检官,这些职官承唐制。此外,还设有农田官、水官等管理农业生产的职官。②陆离的《论吐蕃统治敦煌时期的官田与营田》论述了吐蕃在敦煌期间模仿唐朝的职田、公廨田制度,相应地产生了营田官和仓曹来负责职田、公廨田。③

关于监军。陆离的《吐蕃统治敦煌的监军、监使》一文讨论了吐蕃占领敦煌期间设置了大监军使,简称"监使",汉文称"节儿监军",实即万户悉编(khri dpon)或节儿监军(rtse rje spyan),也可简称"节儿",是仅次于乞利本的二号军政长官,主管军事、司法、农业生产等;吐蕃在敦煌还先后设置了汉人部落监军、汉人监军(rgyavi spyan),位居大监军使之下;吐蕃在河陇、西域等地还设置了悉编(spyan),为其地区的重要职官。④

吐蕃占领敦煌期间,亦设置了相应的职官管理寺院。王继光、郑炳林的《敦煌汉文吐蕃史料综述——兼论吐蕃控制时期的职官与统治政策》根据佛事文书,指出吐蕃在河西实施蕃汉双重官制,职官序列为"节度使 – 乞律本 – 节儿、军监 – 都督 – 部落使 – 判官 – 乡部",领属关系为"东军国相(河州大节度使) – 瓜州节度使 – 乞律本 – 节儿、监军、都

---

① 苏航:《试析吐蕃统治敦煌时期的基层组织 tshar——以 Ch. 73. xv. frag. 12 和 P. T. 2218 为中心》,《中国藏学》2003 年第 2 期,第 43 ~ 52 页。

② 金滢坤:《吐蕃统治敦煌的财政职官体系——兼论吐蕃对敦煌农业的经营》,《敦煌研究》1999 年第 2 期,第 84 ~ 91 页。

③ 陆离:《论吐蕃统治敦煌时期的官田与营田》,《南京师范大学学报》2009 年第 3 期,第 77 ~ 82 页。

④ 陆离:《吐蕃统治敦煌的监军、监使》,《中国藏学》2010 年第 2 期,第 27 ~ 34 页。

督、都部落使－部落使、监部落使、乡官"。① 陆离的《吐蕃统治时期敦煌僧官的几个问题》认为都教授是吐蕃统治敦煌时期当地的最高僧官，其下为寺院教授，负责管理僧团中某一方面事务；僧官设置源自吐蕃本部，为吐蕃僧官制度所特有。② 王祥伟的《试论吐蕃政权对敦煌寺院经济的管制》指出吐蕃设置了专门管理寺院经济的官员，有岸本、寺卿等，而节儿、瓜州节度使、吐蕃东道节度使等世俗长官也会同宫廷僧官、瓜沙都僧统、住持沙门和寺院纲管等一道对寺院经济进行核算管理。③ 王祥伟的《吐蕃归义军时期敦煌福田司初探》初步认为，吐蕃时期佛教教团最高僧务管理机构都司下已有儭司（管理布施物品），故福田司亦有可能在吐蕃统治时期已经设立；福田司主要负责由官府和都司统组织的转经活动，有自己的储斛斗的仓库，故不排除还从事济贫赈灾活动。④ 王祥伟的《吐蕃归义军时期敦煌寺院纲管新论》认为，吐蕃统治敦煌时期在僧官制度上进行了一系列改革，设置了法律、判官等职，敦煌寺院的纲管由寺主、上座、维那组成三纲体制。⑤ 王祥伟的《敦煌都司的设置考论》认为都司是敦煌佛教僧团儭司、灯司、行像司、功德司、道场司、福田司、仓司等司级机构的上级总机构，也是最高僧司机构，是吐蕃统治敦煌早期为推行宗教制度等改革、更好地管理敦煌地区的佛教事务及对当地蕃汉军民进行有效的管理而设置的。⑥

专门研究军事职官制度的还有武内绍人，他的《从于阗到罗布泊的吐蕃军事系统及其活动》认为，吐蕃在萨毗、瓜州、雅磨塘和卡赞建有军区机构，也就是 khrom，包括 bde-khams（战区）和 bde-blon（将军）；

① 王继光、郑炳林：《敦煌汉文吐蕃史料综述——兼论吐蕃控制时期的职官与统治政策》，《中国藏学》1994 年第 3 期，第 44～54 页。收入郑炳林主编《敦煌吐鲁番文献研究》，兰州大学出版社，1995，第 84～101 页。

② 陆离：《吐蕃统治时期敦煌僧官的几个问题》，《敦煌研究》2005 年第 3 期，第 93～98 页。

③ 王祥伟：《试论吐蕃政权对敦煌寺院经济的管制——敦煌世俗政权对佛教教团经济管理研究之一》，《敦煌学辑刊》2010 年第 3 期，第 40～48 页。

④ 王祥伟：《吐蕃归义军时期敦煌福田司初探》，《甘肃民族研究》2010 年第 2 期，第 58～63 页。

⑤ 王祥伟：《吐蕃归义军时期敦煌寺院纲管新论》，《甘肃社会科学》2008 年第 6 期，第 191～195 页。

⑥ 王祥伟：《敦煌都司的设置考论》，《敦煌研究》2013 年第 2 期，第 93～99 页。

的如应分为两部分，各有 4 个东岱（stong-sde）和 1 个如本（ru-dpon），khrom 也有 2 个东岱，因此，khrom 的长官职衔等同于如本。① 武内绍人的《吐蕃统治西域的军事机构及其职责》② 考证了吐蕃在萨毗（Tshal-byi）和卡尔赞等地建立了军区政府或军镇，实现了直接管理，这些军镇由德康（Bde-khams）和其下辖的德论（Bde-blon）议事会组成。

在吐蕃职官制度的研究领域，还必须提到与吐蕃王朝职官制度密切相关的告身制度。法国的巴考将吐蕃的文武官员依照吐蕃告身的内容分为五等。③ 山口瑞凤则从位阶的角度恢复了告身六段十二阶的面貌。④ 陈楠的《吐蕃告身制度试探》指出，吐蕃的告身授予各级官员、巫师、寺院僧人、被征服地区的地方豪酋官吏等。⑤ 赵心愚的《吐蕃告身制度两个问题》认为吐蕃的铁告身与"六告身"同时存在，但只授予勇士，不在"六告身"之内，不列入吐蕃官员的官阶章饰；吐蕃对南诏首领亦授予告身，但南诏政权职官的告身则非吐蕃所授，而是仿效了吐蕃的职官制度。⑥ 陆离、陆庆夫的《关于吐蕃告身制度的几个问题》认为吐蕃告身制度是对唐朝官员的服饰制度和告身制度进行借鉴模仿而成，对平民百姓授予木质写有文字的告身（khram），以区别身份与贵贱；吐蕃王朝授予下级官员大藏（gtsang chen）、果藏（sgo gtsang）之位也是告身，与授予作战勇士的铁文字（lcags yig）告身相类似，有可能就是铁文字告身。⑦ 陆离的《敦煌吐蕃文书〈吐蕃官吏申请状〉所见 zar can 与 zar cung 词义

---

① Takeuchi Tsuguhito, "The Tibetan Military System and its Activities from Khotan to Lop-Nor", in Susan Whitfield, ed., *The Silk Road: Trade, Travel, War and Faith, A British Library exhibition on the Asian trade route known as the Silk Road opened on 7 May 2004*, London: The British Library, 2004, pp. 50 – 56.

② Takeuchi Tsuguhito, "Military Administration and Military Duties in Tibetan-ruled Central Asia", in Alex McKay, ed., *Tibet and Her Neighbours: A History*, London: W. W. Norton & Company Ltd., 2003, pp. 43 – 54.

③ Jacques Bacot, *Introduction a l'histoire du Tibet*, Paris: Societe Asiatique, 1962.

④ 山口瑞鳳「吐蕃支配時代」、204 頁。

⑤ 陈楠：《吐蕃告身制度试探》，《西藏研究》1987 年第 1 期，第 61~68 页。收入陈楠《藏史丛考》，民族出版社，1998，第 149~161 页。

⑥ 赵心愚：《吐蕃告身制度两个问题》，《西藏研究》2002 年第 1 期，第 15~20 页。

⑦ 陆离、陆庆夫：《关于吐蕃告身制度的几个问题》，《民族研究》2006 年第 3 期，第 94~102 页。

考》考 stagi-zar-can 和 stagi-zar-cung，即六勇饰之 zar chen 和 zar chung，分别为虎皮缎鞯和虎皮马镫缎垫，是吐蕃王朝奖给立有战功者的两种不同规格的虎皮制品；stagi-zar-can 是 stagi-zar-cen 的误写；被授予这两种虎皮制品的吐蕃官员分别被称为赏虎皮缎鞯者（stagi-zar-can-pa）和赏虎皮马镫缎垫者（stagi-zar-cung-pa）。[①] 此外，对吐蕃告身研究有价值的还有杨铭、索南才让的《新疆米兰出土的一件古藏文告身考释》，其中在释读 Or.15000/269 号残卷的基础上，展现了部分吐蕃告身与相应章饰的关系。[②]

五　吐蕃王朝职官研究存在的问题

关于吐蕃职官的研究，既有宏观论述，也有微观研究。从宏观上，对吐蕃王朝职官体系的社会基础和制度特征有了较为充分的认识。在微观上，则从几个层面再现了吐蕃社会管理与统治秩序的序列。吐蕃王朝时期的中央职官制度，包括尚论、大相、宰相、钵阐布等职官及其作用，体现出宰相制度是吐蕃王朝职官体系的核心。吐蕃王朝时期的地方职官体系，基本上构建了如茹、尺岱、东岱等层级的职官管理制度，在该体系内，除了各级组织都有部落的首领任长官外，还设置万户长管理民户，设节儿管理军户等。在社会生活管理、社会基层组织、财政、监军方面，吐蕃王朝时期都形成了相应的职官体系，且多与告身制度有一定关联。

吐蕃职官及其制度的研究，取得了可喜的进展，对职官及其职能等问题的探讨呈现出越来越细致的趋势，但仍有待继续研究和讨论之处。第一，尽管人们对传世典籍下了很大功夫，并有相关西域敦煌出土文献的补充，但至今仍然未能有职官序列的完整版，这与文献记载的模糊和零星有关。第二，吐蕃节度使的问题，目前的观点不能统一，这多半与研究者常常将研究范围局限于吐蕃军事力量活动的某一区域或某几个区域有关。例如，研究西域敦煌者，不太关注西川地区，更未将吐蕃在西

---

① 陆离：《敦煌吐蕃文书〈吐蕃官吏申请状〉所见 zar can 与 zar cung 词义考》，《兰州学刊》2006年第11期，第8～9页。

② 杨铭、索南才让：《新疆米兰出土的一件古藏文告身考释》，《敦煌学辑刊》2012年第2期，第15～22页。

洱河地区的活动纳入视野；而研究云南地区的，又不会太关注吐蕃在西北地区的活动。只有将吐蕃王朝作战范围的研究涵盖整个活动区域，站在吐蕃赞普的立场上进行全局观察，才能有整体把握的基础。第三，关于告身与职官位阶的关系，尚不能弄清楚，这是吐蕃王朝时期职官位阶与贵贱地位的关系未能条理的根本。第四，职官制度的研究有所发展，但在职官管理制度方面，尚多存空白，而对政治职官制度的研究，缺乏对其运行机理的了解与把握，对职官制度本身的研究亦会受到制约。

吐蕃职官的研究已经开创了多层面、多角度研究的基础，新资料、新方法的加入，无疑还会为相关研究提供更加广阔的空间。

Summary of Researches on the Official System of Tibetan Empire

Zhu Yuemei

Abstract：The study on the official system of the Tibetan Empire recovered four aspects of offical construction. The first, many studies are about the social and institutional characteristics and the basis of the official system in Tibetan empire. The Second, the name of the officials and their roles of the government official system in Tibetan empire have been proved, such as the zhang-lun（尚论）, blon-chen-po（大相）, zhang-lon-ched-po-dgu, ban-de-chen-po（钵阐布）, and the prime minister system is the core of the Tibetan royalist system. The third, the local officials system and the management system of the officials in Tibetan empire has been investigated according to the Sino-Tibetan manuscripts, the serious of administration officials are Ru-ru, khri-sde and stong-sde, and so on. There are different level organizations have the special directors as the Chief. At the same time, established khri-dpon（万户长）to manage the civil affairs, and rtse-rje（节儿）to military households affairs. The fourth, there were specialized offical systems in the social production management, finance and feudal affairs, etc. All the same, it is lacking of a complete version of the official series till now, such as the view of the Jiedu （节度） is fuzzy, the relationship between the clarification and the management system, and how to manage the official system.

Keywords：Tibetan Empire；The Offical System；The Management System of the Officials；The Political System

尼古拉斯·维特森藏中国汉镜的
全球流传轨迹*

〔荷兰〕方若薇 文诗景著 杨 瑾译**

内容提要：荷兰18世纪著名文物收藏家尼古拉斯·维特森收藏的一枚出自西伯利亚的汉代中国铜镜的铭文引起当时欧洲和中国学者的高度关注。特别是不同宗教和文化背景下的铭文解释反映了对汉字渊源、中国文明及其特征的争论从非理性、非科学到合理、公正的发展脉络，由此带来欧洲对中东、埃及和中国文明地位的重新评价。参与讨论的学者分布范围之广、涉及学科之多，充分说明由此建立的信息网络将欧洲与东亚紧密相连，并激发出更多的新问题。这枚汉镜因此成为1700年

---

　* 本文译自 Willemijn van Noord and Thijs Weststeijn, "The Global Trajectory of Nicolaas Witsen's Chinese Mirror", *The Rijksmuseum Bulletin*, Vol. 63, No. 4, 2015, pp. 324 – 361。感谢荷兰国家博物馆馆刊的 Anne-Maria van Egmond。同时感谢两位作者百忙之中进行校对。因篇幅所限，注释部分有删减。

** 方若薇（Willemijn van Noord），荷兰国立民族学博物馆中国藏品馆长，主要研究方向为全球史中的中国物质文化，特别是中国物质文化的欧洲吸收。文诗景（Thijs Weststeijn），乌特勒支大学艺术史教授，研究项目"中国影响力：荷兰黄金时代之中国意象与图象"负责人。曾任阿姆斯特丹大学文化遗产研究副教授，洛杉矶盖蒂中心、柏林马克斯·普朗克学会等奖学金获得者。目前正撰写专著《低地国家的中间王国：荷兰黄金时代的中国挑战》。杨瑾，历史学博士，陕西师范大学历史文化学院教授，主要从事古代中西文化交流史研究。

前后到达阿姆斯特丹的全球知识流通的宝库及其物质和心态维度的
反映。

关键词：尼古拉斯·维特森　汉镜铭文　中华文化

1705 年末，阿姆斯特丹市市长、著名文物收藏家尼古拉斯·维特森
（1641～1717）要给一位学识渊博的朋友看一件出自西伯利亚墓葬中的中
国铜镜。两位荷兰人为这件刻有不可释读的古代文字的文物保持了一年
的书信联系。但意想不到的事情发生了，铜镜跌落破碎成十余块碎片。
维特森的朋友、文物学家吉兹伯特·库珀（1644～1716）哀叹道："当看
到这样一件无价珍宝，一件中国文物残件，遭受如此悲惨的命运，我的
悲痛之情无法言表。"① 这枚汉代铜镜是维特森亚洲艺术藏品中最有价值
的一件文物。

图 1　维特森肖像

资料来源：阿姆斯特丹皇家古代学会（Koninklijk Oudheidkundig Genootschap）藏，
inv. no. kog-aa－4－03－008。

维特森对亚洲艺术品的收藏是北欧最为丰富的②，包括印度和锡兰
（今斯里兰卡）的宗教雕像，中国和日本的书画、珠宝、地图、图书和陶

---

① 库珀致函维特森，1705 年 11 月 3 日，阿姆斯特丹大学图书馆藏，Be 36, fol. 9iv.
② 库珀对维特森藏品的描述（无日期），荷兰皇家图书馆藏，KB72C31, fol. 164.

瓷器等①。维特森很重视他的铜镜。幸运的是，在他朋友至关重要的访问之前，他已经命人将镜铭进行拓印。在此后几年中，维特森和库珀频繁地将摹本寄给博学之人。于是，这枚出自西伯利亚的铜镜变成从汉诺威的哲学家莱布尼茨②到罗马的奥斯丁会③，从巴达维亚（今雅加达）的华人社区到北京和本地治里④的传教士广为讨论的热点话题。1700 年前后荷兰文献中很少对中国物质文化进行讨论——瓷器和绘画显然没有引起学术兴趣——但这枚铜镜受到完全不同的对待⑤。在维特森、库珀及当代人眼中，它缘何如此重要？

此前的研究已经注意到维特森藏品中的这枚铜镜⑥。本文将追溯其全球轨迹：从制作于汉代中国，被使用于欧亚干草原，后来被 18 世纪早期欧洲文学界及更远地区接受，最终又返回中国。这枚小小的铜镜调动了一个文化网络，在 1700 年前后将阿姆斯特丹与世界其他地区联结起来。

维特森通过一位俄国朋友获得这枚铜镜，并将其说明和解释放入 1705 年的《东北鞑靼利亚》中（见图 2）。他无法在欧洲获得铭文翻译，

① M. Peters, *De wijze koopman: Het wereldwijde onderzoek van Nicolaes Witsen（1641 - 1717）, burgemeester en VOC-bewindhebber van Amsterdam*, Amsterdam: Bert Bakker, 2010, pp. 378 - 379, 456 - 457; P. Rietbergen, "Witsen's World: Niclaas Wisten（1641 - 1717）between the Dutch East India Company and the Republic of Letters", in L. Blussé et al. eds., *All in One Company: The voc in Biographical Perspective*, Utrecht, 1986, pp. 121 - 134.

② 戈特弗里德·威廉·莱布尼茨（Gottfried Wilhelm Leibniz, 1646 年 7 月 1 日 ~ 1716 年 11 月 14 日），德国哲学家、数学家，历史上少见的通才，被誉为 17 世纪的亚里士多德。——译者注

③ 奥斯丁会（Augustinian Order），一译"奥古斯丁会"。原为根据奥古斯丁所倡导的隐修修会会规而成立的各隐修修会的总称。后于 1256 年由教皇亚历山大四世（Alexandre IV, 1256 ~ 1261 年在位）联合组成统一的奥古斯丁会。——译者注

④ 本地治里（Pondicherry）原属法属定居点，位于泰米尔纳德邦境内，深受法国文化影响。——译者注

⑤ T. Weststeijn, "Vossius' Chinese Utopia", in E. Jorink and D. van Miert, eds., *Isaac Vossius（1618 - 1689）between Science and Scholarship*, Leiden/Boston, 2012, pp. 207 - 242.

⑥ L. S. Yang（杨联升）, "An Inscribed Han Mirror Discovered in Siberia", *T'oung Pao*, Vol. 42, 1953, pp. 330 - 340; E. Luobo-Lesnitchenko, "Imported Mirrors in the Minusinsk Basin", *Artibus Asiae*, Vol. 35, 1973, pp. 25 - 61, 330 - 340; J. van der Waals, "Wankelend wereldbeeld: Onderzoek naar taal, geloof en tijd in rariteitenkabinetten", in R. Kistemaker et al., eds., *De wereld binnen handbereik: Nederlandse kunst- en rariteitenverzamelingen 1585 - 1735*, Zwolle, 1992, pp. 135 - 152。

便通过履新荷兰东印度公司的总督约翰·范·霍恩（Johan van Hoorn，1653～1711）将它送到巴达维亚的华人社区①。此举并不奇怪。维特森本人就是贸易公司总裁，不断从与广州联系密切的巴达维亚订购中文图书②。他告诉库珀："我将铜镜图片送到居住着数以万计中国人的巴达维亚。没有人能释读，总督命人将它带到中国，给中国的读书人看，让他们解释。一个博学的中国人翻译了它。于是我们就知道了圆形盘状物制作于 1800 多年前，肯定是古代中国之文，如今大多数人不知道了。"③

图 2　维特森藏汉镜

资料来源：N. Witsen, *Noord en Oost Tartarye*, Amsterdam, 1705, p. 750。

---

① 范·霍恩一直参与著名的荷兰与北京贸易活动（1666）。

② 荷兰东印度贸易公司在 1729 年才建立起贸易站，但更早时候巴达维亚的自由民与艺术和手工业中心——广州进行频繁贸易，参见 F. Hertroijs, *Hoe kennnis uit China naar Europa kwam: De rol van Jezuieten en VOC-dienaren*, PhD Diss., Vrije Universiteit, Amsterdam, 2014, p. 102。

③ 维特森致函库珀，1705 年 10 月 20 日，参见 J. F. Gebhard, *Het leven van Mr. Nicolaas Cornelisz. Witsen（1641－1717）*, No. 21, Vol. 2, Utrecht, 1881, p. 306。

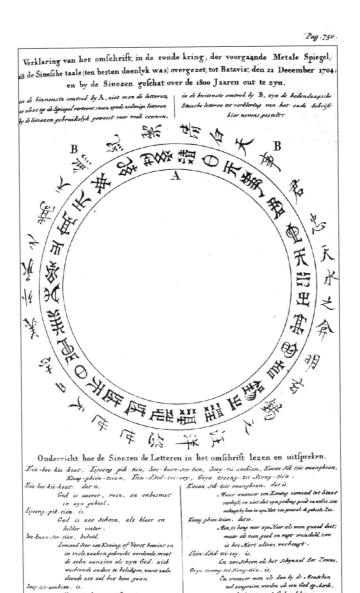

图 3　维特森汉镜铭文

资料来源：N. Witsen, *Noord en Oost Tartarye*, Amsterdam, 1705, p. 750。

令人惊奇的是，维特森和库珀不仅重视该镜的历史价值，而且还认识到它如何承载了地理上的互联互操作性。就像首次呼吁中国学界解释该镜一样，他们还是首批认识到中国知识、图书和学术鉴赏价值的欧洲人：中国也有其独特的、成熟的崇古主义传统①。维特森本人随即订购大量中文图书来获得语境性知识："后来几年，我从东印度地区收到关于这种中国智慧之物的更多解释。他们不时给我送来二三十种用古汉语和当代汉语印制的这类国王与有识之士的格言或座右铭或宣言（或许是神灵保佑之意）。"② 库珀后来向维特森证实他"从中国收到了一本带有很多这类铜镜图片的书籍，包括与西伯利亚发现的那枚铜镜非常相似的例证。他告诉我，大多数古代铜镜带有交错形线状纹饰的特征，这是最古老的刻铭。我也看到了这本书，发现维特森先生所说的每件事情，这里的汉字具有无与伦比的珍稀性和多元性"③。这本书很可能就是《重修宣和博古图》或类似图书。因此，学者们在铜镜发掘后不久就开始讨论其年代、渊源、贸易、用途和意义，试图以中西方相融合的学术方法进行研究。下文将进行类似的系统性分析，先辨识铜镜的纹饰、刻铭与考古背景，然后探讨该镜在欧洲的流传，以及又如何延伸至亚洲。

欧洲早期出版的唯一的中国文物是著名的景教碑④，记录了 751 年景教出现在中国唐代的事迹⑤。但维特森所藏铜镜的时代显然早得多，激发了大

---

① N. Standaert, "The Transmission of Renaissance Culture in Seventeenth-Century China", *Renaissance Studies*, Vol. 17, 2003, pp. 367 - 391, esp. p. 369; P. N. Miller, "Comparing Antiquarianisms: A View from Europe", in P. N. Miller and F. Louis, *Antiquarianism and Intellectual Life in Europe and China*, Ann Arbor, 2012, pp. 103 - 147, esp. p. 128.

② 维特森致函库珀，1705 年 10 月 20 日，参见 J. F. Gebhard, *Het leven van Mr. Nicolaas Cornelisz. Witsen（1641 - 1717）*, p. 307。维特森收集各种语言的"格言"，并进行比较研究。——译者注

③ 库珀对维特森藏品的描述（无日期），荷兰皇家图书馆藏，KB72C31, fol. 144r。

④ 阿塔纳斯·珂雪（Athanasius Kircher, 拉丁化也作 Athanasius Kircherus Fuldensis, 1602 年 5 月 2 日出生于德国盖沙，1680 年 11 月 27 日逝世于罗马），著名的德国耶稣会士，埃及学家、地质学家、医学家、数学家。很早就开始对汉文化感兴趣。他的著作 *China Monumentis* 是一部当时欧洲关于中国知识的百科全书，包括详细的地图学、"龙"等神话元素。他强调中国历史中的基督教元素，如《大秦景教流行中国碑》记载景教 751 年传播到中国。——译者注

⑤ M. Keevak, *The Story of a Stele: China's Nestorian Monument and Its Reception in the West, 1625 - 1916*, Hong Kong, 2008.

范围的历史、地理和哲学讨论。讨论主要围绕两个问题：一是东西方文明年代的比较；二是关于语言的讨论，比如汉字是否比希伯来语和埃及象形文字更早。尽管铜镜现已损坏，但留下了大量关于其渊源的文本性和视觉性信息，使这件维特森视若珍宝的器物成为 1700 年阿姆斯特丹最受关注的一件亚洲文物，揭示了由中国文明在欧洲不断增强的关联性所激发的新观念。

一　维特森藏汉镜

维特森对此镜的描述是："铜镜，直径超过 20 厘米，背面带有纹饰。当它被送到我这里的时候，背面光滑，就像现代某种合金制作的中国和日本镜子，但上有中国古代文字。"① 细部刻画纹饰让人对其含义、来源和时代产生诸多猜测。它应该是欧洲收藏历史中记载的第一件中国铜镜（见图 2、图 3）。② 1715 年维特森又得到了另一枚类似的铜镜，他的著作中只有线图，没有释文（见图 4）。③

维特森所藏铜镜的纹饰细部符合中国铜镜最早和最持久的设计原则：具有旋转性视点，镜背面呈四分法放射状对称，提醒使用者以圆形方式释读设计，纹饰下半部分与倒置性的上半部分看起来很连贯④。纹饰分成同心圆，中间钮部凸起（穿系用），周围有三组单独的羽人纹饰，间以 12 个圆形平状乳丁纹。外为八个连弧围绕着一圈凸起的涡纹，外饰一圈窄

---

①　N. Witsen, *Noord en Oost Tartarye*, Amsterdam, 1705, p. 750.

②　瑞典军官 Philipp von Strahlenberg 在托博尔斯克战役被俘后于 1711～1721 年流亡西伯利亚，其间曾拥有两枚中国铜镜，但他在 1730 年返回欧洲之前就转手他人。参见李学勤《四海寻珍》，清华大学出版社，1998，第 289～294 页。

③　维特森 1715 年 1 月 10 日致函库珀，并于 11 月 7 日送给他两幅纹饰图，为 36 字西汉"铜华"镜，抄本和释文为："涷治铜华清而明，以之为镜宜文章，延年益寿长不羊，与天毋极如日之光，千秋万岁长不一"，参见 B. Karlgren, "Early Chinese Mirror Inscriptions", *Bulletin of the Museum of Far Eastern*, Vol. 6, 1934, pp. 9－79, esp. pp. 23－24. 与其他"铜华"镜比较后，后两个字不应该是"不一"，而是"乐未央"。另可参见田敏《汉代铜镜铭文研究——以相思、吉语、规矩纹镜铭文为例》，硕士学位论文，河北师范大学，2012，第 17～18 页。

④　S. E. Cahill, "All Is Contained in Its Reflection: History of Chinese Bronze Mirrors", in L. von Falkenhausen, ed., *The Lloyd Cotsen Study Collection of Chinese Bronze Mirrors*, *Volume I: Catalogue*, Los Angeles, 2009, pp. 13－63, esp. pp. 24－25.

图 4　维特森藏另一径为 24.4 厘米的汉镜

资料来源：阿姆斯特丹大学特藏，uba Bf 85b。

绳索沟纹和一圈凸起的铭文带。外圈绳纹带斜下方为一道素面宽外缘。西方文献将这种纹饰描述为中心圆弧型，而中国学者称连弧纹[①]。连弧纹镜主要有五种类型，其中就有维特森所藏清白镜。铜镜一般直径约为 14 厘米，时代为西汉（公元前 206 年～公元 8 年）[②]。他认为该镜至少已有 1800 年历史（公元前 2 世纪），与连弧清白镜的年代相近（见图 5）。

二　一种宗教性解释？

维特森说："它的特别之处在于这些汉字已有千余年历史，一般人读

---

① M. Rupert and O. J. Tod, *Chinese Bronze Mirrors: A Study Based on the Todd Collection of 1000 Bronze Mirrors Found in the Five Northern Provinces of Suiyuan, Shensi, Shansi, Honan and Hopei, China*, Peiping, 1966, p. 40；孔祥星编著《中国铜镜图典》，文物出版社，1992，第 230～236 页。

② 长沙市博物馆编著《楚风汉韵：长沙市博物馆藏铜镜精粹》，文物出版社，2010，第 16～17 页。径为 18 厘米以上的铜镜，参见李德文、胡援编《六安出土铜镜》，文物出版社，2008，图版 138。据维特森介绍，他的铜镜直径超出一个跨度（伸开手掌中拇指与小指之间的距离）。

图 5　长沙市博物馆藏汉镜

不懂。"① 可能是孔圣人时代一位古代皇帝的格言或象征物。他认为该镜反映的历史可以与基督教相比较。西方人将孔子描绘为"圣贤",这也是耶稣会士最喜欢的说法。那些能进入中国皇室的欧洲人认为,孔子(类似希伯来先知)在基督出现之前就已教授原始的基督教义②。中国一位学者翻译的铭文提到这一点。在维特森的著作中,铭文被翻译为一神论赞美诗:"天无纪絮,清白天,事君忠天,水之弇明,玄锡之汪洋,恐世世,天曰志美,外承之嵩。"维特森承认翻译中国古代文本的复杂性,指出每个词都需要用整句来单独解释。就连中国学者也未能译出所有道德教义③。

很显然,译者试图在非结构性堆砌中进行释义,不了解圆形铭文圈

① 维特森致函库珀,1705 年 10 月 20 日,参见 J. F. Gebhard, *Het leven van Mr. Nicolaas Cornelisz. Witsen*(*1641 - 1717*),p. 307。

② D. E. Mungello, *Curious Land: Jesuit Accommodation and the Origins of Sinology*, Honolulu, 1985.

③ 维特森致函库珀,1705 年 10 月 20 日,参见 J. F. Gebhard, *Het leven van Mr. Nicolaas Cornelisz. Witsen*(*1641 - 1717*),p. 307。

中第一句从哪里开始。这种断句方法只能引起混淆。维特森释文中大多句子想象成分很多，在现有文字中添加了缺失的元素。但这并不是说他的释译百无是处。事实上，有些句子包含可以接受的单个字的解释。维特森的著作似乎是首次尝试将一件中国文物的铭文翻译成一种欧洲白话文。后来有学者将维特森铜镜铭文辨别为所谓清白或精白型的一种变体①。完整的"清白"型铭文有 8 句 6 字文。按照押韵格式，可以分为 2 节 4 句文②。

> 洁清白而事君　怨阴欢之弇明
> 披玄锡之流泽　恐疏远而日忘
> 慎糜美之穷皑　外承欢之可说
> 慕窈窕之灵景　愿永思而毋绝

尽管荷兰版释文很不准确，但并非有意而为之。正如维特森所说，这是最可行的③。最明显的差异是现代译本中没有神性的出现。这可能看作维特森抄本中将语法小词"而"误认为是"天"，因为古代篆书中这两个字很像。不熟悉中国铜镜铭文的人很可能无意中将两个字混淆了。这种混淆也见于《重修宣和博古图［录］》。宋徽宗古物图录首次将铜镜及其铭文与释读包括其中④。

按照士大夫洪迈（1123～1202）的说法，博古图是最不完善的，也是可笑的。与实物比较后，他总结说，其中的谬误多不胜数⑤。尽管如

---

① L. S. Yang, "An Inscribed Han Mirror Discovered in Siberia", p. 332.

② 关于转录和释读更详细的讨论参见 W. van Noord（方若薇），"Nicolaas Witsen's Chinese Mirror and the Logistics of Translating Han Dynasty Seal Script at the Turn of 18th Century", in Bruno Naarden et. al. , eds., *The Fascination with Inner Eurasian Languages in the 17th Century: The Amsterdam Mayor Nicolaas Witsen and His Collection of "Tartarian'Glossaries and Scripts"*, Amsterdam, 2018, pp. 579 – 602。

③ N. Witsen, *Noord en Oost Tartarye*, p. 750.

④ P. B. Ebrey, *Accumulating Culture: The Collections of Emperor Huizotig*, Seattle, 2008, pp. 151 – 153.

⑤ R. C. Rudolph, "Preliminary Notes on Sung Archaeology", *The Journal of Asian Studies*, Vol. 22, No. 2, 1963, pp. 169 – 177.

此，该图录树立了持续 6 个世纪之久的标准规范，也是当时关于青铜器最全的著录，是对古代刻铭有兴趣的人都不能忽视的一部著录①。翻译维特森镜铭文的中国学者也许能接触到标准版文物著作，包括博古图。其他对清白镜铭文的释读与维特森镜都不近似（见图 6）。

图 6 《重修宣和博古图［录］》中的汉镜

资料来源：荷兰国立博物馆（Rijksmuseum Research Library）藏，694 e 5, vol. 5。

既然博古图版本也读作"天"而非"而"，就不能责怪维特森镜的译者出现同样的错误（见图 7）。但他将"天"译作"神"则令人陡生怀疑。这种创造性翻译事实上是耶稣会士为适应中国信仰而采取的关键性策略：据称中国人一直信仰天主，并未意识到那是基督教的神。这种策略最终旨在从内部影响中国文明②。当维特森将他的铜镜与孔圣人联系在一起时，他似乎领会了那种方法的精髓。一位博学的中国人翻译了铭文，但可能是一位天主教徒或耶稣会士起了间接作用。事实上，关于中国的信息经常被耶稣会士歪曲。维特森参考过佛兰德传教士、比利时汉学家

① P. B. Ebrey, *Accumulating Culture： The Collec tions of Emperor Huizotig*, p. 203.
② D. E. Mungello, *Curious Land： Jesuit Accommodation and the Origins of Sinology*, Honolulu，1985, pp. 55－67.

柏应理（Philippe Couplet, 1623~1693）的文章，然后得出结论：该镜毫无疑问是古代器物，是一位君主、大哲学家或有识之士以他们的方式书写的宣言①。柏应理在一名中国助手的陪伴下从北京到阿姆斯特丹，出版了一部《中国贤哲孔子》。1684 年，他送给好朋友维特森一本中国地图集，给他看东亚发现的古代拉丁文圣经，强调那里的基督教根源。维特森自己的著作中毫不奇怪地呈现了耶稣会士的影响②。

图 7　博古图中清白镜抄录文

资料来源：荷兰国立博物馆藏，694 e 5, vol. 5。

三　铜镜的最初含义

铜镜的宗教联系是后来的附会，最初含义是什么？"清白"被解释为

---

① 库珀对维特森藏品的描述（无日期），KB72C31, fol. 144r, 荷兰皇家图书馆藏。
② 柏应理给维特森送的地图集是罗洪先（1504~1564）的《广舆图》，是中国最古老的综合舆图。维特森参照了荷兰耶稣会士南怀仁和柏应理的记述，比如耶稣会士关于康熙皇帝的记载。参见 N. Witsen, *Noord en Oost Tartarye*, p. 9。

婚姻爱情，表达一种忠诚与相思的观念①。"勿相忘"是墓葬出土铜镜最早和最常见的铭文题材之一。铜镜可能是最常见的告别符号——除了赴任或出征之外，死亡也是一种离别。维特森的铜镜说明了即使分离不可避免，但思念永存②。清白镜铭文的变体很多，有不同的长度和字数。铜镜铭文中还发现不少异体字，包括同音异义词、笔画缺失甚至朝后书写。

在铜镜铸造前，汉字刻在两半陶或石模上。由于空间所限，符号有时被忽略或添加。这样具有弹性的方法说明寥寥几个词足以表达整体意思，因为大家都熟悉文本③。也表明文本本身并不重要，铭文仅用作装饰性模块④。因此在任何情况下，要寻找这些铭文的清晰含义似乎是徒劳无益的。继博古图之后，中国的收藏家们将铭文镜看作古物研究（崇古主义）的一个特殊分支学科，与其他青铜器分开，单独成类，反映出一种互文性审美倾向，就像按照铭文开端词语对铜镜进行分类一样，比如清白⑤。维特森及其同代人对铜镜的评价与博古图举例的鉴赏知识一样。文物的可视性和可触摸性激发了欧洲学者的兴趣，但他们大多是语言学家，主要致力于翻译铭文。

四　一个汉代渊源

只有在考古环境里才能更准确地为铜镜断代。合金质量、铸造和其他金属冶炼过程则能提供更多信息。维特森铜镜缺乏这些信息。

汉代铜镜常常被中古中国所模仿，主要是唐宋时期。模仿镜并非有意迷惑消费者，而是出于虔诚的崇古之心而刻意拟古⑥。工匠们通过直接

---

① 田敏：《汉代铜镜铭文研究——以相思、吉语、规矩纹镜铭文为例》，第 17～18 页。

② K. E. Brashier, "Han Mirror Inscriptions as Modular Texts", in L. von Falkenhausen, ed., *The Lloyd Cotsen Study Collection of Chinese Bronze Mirrors*, Volume Ⅱ: *Studies*, Los Angeles, 2011, pp. 100 – 119.

③ S. E. Cahill, "All Is Contained in Its Reflection: History of Chinese Bronze Mirrors", p. 24.

④ K. E. Brashier, "Han Mirror Inscriptions as Modular Texts", pp. 110 – 114.

⑤ S. E. Cahill, "All Is Contained in Its Reflection: History of Chinese Bronze Mirrors", note 17.

⑥ L. von Falkenhausen, "Introduction", in *The Lloyd Cotsen Study Collection of Chinese Bronze Mirrors*, Volume Ⅱ: *Studies*, p. 32.

在古代铜镜上取模的方式来重新使用古代模具或做新模具①。关于维特森铜镜是 12～14 世纪仿汉镜的说法说服力不强②。后世仿镜与汉代镜有明显区别。后仿镜钮部一般较小，较平（非凸状）。真正的汉代铭文轮廓清晰，汉镜是用脆弱的白铜做成，唐宋镜红铜包含很大比例的锌，容易生锈③。连弧镜真实性的最后一个标志是缘的位置相对于表面，特别是从边缘到内角斜度很深④。

维特森图片中的阴影表明镜钮大而凸。字体轮廓清晰也说明它是一件真正的汉代器物。维特森提到它是一枚汉代白铜铸造的铜镜，表面光洁，易碎。从图片上看不出边缘与内角之间的斜度。但现代考古发掘出很多与维特森铜镜很像的西汉清白镜，因此我们认为该镜时代为公元前 1世纪至公元 1 世纪。关于这一时段铜镜铸造地点的信息很少，考古学家最近在临淄发现了最早的铸镜作坊遗址。遗址至少活跃于前 3 世纪至西汉时期，发现了连弧纹镜模（尽管不是清白型），其他地区肯定还有很多尚未发现的铸镜作坊遗址。在没有其他证据的情况下，临淄目前是维特森铜镜全球轨迹的唯一可信的起点⑤。

五　埋藏并发掘于西伯利亚

维特森铜镜图形标题（见图 2）注明该镜来自乌拉尔山脉中部维尔霍图里耶附近某个墓中。它和一件人头"有翼"四腿动物小金雕像（见图8）一起到达阿姆斯特丹。维特森用木刻版画的形式进行图示，称两件器物均来自一个古坟或墓冢下发现人类骨殖的古代葬地。还有描绘得细致

---

① S. E. Cahill，"All Is Contained in Its Reflection：History of Chinese Bronze Mirrors"，p. 19.

② Luobo-Lesnitchenko，"Imported Mirrors in the Minusinsk Basin"，*Artibus Asiae*，Vol. 35，1973，p. 25，note 3.

③ I. V. Filippova，"Chinese Bronze Mirrors in the Hunnu Culture"，*Archaeology*，*Ethnology and Anthropology of Eurasia*，Vol. 3，2000，pp. 100–108.

④ M. Rupert and O. J. Tod，*Chinese Bronze Mirrors：A Study Based on the Todd Collection of 1000 Bronze Mirrors Found in the Five Northern Provinces of Suiyuan*，*Shensi*，*Shansi*，*Honan and Hopei*，p. 40.

⑤ 杨勇等编《山东临淄齐故城秦汉铸镜作坊遗址的发掘》，《考古》2014 年第 6 期，第 21～36 页。

入微的鞑靼人珠宝。维特森藏品清单中提到，这些肯定是中国的鞑靼人与其他人坟墓和庙宇中发现的器物（见图9）[①]。西伯利亚珍宝发现于北纬60度的地方。维特森书中关于鞑靼利亚或游牧人土地的大型地图中特别强调了这个地方[②]。考古学家证实带有金属艺术品的墓葬属于不同的欧亚文化。该地区位于横穿大陆人口迁移的十字路口，是文献没有记载部落的家乡。取代早期斯基泰部落的萨尔马提亚人是与维特森铜镜制作有关的公元前2世纪至公元4世纪的部落之一。他的其他鞑靼器物被识别为萨尔马提亚和斯基泰金器，有些时间为公元前7世纪（见图9）[③]。

图 8　西伯利亚古墓出土金牌饰

资料来源：N. Witsen, *Noord en Oost Tartarye*, Amsterdam, 1705, p. 749；The Hague, National Library of the Netherlands, 61 c 5。

　　不巧的是，没办法证实这些器物是一起埋葬的，是何时埋葬的。考古学家在维特森书中描述的地区西南部发掘了很多萨尔马提亚墓葬，包括勒贝德福卡地区公元2～3世纪的大墓地。这些墓葬大多为一个或两个人，包含西方和东方的舶来品，比如双耳细颈瓶、扣针和

[①]　N. Witsen, *Noord en Oost Tartarye*, pp. 749 - 750；M. Peters, *De wijze koopman: Het wereldwijde onderzoek van Nicolaes Witsen（1641 - 1717）, burgemeester en VOC-bewindhebber van Amsterdam*, p. 456.

[②]　实际上北纬60度主要是丛林和沼泽地，没发现古代墓葬。维特森的错误可能是他地图上的60度比现代地图高出10度，参见 M. Zavitoechia, "De Siberische collectie van Peter de Grote", in R. Kistemaker et al., eds., *Peter de Grote en Holland*, Bussum, 1996, p. 203。

[③]　L. Koryakova and A. V. Epimakhov, *The Urals and Western Siberia in the Bronze and Iron Ages*, New York, 2007, pp. 221 - 222.

图 9　西伯利亚古墓出土的金饰件

资料来源：N. Witsen, *Noord en Oost Tartarye*, Amsterdam, 1705, p. 749, 图片于 1785 年添加。海牙米尔曼博物馆（Museum Meermanno）资料室藏, inv. no. 107 a 002。

一枚西汉铜镜[①]。维特森的铜镜可能埋葬于同一时期——在被发现和送到阿姆斯特丹之前已经在地下埋藏了 1500 年。

---

① L. Koryakova and A. V. Epimakhov, *The Urals and Western Siberia in the Bronze and Iron Ages*, pp. 246 - 249.

西伯利亚墓葬中发现的中国铜镜并非独例。欧亚干草原已有多处发现,它们通过公元前2世纪已开始的不同丝路交流的方式被带到各地。相反,西伯利亚文物发现于古代中国王朝边界,可能是技术交流、婚姻联盟和其他种族混合的产物①。在不同欧亚草原部落的战场地区,谁从东方施加压力并不一直清楚。该镜可能最初给了一名出征汉匈战争(公元前1世纪~公元1世纪)的汉朝人。可能由此沿着丝绸之路北部支线向西传播,作为一件商品或礼物②。草原和中国大平原的不同文化都赋予了铜镜在生与死两界的辟邪属性。通常镜面朝上放在死者胸前。我们推测,考古发掘的维特森铜镜应该是放置于一座公元2世纪游牧部落的坟墓中,意在保护死者并作为离别象征。

维特森如何获得这些文物则记载得比较清楚。很显然,打开墓葬的当地人只对金银感兴趣。仅仅因为维特森出价比熔化掉这些器物要高些,他在俄罗斯的荷兰籍联系人威纽斯(Andreas Winius, 1641~1717,曾完成了彼得大帝一桩预定墓葬品的大订单)就获得了这枚铜镜。威纽斯学识渊博,他发现维尔霍图里耶墓中散发出硝石蒸气(一种重要的火药成分)。打开墓葬的农夫们还发现了裹在尸布中的遗体残骸及其周围的偶像、珠宝和其他银制品③。

维特森和他的学者联系人以圣经渊源的中东为中心,在历史语境下对汉镜进行分析。1730年同一地区又发现另一件类似铜镜,收录在 Philip von Strahlenberg(1676~1747)的《欧亚北东部》中。作者在西伯利亚生活过12年,他指出,附近古坟中发现过数百枚类似铜镜,但他的线图质量很差,无法进行释读,也未引起欧洲学者的关注(见图10)④。

---

① K. M. Linduff, "Why Have Siberian Artifacts Been Excavated Withing Ancient Chinese Dynastic Borders?", in D. L. Peterson et al., eds., *Beyond the Steppe and the Sown: Proceedings of the 2002 University of Chicago Conference on Eurasian Archaeology*, Leiden/Boston, 2006, pp. 358 – 370.

② L. Koryakova and A. V. Epimakhov, *The Urals and Western Siberia in the Bronze and Iron Ages*, pp. 249 – 250.

③ M. Peters, *De wijze koopman: Het wereldwijde onderzoek van Nicolaes Witsen (1641 – 1717)*, *burgemeester en VOC-bewindhebber van Amsterdam*, 2010, pp. 395 – 397. 库珀1708年12月4日致函德拉克罗兹,称关于硝石的说法可能有意掩盖故意盗墓的行为。

④ 李学勤:《四海寻珍》,第289~294页。

图 10　Strahlenberg 藏厄比特（西伯利亚）铜镜

资料来源：Philip von Strahlenberg, *Das Nord-und Östliche Theil von Europa und Asia*, Stockholm, 1730, p. 398, 德国雷根斯堡国家图书馆藏。

六　维特森铜镜在欧洲学术界

第一个认识到维特森铜镜重要性的人是低地国家最著名的文物学家和埃及学家库珀（Gijsbert Cuper），他专门研究沉默之神哈尔波克拉特斯（Harpocrates）。他的收藏包括可能被维特森安排的几件中国佛造像①。他

---

① 维特森并没有付钱，可能的情况是，维特森（通过很多联系人）为库珀指出了这些雕像的源处（他可能将其作为礼物送他或库珀从维特森手中购买）。

是维特森最信任的联系人，他们的交流也涉及茶叶、瓷器和图像等器物，比如细密的印度佛像和其他青铜偶像的铅笔线图①。1704年，维特森送给朋友"两件出自西伯利亚深墓坑中小盘子的摹本②，我认为［铭文］是古代中国文字，已送到巴达维亚去翻译了"③。约一年后，就有了荷兰版本和线刻图。库珀因此写下了一段四页书信体诗文，主要讨论铜镜与孔子的关系。他认为，该镜表达了孔子在天神面前的谦卑，这是一种在西方哲学中找不到的美德。"我承认孔子是个伟人，他只承认一个神"，"基于自然、神性和人"④。尽管苏格拉底和孔子为同代人，后者"让今人十分尊敬"。事实上，库珀怀着仰慕之情读过孔子伦理的法文版，希望对镜铭的更详细解释能促进持续不断的关于中国礼仪的讨论。此种争议涉及"孔圣人"准则及对天主教与中国传统之间类比物的相关研究（教皇谴责这些类比，礼仪之争告结）。

为了广泛传播，库珀提出动用他的关系网。"有了您的首肯，我要把铜镜释文送到罗马，学者们将会了解您为了挖掘文物背后的故事费了多少工夫，这样肯定能提高您在那里的声誉。"⑤ 但维特森拒绝了，嘱咐他把释文暂时保密，专注于图像⑥。一方面避免在他的《东北鞑靼利亚》第二版出版前，德国、伦敦和巴黎的学者立即以他们的名义将释文发表在各自的刊物上；另一方面也会证明库珀具有激发进一步释义的能力，"这些充满智慧的绅士按照各自的知识对它进行推测和阐释"⑦。这种办法果然奏效。库珀收到了很多镜背图像摹本（见图2），他的联系人们将图像

① M. Peters, *De wijze koopman: Het wereldwijde onderzoek van Nicolaes Witsen*（1641 – 1717），*burgemeester en VOC-bewindhebber van Amsterdam*，p. 298.

② 最初的荷兰语句模糊不清，但维特森似无可能把实物给了库珀。这些摹本反而成为极近于铜镜之代表物（大致如图4线图）。

③ 维特森致函库珀，1704年12月8日，复件已无法找到。

④ 库珀致函维特森，1705年11月3日，阿姆斯特丹大学图书馆藏，UBA Be 36，fols. 9or - 9iv。

⑤ 库珀致函维特森，1705年11月3日，阿姆斯特丹大学图书馆藏，UBA Be 36，fols. 9or - 9iv。

⑥ 维特森要库珀保守他从巴达维亚收到镜铭译文的秘密，但让他将镜铭（见图3）散发出去，尽可能多地获得不同的释文，他对镜子的纹饰并不感兴趣。——译者注

⑦ 维特森致函库珀，1705年10月20日，参见 J. F. Gebhard, *Het leven van Mr. Nicolaas Cornelisz. Witsen*（1641 – 1717），p. 309。

又传到其他学者那里，关于起源、功能和意义等更多问题又被提出来。

对于专攻语言学的学者而言，中国刻铭是论争的关键，尽管很多人并没有汉语知识背景。该镜最吸引人的地方在于它作为 1700 年前后科学证据而不断增强的关联性，即现实学的理想和补充识字能力的视觉（肉眼）观察。库珀一直对他的联系人强调，他曾用手触摸过铜镜，亲眼端详过它，有意只将图像分发出去，不带翻译部分。直到他 1716 年去世前，他不断将摹本送给那些博学的联系人。尽管当库珀再次看到镜子时，它已破损，摹本让它通过一个全欧网络最终又回到东亚。追溯这条路线不仅能够补全器物的文化传记，而且能阐释器物文化的中介性，即使在器物的物理本身消失后，调动广泛的学术关注，在某种程度上甚至影响一种世界观念。

1650 年以后，欧洲学者对中国文物兴奋不已，维特森的朋友艾萨克·佛休斯（Isaac Vossius，1618~1689）基于中国学术对圣经作为历史文献的有效性进行质疑。希伯来文献无法支持远至公元前 2900 年持续不断的文明（大洪水发生于公元前 2349 年)[①]。该镜似乎提供了关于中古王朝起源的首个第一手证据，证实或推翻欧洲中心论的世界历史观。关于维特森铜镜的多角度讨论主要围绕两个问题。一是在"像犹太教一样的原始文明"问题上，如何对中国文化年代和西方古典传统进行比较。二是对欧洲语言学家而言，"主要问题"与语言有着千丝万缕的联系。如果汉语像欧洲语言一样古老，甚至比它更老，如何与巴比伦混乱之前亚当所说的原始语言产生联系？将中国与埃及进行比较时，古代纪年和普世性语言两个主题共同出现。

七 主要问题：中国与欧洲纪年

库珀对山遥瞻[②]说："我本人在阿姆斯特丹将它握在手里，亲眼仔细

---

① T. Weststeijn, "Spinoza Sinicus: An Asian Paragraph in the History of the Radical Enlightenment", *Journal of the History of Ideas*, Vol. 68, No. 4, 2007, pp. 537-561.

② 山遥瞻（Guillaume Bonjour Fabre, 1670~1714），意大利奥古斯丁修会会士，曾参加《皇舆全览图》的测量工作。——译者注

观看，一个未知或混合金属做成的圆盘刻画着古代中国文字。当你或他人对圆盘本身感兴趣时，我很认真地获取它的图像和描述。"① 对罗马这位年轻的奥古斯丁修士会会士而言，该镜特征远不只 12 个铭文，还有实用性参考，比如阿姆斯特丹文物拍卖，以及理论性问题，如纪年。库珀希望罗马俄狄浦斯修会能解开这些谜团②。山遥瞻是久负盛名的东方语言学专家，特别是中东语言。年轻时精于科普特语研究，科普特语被认为是埃及象形文字书写的最后语言，因而是理解文明起源的关键。中东古代历史与最近历史有联系，因此库珀提出向弗拉讷克大学兼通希伯来语、阿拉美语、阿拉伯语和叙利亚语的同行咨询③。

对山遥瞻而言，语言谱系是驳斥佛休斯等人质疑圣经纪年的一种手段，他由此对汉语产生了兴趣。当镜铭摹本和用荷兰语写着说明的拉丁翻译到达罗马后，山遥瞻给库珀回信说，他和 1702 年返回罗马的也收到铜镜纹饰摹本的广州及福建主教梁宏仁（Artus de Lionne，1655 ~ 1737）一起讨论了这些材料。后者证实中国女性习惯使用类似镜子，可是他不会提供翻译，他指出现代汉语与古代不同：共有四种汉字，一种是现代和普遍使用的，其他三种为原始的、古代的和已经弃用的。镜背刻画的汉字是古代的、不再沿用的，但有些与现代汉语相同，有四个字分别指"王""天""旦""帝"，他无法释读是因为不认识其他字④。

库珀等待罗马学者对这个"出自孔圣人时代的古代皇帝象征物"的进一步反应。1706 年初，山遥瞻与梁宏仁和两位同行的中国人讨论过这枚铜镜后，他从蒙泰菲亚斯科内修道院回信。其中一名中国人是福建兴化的黄嘉略（约 1680 ~ 1716）。可能就是他指出将"天"翻译成"神"会引起歧义。山遥瞻写道："维特森铜镜多处提到'神'，令我惊讶。因为中国人没有哪个词简单却毋庸置疑地指代'神'。要么使用组合词'上帝'，意为'上皇'或附着于可视性的尊称'天'。因为梁宏仁和他的两

---

① 库珀致函山遥瞻，1704 年 6 月 15 日。

② 库珀致函山遥瞻询问结果，1705 年 1 月 8 日、2 月 14 日。

③ 库珀致函山遥瞻，1705 年 5 月 27 日。

④ 这里又是篆书错译，将"而"误读为"天"。"日"清晰可辨，但在此语境下应译作"日"或"一天"。"皇帝"和"王"可能解释为"君"，意为"主"，但该字仅出现一次，不知道第二种解释从何而来。可能抄写的"嵩"被误读为"帝"。

位中国朋友发现该镜赞美指代'天'的字，我认为可以将天译作'神'。"①

黄嘉略显然无法更正维特森将神比喻为水的观点，并启发山遥瞻提出一种语义离题，即天、水和神在表达洁净与美方面是相似的。他指出耶稣会士翻译中拉丁和希腊作者及孔子的不同：这些词语值得关注。"上帝像清澈的流水一样美丽"。希伯来语称上天为"Shamaim"或"Shammaim"，意为"这水"。正如教堂神父所证实，圣经庆祝天上之水，甚至非基督教徒亦如此，比如帕诺波利斯的诺纳斯的《酒神第六卷》。因此，这段汉语铭文中的中国神"天"像清澈的流水一样美丽，即可视性的上天，或铭文与清澈的流水一样美，古今中国人都给可视性的上天赋予了神性。非基督教徒也将神性赋予水，普罗佩提乌斯称水是神圣的，维吉尔提到圣泉，还有圣奥古斯丁、查理曼大帝和西奈的阿纳斯塔修斯的记载。他最后提出希望自由的解释：喜爱寓言、比喻和人物的人将会以不同的方式翻译这段铭文②。库珀的回复集中于埃及，比如奥西里斯的名称和至少九种类型的哈尔波拉克特斯神。这些学者在崇古主义框架下表达对中国的兴趣。他们在古代东方语言，从科普特语、叙利亚语、古迦太基语和埃及语到汉语方面的合作旨在建立世界准确年表所必需的文物的完整性。

对终生致力于年代学的山遥瞻而言，如何将一件中国文物与圣经历史统一起来似乎激发了他勃勃雄心中的一次有力的变化。他于同年突然离开罗马的奥古斯丁修会，加入中国使团。用他传记作者的话说是一个令人费解的决定。不久之前，山遥瞻还是教皇历法改革委员会成员。他的星途冉冉升起，直到 1707 年他的学术研究中还没有任何事情预示他要变成一名教士科学家的决定，也不牵扯宗教因素③。事实上他的早期研究集中于中东，他对东亚的兴趣仅限于维特森铜镜。因此，该镜成为他命运转折的一个因素。具有讽刺意味的是，山遥瞻在天主教年代学方面的

---

① 1706 年 2 月 15 日，山遥瞻致函库珀提到，耶稣会士的使命是物质的"天"与非物质的"天"相对。

② 山遥瞻致函库珀，1706 年 2 月 15 日。

③ U. Baldini, "Guillaume Bonjour (1670 – 1714): Chronologist, Linguist, and 'Casual' Scientist", in L. Saraiva, ed., *Europe and China: Science and the Arts in the 17th and 18th Centuries*, Singapore, 2012, pp. 241 – 294.

成就决定着他在北京的成功，他在那里开始研究皇家历法，为康熙帝统治确认合法性。作为天子，皇帝要能展示他的统治如何与天体紧密结合。山遥瞻走遍各个角落进行科学考察（蒙古、新疆和缅甸边境）。在中国传教士中，他担任特殊职位，作为唯一的非耶稣会士，深入进行科学研究。他也是少数离开欧洲前就已经在学术界赫赫有名的传教士。

　　山遥瞻离开欧洲的轨迹也证实了铜镜的重要性。在乘英国船到中国途中，他继续以通信形式讨论该器物，甚至在阿姆斯特丹拜访了维特森。1707 年 12 月 6 日，他从杜塞尔多夫给库珀写信："我不应再瞒你了，我已从罗马出发到中国去。很快就会路过阿姆斯特丹。只有这样我才能在代芬特尔见到你。"① 库珀当然也愿意见面，因为他的很多问题尚未找到答案，特别是关于镜铭的年代。"我急切要求你安排好工作，以便从阿姆斯特丹来会面（地点在代芬特尔）。汉语让我惦念：你知道它由音声组成，绝大部分是单音节。我记得在哪里看过，说它几乎数世纪不变。因此冒昧请求您询问内行人，最后您来这或写信再教给我。是否文人和普通百姓使用不同的语言，人们在汉字上要花费多少辛劳和时间才能学会。我此前寄给您的铜镜纹饰似乎难住我了，巴达维亚的中国人本身也迷惑不解，因为包含着他们也不懂的各种词语。"② 山遥瞻到访阿姆斯特丹时正是天主教传教士和荷兰东印度公司官员放下宗教分歧，共享关于东亚知识的时候③。"与他简单交谈后"，维特森意识到，"他很精通东方语言和中国事务。宗座的教士们遍布我们国家被迷雾笼罩的土地上。但出于对这位单凭学识就获得盛名的非凡人士之爱，我给他写一封荐举他担任巴达维亚和好望角总督的信函"④。1708 年 9 月 13 日，山遥瞻到达好望角后，曾给库珀写便笺，说他将在孟加拉的胡格里待一段时间，希望能回答他的问题。"我没有忘记你想要的关于中国的信息，如果我能幸运地到达那里的话。"⑤

---

① 山遥瞻致函库珀，1707 年 12 月 6 日，荷兰皇家图书馆藏，KB72H29。
② 库珀致函山遥瞻，1708 年 1 月 16 日，荷兰皇家图书馆藏，KB72H29。
③ 荷兰共和国人口主要是新教徒。——译者注
④ 维特森致函库珀，日期不详，参见 J. F. Gebhard, *Het leven van Mr. Nicolaas Cornelisz. Witsen (1641-1717)*, pp. 318-319。
⑤ 山遥瞻致函库珀，1708 年 9 月 13 日，荷兰皇家图书馆藏，KB72H29。

似乎合理的是直到 1707 年，山遥瞻在这枚镜的鼓舞下才从他的主业——中东研究转到东亚研究：一个可视的、可触摸的关于中国远古的证物，给他极力捍卫的被普遍接受的基督教纪年带来巨大挑战。后来的通信证明，对于纪年的深度关注如何影响了他的选择。1708 年库珀向罗马的奥古斯丁修会会士哀叹说，他的朋友已离开中国，仍然痴迷于"如此独特、如此成熟的东方语言知识如何聚集一人之身，一个年轻人之身。他教给我很多例子，说明圣史与世俗史一致"①。提及来自好望角的信函，他仍然确信，山遥瞻将会证实中国古代文物如何支持希伯来圣经的正确性。"我可以肯定，他将向我们解释中国文物的高度和意义，完善他论文中如此令人艳羡的有关希伯来纪年的证据。"② 山遥瞻再没能返回欧洲，他在旅途中被不断通过联系人给他寄信的朋友的诡辩所困扰。但 1714 年，库珀写到他的恐惧，"可能山遥瞻已遇不测，因为我再没收到他的信了"。③ 山遥瞻去世的那一年，库珀仍坚定不移地认为，如果他的朋友能回欧洲的话，将能解决中国和欧洲之间的主要问题。

八　莱布尼茨、白晋、刘应④和比尼翁
论汉语的性质

对于欧洲知识界成员而言，理解中国文物的关键在于题铭。维特森和库珀都曾与汉诺威的莱布尼茨（Gottfried Wilhelm Leibniz，1646～1716）通过信函。莱布尼茨是欧洲最伟大的汉学家，他非常期待东西方之间有一道互利互惠的"商业之光"。自 1704 年初始，他与维特森的交流可以管窥哲学家对中国文字的兴趣。他认为，中文是古代的逻辑符号，在表达现实结构方面，比欧洲语言更加清晰。维特森答曰，由于时间所限，

---

① 库珀致函阿迪奥达图斯·努齐（Adeodatus Nuzzi），1708 年 2 月 18 日。

② 库珀致函阿迪奥达图斯·努齐，1709 年 8 月 25 日。

③ 1708 年 9 月 13 日，库珀的信函手稿中提到 1714 年 2 月 5 日的伦敦报纸，荷兰皇家图书馆藏，KB72H29。

④ Claude de Visdelou（1656－1737），汉名刘应，法国耶稣会士。被称为昔日留居中国耶稣会士中最完备的汉学家，著有《鞑靼史》，译有《易经》等。——译者注

自己已给阿姆斯特丹的一位数学家寄去了一封信"寻求解释"。但莱布尼茨这种急切关注解释了他对维特森铜镜及其译文的兴趣：有关语言和思想精髓本身的观念事关重大。

莱布尼茨是第一个向库珀要一张铜镜图片的。后者证实他曾经亲眼见过、亲手摸过这枚带铭文的中国铜镜，这样我才能判断这件含混之事。莱布尼茨而后将纹饰图片转给了一位皇室算术师——路易十六向中国派去的精英耶稣会士科学家。第一个收到铜镜资料的是在北京的白晋（Joachim Bouvet，1656~1730），他已经成为康熙皇帝的私人导师（皇太子辅导老师）。他关于皇帝的传记成为欧洲的畅销书。对莱布尼茨而言，白晋的最大发现是易经八卦，他将它译作符号系统二进制逻辑（见图11）。维特森镜似乎也有类似秘密。

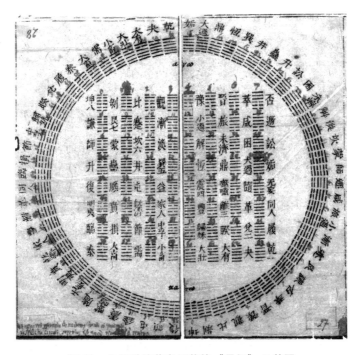

图11 白晋送给莱布尼茨的《易经》八卦图

资料来源：汉诺威莱布尼茨档案馆，戈特弗里德·威廉·莱布尼茨图书馆–下萨克森国家图书馆。

莱布尼茨也将镜铭摹本寄给了白晋在广州的同事刘应。后者九年后才回信，他因批评同僚与中国人太亲昵而被耶稣会上级驱逐出境，他到达印度东南部本地治里后才有时间分析维特森的铜镜。有趣的是，他认为铜镜与法国新的传教区越南北部有关系。他给莱布尼茨回信说："铭文毫无疑问是汉语，某种用于浮雕。我认识一些，有不少位置不正确或我不认识。越南人根据需要以这种方式接受大部分文字。"①

莱布尼茨、白晋和库珀与巴黎的主教让·保罗·比尼翁（Jean-Paul Bignon，1662～1743）频繁讨论中国铭文问题。作为皇室图书管理员、政治家，比尼翁从耶稣会士那里订购了数千本中文卷本。他也见过维特森铜镜。他的专业技能渊源清楚，当库珀询问另一个研究中文语法的高手 Votre Chinois 时。上述黄嘉略从罗马到巴黎，成为铭文与文字学院会员，并娶了一位法国女性为妻，再也没回中国。他与比尼翁合作，确保后者在欧洲文学界保持在汉学方面的威望，即使他本人并不懂汉语。奇怪的是他对中国文明的负面观点（与莱布尼茨和白晋不同），他关于维特森镜的讨论并不承认中国历史的悠久及其语言应有的价值。

库珀开始向比尼翁（1710）建议，鞑靼人曾征服过中国，他们军队中可能也有中国人。"从铜镜可知中国人已出现于此地，鞑靼可汗也确实反复地成为中国内部地区的主人。"② 库珀认为，出自斯里兰卡的古代铭文实际上是中文，但是如今已无法识别的古代文字，中国文字比埃及象形文字更古老，中文是亚当的语言，上帝给所有事物命名，第一个人说话时就用的这种话③。但比尼翁持怀疑态度（他确定迦勒底语、阿拉美语比中文更古老），即使他意识到中国"自建立君主制后已拥有 4000 多年的历史"。但他最感兴趣的是语言，他批评说："这个文明在漫长历史中艺术和科学上的发现较少。他们的语言是无秩序或关联性的词汇集合。我认为，它困难重重，也是我们中国朋友黄嘉略的想法。我不敢坚持这样的假设，即他们的文字现在已经读不懂了。我真不喜欢假设。从没有哪个人像中国人一样执念于自己的习惯，在历史上，这个伟大的王国在

① 刘应致函莱布尼茨，1714 年 2 月 9 日。
② 库珀致函比尼翁，1710 年 10 月 7 日。
③ 库珀致函比尼翁，1714 年 2 月 23 日。

语言和文字方面无所创新。"① 他强调大量的单音节词是原始状态的证据。关于汉语的争论中，维特森镜能够支持不同的观点：从莱布尼茨的乌托邦立场到比尼翁的实用性怀疑主义。

九 斯伯灵和德拉克罗兹对中国与埃及的比较研究

1705 年，获得哥本哈根骑士团称号（给学者的特别褒奖）的法律学者小奥图·斯伯灵（Otto Sperling，1634～1715）收到了维特森镜的拓片与释文。这段交往宣告了铜镜的宿命。库珀致斯伯灵的信中描述了他自己想要再看一次铜镜，维特森就从博物馆柜子里取出镜子，走到会客厅准备给他看，但镜子从他手中滑落到地毯上，碎成十余块②。斯伯灵对此非常惋惜，但他认为镜铭可以用来比较埃及和中国文字。这种比较法在整个 18 世纪都比较盛行，似乎为上述关于中国历史和语言等问题提供了答案。斯伯灵提到阿塔纳斯·珂雪（Athanasius Kircher）在《埃及的俄狄浦斯》（1652～1654）中声称自己破解了埃及象形文字与其他东方语言的关系。带着同样的自负，珂雪最终完成了《中国大百科全书图录》这本17 世纪欧洲最畅销的关于中国的图书，书中提出中国文明与埃及文明的渊源关系。

库珀的主要兴趣是埃及学，在他生命最后 8 年中一直致力于埃及与中国的比较研究。他找到一个志同道合的人——柏林图书馆馆员德拉克罗兹（Mathurin de la Croze，1661～1739）。凭借荷兰东印度公司联系人得到中国图书的图书馆藏书优势，他积累起欧洲关于中国图书最大的收藏。尽管他对珂雪评价不高，认为后者是最大的江湖骗子和欧洲文学界最胆大的骗子，他也坚信中国语言、艺术和文明与埃及有渊源关系③。

1708 年末，库珀向柏林邮寄了他保存的最后一份纹饰摹本、翻译和

① 刘应致函库珀，1714 年 7 月 12 日，荷兰皇家图书馆藏，KB72H7，fol. 408。
② 1705 年 11 月 29 日库珀致函斯伯灵，包括维特森 1705 年 10 月 20 日给库珀信件的摘要，荷兰皇家图书馆藏，KB72C45，fols. 92r～95r。
③ 德拉克罗兹致函库珀，1713 年 1 月 16 日，荷兰皇家图书馆藏，KB72H19，fol. 24v。

山遥瞻释文的摘要。他盼望普鲁士皇室图书馆的中国书籍能讲清楚究竟是一支中国军队、使者还是流亡者将铜镜带到了西伯利亚，并反复考虑现代汉语破解铜镜文字的能力。德拉克罗兹的第一反应很轻蔑，认为铭文不可能像巴达维亚的中国人所说的那么古老。中国人总是对古代文物夸大其词。后来他证实了自己的怀疑，即镜铭文字现在不再使用，他本人显然能在看第一眼后就做出合适的翻译，并将译文作为单独一页附上。"我即刻就认出了前两个字，其他字也和今天汉字没有太大差异，你可以从附在字上的这页纸看出来。如果我有中文读法——欧洲字母的发音——而非维特森的解释（冗长的释义），我就可以试着用拉丁语或法语做一些直译。关于它的发现地，我没发现有任何奇怪的地方。自成吉思汗及继任者时代起，中国人和鞑靼人充分融合……我甚至还认为他们与埃及有关系，不仅仅因为象形文字。"① 他继续强调中国文明的埃及渊源，例如中国龙实际上源自鳄鱼，鹳鸟是古代中国和埃及的医药象征。

最后交流讨论的是维特森镜与所谓的犹太人出现在中国之间的关系。德拉克罗兹指出，耶稣会士（他觉得他们的报告不可信）误将穆斯林当成犹太人。库珀也不肯定，他认为犹太 - 基督教移民可能先居于中国，然后到了西伯利亚："因为维特森镜发现于墓葬，证实了早在 1800 多年前中国人就到了那里，历史也证明中国人曾占领过西伯利亚及其边境地区长达千余年。"库珀还认为，基督教向东亚渗透已经被上述柏应理给维特森看的那本中文圣经所证实。②

在这一点上，荷兰学者迫切需要有人能做恰当的中文翻译。库珀咨询东方主义学者阿德里安·雷兰德（Adriaen Reland, 1676 ~ 1718），后者联系了一个在乌德勒支的法国人马森。据说这位马森先生不会读汉语，他许诺翻译雷兰德收藏的数百部中国文献的部分内容，但实际上并未这样做。他还有讨论中文与希伯来语关系的文章。但 1714 年初，德拉克罗兹严厉训斥了马森，说他根本不懂汉语，他的论文提出的"汉语源于第一个书写希伯来语人的原始符号或另一种原始亚当语言"的观点令人遗

---

① 德拉克罗兹致函库珀，1710 ~ 1713 年，荷兰皇家图书馆藏，KB 72HI9，Vol. I, fol. 17.
② 库珀致函德拉克罗兹，1712 年 5 月 1 日。维特森本人更谨慎，1714 年 2 月 8 日他写给库珀的信中提到，这本圣经可能是马可波罗带到中国的。

憾①。德拉克罗兹的批评可以说是令人惊讶的，因为几年前他还说过汉语文字源于埃及象形文字。他认为维特森镜证实了传统的历史叙述，即中东是文明之源。

结　语

在17～18世纪到达荷兰的数以万计的中国物质文化产品中，没有哪一件像这枚铜镜一样会引发如此多的讨论。它既是一件舶来品，也是一件文物。更重要的是，它的各个方面都有极其完好的文字和图像记录：发掘环境、物质和视觉特征、铭文与释文等。一方面，它作为中国文明的实物证据，看得见又摸得着；另一方面，在严谨的欧洲语言学框架中，这件器物又成为一件颇受学者关注的猜测对象。

维特森关于铜镜起源和意义的观点带有很明显的审慎的估测成分。相反的，此后十余年的讨论则猜测成分较多，因为参与讨论的个别学者对中国一窍不通。只有在黄嘉略介入后，才对这些人的观点进行审视。维特森本人也见过1709年和约翰·范·霍恩一起返回荷兰的中医周美爷，此人能流利地读和写汉语，而且操一口地道的荷兰语。但维特森没有给他看铜镜，因为他在琢磨如何用中医医治他每况愈下的身体。

历史学家乔林科认为，维特森方法的精髓是关注包括跌落（当亚当和夏娃被逐出伊甸园，人类自天堂跌入大地）、大洪水和巴别通天塔在内的问题越来越大的圣经故事所载的早期历史。"与莱布尼茨和库珀一样，他推测已知世界各地所说的语言拥有共同的根源，且深深着迷于象形文字和中国汉字所谓的象征性。"②维特森在《东北鞑靼利亚》中指出，亚洲比他以前认识的更为复杂，在单个的叙事框架中很难捕捉得到。该镜不仅提出了关于中国人向西伯利亚迁移的问题，而且关乎亚洲早期基督

---

① 马森理论基于偏旁部首，直到现在仍用于字典中汉字的排序。现代学者使用214康熙版偏旁部首，而德拉克罗兹提到共有320个偏旁部首。德拉克罗兹于1714年1月14日致函库珀，荷兰皇家图书馆藏，KB72H19, fol. Ⅳ‐2r.

② E. Jorink, *Reading the Book of Nature in the Dutch Golden Age，1575‐1715*，Leiden/Boston，2010，p. 327.

教和犹太教的传播问题以及中国文献的性质问题。文字如何与亚当的语言发生联系？中国和欧洲文明都有埃及渊源吗？对维特森、库珀及当代人而言，最迫切的问题是如何挽救欧洲的纪年。如果东亚文明的确比西方甚至大洪水都要早，这将极大地修正欧洲中心论的自我形象。

维特森铜镜作为远远超出西方想象而延伸和超越的世界历史与地理拼图中最重要的一块而出现。荷兰家用器物中的中国瓷器越来越普遍，这枚铜镜最能让人们对中国历史的悠久性、语言和文明都浮想联翩。该器物讨论的范围如此之广、参与学者如此之多，说明信息网络在将欧洲与东亚连接起来、解释由此提出的新问题方面起着决定性作用。维特森铜镜因此成为 1700 年前后到达阿姆斯特丹的全球知识流通的宝库及其物质和心态维度的反映。阿姆斯特丹作为世界最著名的商业中心，也是其中重要的节点。

The Global Trajectory of Nicolaas Witsen's Chinese Mirror

Willemijn van Noord   Thijs Weststeijn

Abstract：Although a Han Dynasty mirror from Nicolaas Witsen's collection was one of the many millions of works of Chinese material culture that reached the Netherlands in the seventeenth and eighteenth centuries, it figured as a significant piece in the puzzle of the history and geography of a world that was stretching, and exceeding, the limits of the Western imagination, and gave rise to so much discussion. The range of the discussions about this object illustrate to what extent networks of information connected Europe to East Asia and the new questions this posed. The mirror was therefore both a repository of, and a reflective surface for, the global circulation of knowledge that had come into being around 1700 in its material and mental dimensions.

Keywords：Nicolaas Witsen；Chinese Mirror Inscription；Chinese Civilization

高昌回鹘的葡萄种植与葡萄酒酿制*

杨富学　单超成**

内容提要：吐鲁番炎热干旱，主要靠地下水灌溉，特别适于葡萄的种植。早在 2500 年前，吐鲁番已有葡萄种植，此后历久不衰，9 世纪中叶以后为回鹘所继承。高昌回鹘时期葡萄园种植经济发达，斯时吐鲁番一带葡萄种植非常普遍，既可以租佃，也可以买卖，除了官府、寺院拥有大量葡萄园外，地主、农民也广泛拥有葡萄地，官府专门设置葡萄园税；葡萄酒酿制也蔚然成风，葡萄酒税进而充任政府规定的实物税之一。吐鲁番地方官府要向蒙古皇室进贡葡萄酒，驿户也要按规定向驿站过往人员提供葡萄酒作为祗应。

关键词：高昌回鹘　葡萄园　葡萄酒　回鹘文世俗文书

---

* 本文为国家社科基金重点项目"唐宋回鹘史研究"（项目编号 14AZD064）、西北民族大学中央高校基本科研业务费专项资金资助研究生项目（项目编号：Yxm2016115）的阶段性成果。

** 杨富学，敦煌研究院人文研究部部长、研究员，陇东学院特聘教授，西北民族大学兼职教授、硕士生导师，兰州大学兼职教授、博士生导师，主要从事敦煌学、回鹘学研究；单超成，克拉玛依市委党校民宗文史教研部专职教师，主要从事西北民族史、回鹘史研究。

一 问题的提出

高昌回鹘王国存在于 9 世纪中叶至至元二十年（1283）。唐大中二年（848）前后，由漠北西迁的部分回鹘人拥立首领庞特勤在焉耆称汗，统辖天山南北部分地区，仆固俊被庞特勤任命为五城（别失八里）即北庭的总督。咸通七年（866），仆固俊占领西州（高昌，今新疆吐鲁番）、轮台（今新疆乌鲁木齐市附近）等城，取代庞特勤自立，西州回鹘自此建立。"安西回鹘"与"北庭回鹘"两支会同为一，高昌地区成为其政治中心，北庭（今新疆吉木萨尔北）则为夏都，高昌回鹘历史掀开了新的一页。[①]

12 世纪中期，高昌回鹘汗国依附于西辽，元太祖四年（1209）春，巴而术阿而忒的斤杀死西辽少监归附蒙古，成为元朝统治下一个具有较高独立性质的地方政权。1283 年，高昌回鹘亦都护火赤哈尔的斤为抵御西北叛王的进攻而战死，余部拥立幼主纽林的斤为亦都护，在元政府军的保护下，迁至河西走廊东部的永昌（今甘肃武威市北郊约 30 里处的永昌堡），以后诸亦都护皆驻节永昌遥领高昌军政。察合台叛军、元政府、亦都护在南疆一带处于僵持状态。至泰定（1324～1327）时，回鹘地区差不多已完全处于察合台汗国的控制之下。为了行文之便，这里将高昌回鹘王国存在期及其以后的元代回鹘统称作"高昌回鹘"。

高昌回鹘时期，葡萄种植与葡萄酒的酿制在吐鲁番及周边地区已经很普及，汉文史乘有明确记载，只是内容非常简单，约略提及而已，唯吐鲁番出土的回鹘文世俗文书对此有丰富而翔实的反映。这些回鹘文资料早已引起学界的关注，而且有不少论著对高昌回鹘时期的葡萄种植与葡萄酒酿制问题有所论及[②]。由于各种原因，国内外学术界对吐鲁番地区

---

① 杨富学：《回鹘与敦煌》，甘肃教育出版社，2013，第 91 页。

② 例如，A. von Gabain, *Das Leben im uigurische Königreich von Qočo*（*850 - 1250*），Wiesbaden，1973，S. 66；梅村坦「13 世紀ウイグリヌタンの公權力」『東洋学報』第 59 卷第 1/2 号、1977 年 10 月、1 - 31 頁；Peter Zieme, "Uigurische Steuerbefreiungsurkunden für buddhistische Kloster", *Altorientalische Forschungen*, Issue 8, 1981, S. 237 - 263；（转下页注）

葡萄种植、葡萄酒酿制之类问题的研究大多集中在高昌国至唐西州时期，不仅研究成果众多而且非常深入。与之相反，与回鹘统治时期吐鲁番葡萄种植和葡萄酒酿制相关的回鹘文文书尽管数量众多，但研究者相对稀少，尤其是深入、系统的研究付之阙如，诚为憾事。有鉴于此，特撰本文略补其阙，冀以引起学界更多的关注。

二 吐鲁番葡萄种植的自然条件与发展历史

吐鲁番市包括东部的鄯善、中部的吐鲁番市和西部的托克逊县，绿洲面积大约有 2000 平方公里。其气候特点大体可归为二端。一者极为炎热。高昌回鹘王国的都城设于今新疆吐鲁番市东南哈拉和卓西南，《辽史》卷 27《天祚皇帝本纪一》、卷 70《属国表》和《金史》卷 121《粘割韩奴传》称作"和州"，元明文献则写作"哈剌火州"或"火州"，以其热而得名。二者极为干旱，降水稀少，蒸发量却很大，职是之故，大部分供水来自地下水。这两大特征的交互作用，使吐鲁番的绿洲农业不得不仰赖于灌溉。依其地理条件，吐鲁番绿洲只能利用高山冰雪融水来灌溉农田以及提取生活用水。

水利是吐鲁番古代农业生产的命脉，历代都受到重视，皆有经营。吐鲁番阿斯塔那第 509 号墓出土《唐开元二十二年（734）西州高昌县申西州都督府牒为差人夫修堤堰事》（编号 73TAM509：23/1 - 1a，23/1 - 2a，23/1 - 3a）记载：

（接上页注②）程溯洛：《宋元时期高昌回鹘初期农业封建社会的若干特征》，载邓广铭、程应镠主编《宋史研究论文集》，上海古籍出版社，1982，第 272～273 页；杨富学：《一件珍贵的回鹘文寺院经济文书》，《西北民族研究》1992 年第 1 期，第 59～66 页；郭平梁：《高昌回鹘社会经济管窥》，《新疆社会科学》1992 年第 1 期，第 83 页；尚衍斌：《从茶、棉、葡萄酒、胡食的传播看古代西域与祖国内地的关系》，《西北史地》1993 年第 3 期，第 86～96 页，该文后收入尚衍斌《元史及西域史丛考》，中央民族大学出版社，2013，第 392～416 页；尚衍斌、桂栖鹏：《元代西域葡萄和葡萄酒的生产及其输入内地述论》，《农业考古》1996 年第 3 期，第 213～221 页；田卫疆：《高昌回鹘史稿》，新疆人民出版社，2006，第 144～147 页；田卫疆：《元代畏兀儿地区的葡萄酒酿制及向元大都供应葡萄酒相关史实辨析》，载李治安主编《元史论丛》（第 13 辑），天津古籍出版社，2010，第 60～65 页。

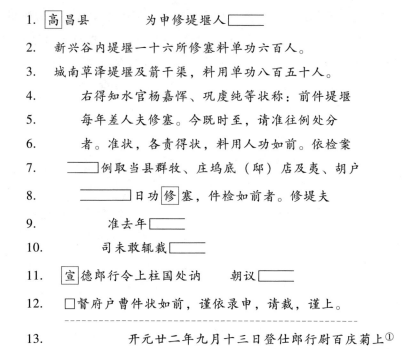

1. 高昌县　　　　　为申修堤堰人

2. 新兴谷内堤堰一十六所修塞料单功六百人。

3. 城南草泽堤堰及箭干渠，料用单功八百五十人。

4. 右得知水官杨嘉恽、巩虔纯等状称：前件堤堰

5. 每年差人夫修塞。今既时至，请准往例处分

6. 者。准状，各责得状，料用人功如前。依检案

7. □□□□例取当县群牧、庄坞底（邸）店及夷、胡户

8. □□□□日功修塞，件检如前者。修堤夫

9. 准去年□□□

10. 司未敢辄裁□□□

11. 宣德郎行令上柱国处讷　　　朝议□□□

12. □督府户曹件状如前，谨依录申，请裁，谨上。

- -

13. 开元廿二年九月十三日登仕郎行尉百庆菊上①

此外，唐龙朔三年（663）残文书（编号 65TAM42：48b）②、唐天宝十三年（754）杨晏的佃田契（编号 73TAM506：04/22）③ 和租田契（编号 73TAM506：04/10 - 1）④，尤其是武周时期的文书，有很多提到"堰"字。⑤ 在新近发现的时代更早的《北凉建平四年（440）十二月十六日高昌田地县道人佛敬夏田券》中，还可见到"倩道人佛敬为治渠"之语。⑥

————————

① 中国文物研究所、新疆维吾尔自治区博物馆、武汉大学历史系编《吐鲁番出土文书》（四），文物出版社，1996，第 317～318 页。

② 中国文物研究所、新疆维吾尔自治区博物馆、武汉大学历史系编《吐鲁番出土文书》（二），文物出版社，1996，第 126 页。

③ 中国文物研究所、新疆维吾尔自治区博物馆、武汉大学历史系编《吐鲁番出土文书》（四），第 568 页。

④ 中国文物研究所、新疆维吾尔自治区博物馆、武汉大学历史系编《吐鲁番出土文书》（四），第 570 页。

⑤ 中国文物研究所、新疆维吾尔自治区博物馆、武汉大学历史系编《吐鲁番出土文书》（三），文物出版社，1996，第 391～396 页。

⑥ 王素：《略谈香港新见吐鲁番契券的意义——〈高昌史稿·统治编〉续论之一》，《文物》2003 年第 10 期，第 74 页。

另有新获吐鲁番文书《北凉高昌某人启为摄行水事》（编号 06TZJI：180、168）中也有"水无人掌摄""兼行水"诸语。[1] 这些都应与水利灌溉、灌溉渠道之类息息相关。

在麹氏高昌和唐西州时期，政府每每都要组织人力、物力对堤堰和渠道进行修缮，在高处修建蓄水池，低洼处兴修水塘和干渠，构成比较完善的灌溉系统。[2] 高昌回鹘的夏都北庭，城内沟渠纵横，城外有护城河，城内有较大渠沟与护城河相连，形成一个灌溉体系。[3] 由上可知，高昌地区很注重水利的开发和应用，在高昌回鹘时期，这一传统得到了继承和发扬，并最终形成了密如蛛网的水利灌溉网络。史载："有水，源出金岭（博格达山），导之周围国城，以溉田园。"[4] 充足的水源和较为先进的灌溉工程，使吐鲁番城乡之间、乡村之间，沟渠纵横相连，为发展农业生产创造了必要的条件。

从吐鲁番出土回鹘文文书看，元代畏兀儿"有着视水为财的观念"。[5] 例如，中国历史博物馆藏 1929 年中瑞西北科学考察团在库车所获回鹘文《卖地契》（编号为 K7711，考 3429）：

bu kün-tin mïnča bu -qa yir-kä suw-qa äw-kä barq-qa wapsu tu ärklig bolz-un

从今以后，此葡萄园、土地、水、房屋、院落将统归法藏（Wapsu）都（统）所有。[6]

把水写进土地买卖契约，与土地、房屋等财产等量齐观，意义非同

---

① 荣新江、李肖、孟宪实主编《新获吐鲁番出土文献》（下册），中华书局，2008，第 276 ~ 277 页。

② 孙晓林：《唐西州高昌县的水渠及其使用管理》，载唐长孺主编《敦煌吐鲁番文书初探》，武汉大学出版社，1983，第 519 ~ 528 页；Arnaud Bertrand，"The Hydraulic System in Turfan（Xinjiang）"，*Silk Road*，Vol. 8，2010，pp. 29 – 34。

③ 刘建国：《新疆高昌北庭古城的遥感探查》，《考古》1995 年第 8 期，第 752 ~ 753 页。

④ 《宋史》卷 490《高昌传》，中华书局，1974，第 14111 页。

⑤ 张承志：《元代畏兀儿人内部状况》，《民族研究》1983 年第 5 期，第 16 页。

⑥ 冯家昇：《元代畏兀儿文契约二种》，《历史研究》1954 年第 1 期，第 120 ~ 126 页；山田信夫『ウイグル文契約文書集成』（第 2 卷）、大阪大学出版會、1993、27 – 28 页；耿世民：《回鹘文社会经济文书研究》，中央民族大学出版社，2006，第 163 ~ 165 页；李经纬：《回鹘文社会经济文书辑解》，甘肃民族出版社，2012，第 141 ~ 144 页。

一般。出于同样的道理，在回鹘文文书中还记载了专门管理水资源的官员，如吐鲁番出土回鹘文佛教寺院经济文书 TⅢM205（U5317）即出现了"suwčï kirmädin"一词，意为"管理水利的官员"。①

吐鲁番日照充足，热量丰富，极度干燥，加上沙化土壤等多种地理、气候条件，适合葡萄的种植。

关于葡萄在西域的种植，学术界一般认为始于汉代。② 也有人认为应更早，"秦代内地与西域交往已较频繁，葡萄引入内地"。③ 2003 年，在新疆鄯善县洋海二号墓地的考古发掘中掘得圆果紫葡萄植株标本一件，乃一株葡萄藤之残留，全长 1.15 米，每节长 11 厘米，扁宽 2.3 厘米，距今 2500 年。④ 在汉文史乘中，《史记·大宛列传》对西域葡萄种植有如下记载：

> 宛左右以蒲陶为酒，富人藏酒至万余石，久者数十岁不败。俗嗜酒，马嗜苜蓿。汉使取其实来，于是天子始种苜蓿、蒲陶肥饶地。及天马多，外国使来众，则离宫别馆旁尽种蒲萄、苜蓿极望。⑤

关于吐鲁番的葡萄种植，最早见于《北史·高昌传》："多五果……多蒲桃酒。"⑥ 在吐鲁番出土文书中，相关记载俯拾即是，其中时代最早者当首推阿斯塔那第 62 号北凉墓出土《翟疆辞为共治葡萄园事》，其一（编号 66TAM62：6/4）言："今年风虫，蒲陶三分枯 花 。"⑦ 其二（编号

---

① Д. И. Тихонов, *Хозяйство и Общественный Строй Уйгурского Государства X – XIV вв.*, М.-Л., 1966, стр. 258；Peter Zieme, "Uigurische Steuerbefreiungsurkunden für buddhistische Kloster", 1981, S. 245；杨富学：《一件珍贵的回鹘文寺院经济文书》，第 61 页。

② 例如，张南：《古代新疆的葡萄种植与酿造业的发展》，《新疆大学学报》1993 年第 3 期，第 51 ~ 57 页；王艳明：《从出土文书看中古时期吐鲁番的葡萄种植业》，《敦煌学辑刊》2000 年第 1 期，第 52 页；陈习刚：《吐鲁番文书所见唐代葡萄的栽培》，《农业考古》2002 年第 1 期，第 224 页；等等。

③ 胡澍：《葡萄引种内地时间考》，《新疆社会科学》1986 年第 5 期，第 103 页。

④ 新疆文物考古研究所、吐鲁番地区文物局：《鄯善县洋海二号墓地发掘简报》，《新疆文物》2004 年第 1 期，第 30 页。

⑤ 《史记》卷 123《大宛列传》，中华书局，1959，第 3173 ~ 3174 页。

⑥ 《北史》卷 97《高昌传》，中华书局，1974，第 3212 页。

⑦ 中国文物研究所、新疆维吾尔自治区博物馆、武汉大学历史编《吐鲁番出土文书》（一），文物出版社，1992，第 51 页。

为 66TAM62：6/1）则曰："绩蒲陶六亩，与共分治。"① 近年来又有新的北凉葡萄园租佃契约面世，如《北凉建平五年（441）正月高昌田地县道人佛敬夏葡萄园契》。② 及至麴氏高昌与唐西州时期，吐鲁番的葡萄种植就更为普遍了，不仅种植面积广，葡萄与葡萄酒的产量很大，而且葡萄酒还成为麴氏高昌官府征收的税种之一。③ 据统计，仅吐鲁番发现的唐及唐代以前的汉文葡萄园租佃契约即达 11 件④，可证葡萄园种植经济发达。

综上，可以看出，自 2500 年以前始，历两汉、北凉、麴氏高昌至唐西州，吐鲁番葡萄园种植业持续发展，葡萄的种植和加工成为当地非常重要的生业方式之一。⑤

9 世纪中叶，漠北回鹘汗国崩溃，部众纷纷外迁，其中大多西迁至以高昌为中心的西域地区，通过学习当地先进的农业生产技术，尤其是吐鲁番地区传统的绿洲农耕技术，进而掌握并发展了吐鲁番地区由来已久的葡萄种植传统。

三 高昌回鹘时期的葡萄种植

高昌回鹘的农业生产主要是棉花、葡萄的种植，兼营谷物。《宋史·于阗传》记载："土宜蒲萄，人多酝以为酒，甚美。"⑥ 11 世纪中期伽色

---

① 中国文物研究所、新疆维吾尔自治区博物馆、武汉大学历史系编《吐鲁番出土文书》（一），第 52 页。

② 王素：《略谈香港新见吐鲁番契券的意义——〈高昌史稿·统治编〉续论之一》，第 74 页。

③ 孙振玉：《试析麴氏高昌王国对葡萄种植经济以及租酒的经营管理》，载敦煌吐鲁番学新疆研究中心、《新疆文物》编辑部编《吐鲁番学研究专辑》，敦煌吐鲁番学新疆研究资料中心编印，1990，第 218~239 页；卢向前：《麴氏高昌和唐代西州的葡萄、葡萄酒及葡萄酒税》，《中国社会经济史研究》2002 年第 4 期，第 110~120 页。

④ 乜小红：《对古代吐鲁番葡萄园租佃契的考察》，《中国社会经济史研究》2011 年第 3 期，第 1 页。

⑤ 王艳明：《从出土文书看中古时期吐鲁番的葡萄种植业》，《敦煌学辑刊》2000 年第 1 期，第 52~63 页；卢向前：《麴氏高昌和唐代西州的葡萄、葡萄酒及葡萄酒税》，第 110~120 页；卫斯：《唐代以前我国西域地区的葡萄栽培与酿酒业》，《农业考古》2017 年第 6 期，第 155~164 页。

⑥ 《宋史》卷 490《于阗传》，中华书局，1974，第 14106 页。

尼王朝（Ğaznavid）迦尔迪齐（Abū Sa'id 'Abd-al-Ḥaiy ibn Ḍaḥḥākibn Maḥmūd Gardīzī）所著《纪闻花絮》（Zainu 'l-axbār）亦载于阗"大米、葡萄也大量生产，还有不同品种的梨。他们那儿的河里有碧玉"。① 其言反映的虽为于阗的情况，但作为高昌回鹘王国的近邻，其状应与吐鲁番大体相埒。与之可佐证者有 13 世纪初的《长春真人西游记》：

> 八月二十七日，抵阴山（天山）后。回纥郊迎，至小城北，酋长设蒲萄酒及名果、大饼、浑葱。裂波斯布，人一尺。乃言曰："此阴山前三百里和州也。其地大热，蒲萄至多。"……西即鳖思马（别失八里，今新疆吉木萨尔县北）大城……泊于城西蒲萄园之上阁，时回纥王部族劝蒲萄酒，供以异花、杂果、名香。②

是见，不管是北庭还是高昌，当时葡萄种植都是非常普遍的。吐鲁番出土的回鹘文社会经济文书，对此有着丰富的记载，郭平梁先生曾依据李经纬著《吐鲁番回鹘文社会经济文书研究》概言其所收文书中，"涉及到葡萄园的或以葡萄园为重要内容的就有 13 件，其中有租葡萄园种植棉花的，有租葡萄园的，有买卖葡萄园的，有典押葡萄园的"③。究其实，与葡萄园有关的回鹘文写本数量远非这个数字，据笔者粗略统计，至少应在 24 件以上，彰显出葡萄园种植经济在高昌回鹘时期地位的特殊。这 24 件文书，绝大多数属于元代，少数属于宋代（如摩尼教寺院文书），也有一些时代不明，但属于高昌回鹘时期则是毋庸置疑的。

揆诸回鹘文写本与历史文献的记载，加上考古发掘资料，不难看出，高昌回鹘时期吐鲁番一带葡萄种植非常普遍，而且葡萄酒酿制也非常普遍，成为其重要的手工业部门之一，进而充任政府规定的实物税之一，社会日常消费量很大。除了官府、寺院拥有大量葡萄园外，地主、农民

---

① A. P. Martinez, "Gardīzī's Two Chapters on the Turks", *Archivum Eurasiae Medii Aevi*, Vol. 2 (1982), 1983, p. 141;〔英〕马丁奈兹：《迦尔迪齐论突厥》，杨富学、凯旋译，载杨富学编著《回鹘学译文集新编》，甘肃教育出版社，2015，第 262 页。

② （元）李志常：《长春真人西游记》（卷上），尚衍斌、黄太勇校注，中央民族大学出版社，2015，第 114 页。

③ 郭平梁：《高昌回鹘社会经济管窥》，《新疆社会科学》1992 年第 1 期，第 83 页。

也广泛拥有葡萄地。高昌回鹘葡萄园租佃和买卖自由，在种种原因下产生的葡萄园租佃关系，大致可分为二种。第一种为伙种，实际上是一种分成制地租，属于租佃关系的早期形式，比较稀见；第二种为定额地租，按土地数量、质量规定地租量，乃分成制地租的演变。①

回鹘文社会经济文书中关于葡萄种植的记载很多，如圣彼得堡藏《葡萄园买卖契》（3Kr.36）载：

> küskü yïl üčünč ay altï yangïqa manga oṣmïš toɣïl-qa yunglaqlïq kümüš krgäk bolup. öz borluqumnï basa toɣïlqa toɣuru tomlïdu sadtïm. satïɣ kümüšin inčä sözläšdimz. bir yastuq biš sïtïr kümüškä käsišdimz. bu bir yastuq biš sïtïr kümüšüg bitig qïlmïš kün üzä män basa toɣïl tükäl birtim män osmïš toɣïl ymä tükäl tardïp altïm. bu borluqnung sïčïšï. öngdün yïngaq basa toɣïlnïng borluq adïrar kündün yïngaq uluɣ yol adïrar. taɣtïn yïngaq polat buqanïng ögän adïrar kidin yïngaq qutaruqnïng wrxrlïq borluq adïrar. bu tört sïčïlïɣ borluq üzä ming yïl tümän künkädägi basa toɣïl ärklig bolzun

> 鼠年三月初六，我因奥斯弥失（Oṣmïš）需要通用银子，把我自己的葡萄园完全卖给巴萨·托黑尔（Basa Toɣïl）。我们这样商谈了卖银，定为一锭五两银子。在立约的当天，我巴萨全部付清了。我奥斯弥失也全部秤拿了。这葡萄园的四至是：东面为巴萨的葡萄园隔开，南面为大路隔开，北面为 Polat 的水渠隔开，西面为 Qutaruq 的（属于）寺院的葡萄园隔开。这四至的葡萄园直到千年万日归巴萨所有。②

吐鲁番盆地地狭人稠，受自然环境限制，可耕地很少，故而当地民众多种植葡萄等经济作物，生产葡萄酒售卖并缴税，可缓解农业生产条件不足所致困境。因其可观的经济效益，人们普遍租佃葡萄园，这在回

---

① 杨富学：《回鹘文书中所见元代畏兀儿租佃契约关系研究》，《西北民族研究》1989 年第 2 期，第 161～172 页。

② W. Radloff, *Uigurische Sprachdenkmäler*, Leningrad, 1928, S. 205；山田信夫『ウイグル文契約文书集成』（第 2 卷）、12 頁；耿世民：《回鹘文社会经济文书研究》，第 147～148 页；李经纬：《回鹘文社会经济文书辑解》，第 121～124 页。

鹘文文书中记述颇多，如 TM 98（U5248）《葡萄园归还契》：

bu borluq nïng tošmišqa otuz yiti bözin tapšurup alïp borluqnï yantu-
rup birürmän bu böz iki baɣlïɣ böz ol

由于该葡萄园已满四年，我收得三十七个棉布后，就把葡萄园
归还，该棉布是两捆棉布。①

在回鹘文借贷文书中，还可见到如下内容。一者，柏林所藏编号为
TM224，D168（U5238）的葡萄园买卖文书：

alïp xuikü ögän üzäsuwaqlïɣ surya birlä ülüšlüg manga tägär aldï är
kömär borluqumnï suldan pïmqa toɣru tomlïdu

把我在水渠（Xuikü）渠道上可以灌溉的、与苏尔雅（Surya）
共有的、属于我的、六人可埋［完葡萄枝］的葡萄园完全地卖给苏
尔丹·皮姆（Suldan Pim）。②

二者，龙谷大学藏日本大谷探险队于吐鲁番所获葡萄园买卖契约
（Ot. Ry. 543）：

m（a）nga b（ä）g t（ä）mir-kä yonglaq-lïɣ böz k（ä）rgäk bolup
qïyasudin-tïn yüz böz ilig-tä alïp biz-ning u-täki aqa ini-lär birlä ki……i
ülüš-lüg borluq-ta m（a）nga tägär iki ülüš……qïyasudïn-qa toɣru
tomlïtu satdïm

我伯·铁木耳（Bäg Tämir）因需要通用的棉布，而从琪雅苏丁
（Qïyasudin）处拿了一百［个棉布］，便把我们位于水沟的与弟兄们
共同有份儿的葡萄园中属于我的两份儿……合理合法地卖给了琪雅

---

① 山田信夫『ウイグル文契約文書集成』（第2卷）、169頁；耿世民：《回鹘文社会经济
文书研究》，第243頁；李经纬：《回鹘文社会经济文书辑解》，第96～97頁。
② 山田信夫『ウイグル文契約文書集成』（第2卷）、36－37頁；耿世民：《回鹘文社会经
济文书研究》，第157～158頁。

苏丁。①

人们精心种植葡萄，修建水渠保证灌溉充足，冬季将葡萄枝条埋在土里防止冻坏，以保证有丰盈的葡萄产量。龟兹地区与高昌情况相近，"饶蒲萄酒，富室至数百石"。② 高昌的贵族、富商或世袭或通过购买而拥有大片葡萄园，由精通园艺的葡萄园园丁（tilär bolup qalïn）、葡萄种植者（borluqčï）打理，如柏林藏编号为 TM220(U3245) 的借贷、换工、免税文书第 10～11 行有言：

bu borluq učqur turï-nïng üčün amtï

由于该将葡萄园将交由精通［园艺］的吐利（Turï）耕种。③

四　高昌回鹘摩尼教、佛教寺院的
葡萄园种植经济

高昌回鹘王国宗教信仰多种多样，除传统的摩尼教外，还有佛教、道教、景教等。摩尼教作为回鹘国教，得到回鹘贵族扶持，地位崇高，也是一个自给自足的独立体。高昌回鹘时期，摩尼教寺院及其寺院经济得到了进一步的发展，吐鲁番出土回鹘文《摩尼教寺院文书》为此提供了独一无二的珍贵记录。该文献由黄文弼先生在新疆进行考古时发现，原件现存于中国国家博物馆，编号为"总8782T，82"。文书为卷子形式，现存部分长270厘米，高29.5厘米，首尾俱有残缺，仅存125行，其上还钤有11处汉字篆文红色方印，印文为"大福大回鹘/国中书省门下/颉

① 護雅夫「ウイグル文葡萄園賣渡文書」『東洋学報』第 42 卷第 4 号、1960、25 頁；山田信夫『ウイグル文契約文書集成』（第 2 卷）、36 - 37 頁；耿世民：《回鹘文社会经济文书研究》，第 168～169 页；李经纬：《回鹘文社会经济文书辑解》，第 157～158、161 页。
② 《旧唐书》卷 198《西戎传·龟兹国》，中华书局，1975，第 5303 页。
③ 山田信夫『ウイグル文契約文書集成』（第 2 卷）、165 - 166 頁；耿世民：《回鹘文社会经济文书研究》，第 240～241 页；李经纬：《吐鲁番回鹘文社会经济文书研究》，新疆人民出版社，1996，第 223、225 页。

于迦思诸/宰相之宝印"。其中，有大量篇幅提到高昌回鹘王国的葡萄种植与葡萄酒饮用，摘录部分文字如下：

23. … öngtünki kidinkib［älïq］…tütün duman

24. yir…buz-nung …/…'WY/YN altmïš iki … üzä

25. böz tägšürüp T'K… Y'T…kädgü böz birzün

东西［城的］所有家园［都要缴］葡萄酒和租子（？）再用 62 单位的亚麻布去换粗布，用以给高僧制作衣服。

61. bu bitigin

62. ärän tngrilär qïrqïn tngrilär mani-stan-ta ašansar

63. qanta nödmägä barsar ikirär küpčük taš suv klürüp

64. buz suvï qïlïp tngri-lärkä ivrxan z-mastikk tägi

65. tüzü tägürz-ün

按此敕书，如果男僧女僧要在摩尼寺用餐，就必须从饭馆中拿来一、二杯由外边布施的、用寺外水酿成的葡萄酒，恭敬地端到僧尼和大摩尼僧面前。

92. bu yir suv baɣ

93. borluq savïnga tngri mož-ak ävtadan xroxan-［lar］

94. qatïlmaz-un · iš ayɣučï-lar bilz-ün

这些地、果园与葡萄园的事高僧慕阇、拂多诞和呼嚧唤都不要介入，由执事们负责。①

---

① 耿世民：《回鹘文"摩尼教寺院文书初释"》，《考古学报》1978 年第 4 期，第 503 ~ 504 页；Geng Shimin，"Notes on an Ancient Uighur Official Decree Issued to a Manichaean Monastery"，*Central Asiatic Journal*，Vol. 35，No. 3 - 4，1991，pp. 212 - 213；森安孝夫「ウイグル＝マニ教史の研究」『大阪大学文学部纪要』第 31/32 号、大阪大学文学部、1991，41 - 44 頁；王菲：《〈回鹘文摩尼教寺院文书〉再考释》，载余太山主编《欧亚学刊》（第 2 辑），中华书局，2000，第 227 ~ 230 页；耿世民：《回鹘文摩尼教寺院文书再研究》，载张定京、穆合塔尔·阿布勒哈克主编《突厥与哈萨克语文学研究》，中央民族大学出版社，2010，第 94 页。

从上引文字可以看出，葡萄园种植业发达，是摩尼教寺院经济的主要形式，葡萄酒饮用在摩尼教寺院中也很普遍。[①]

回鹘摩尼教由粟特传入，粟特人善饮葡萄酒，如1999年太原市晋源区王郭村出土隋代虞弘墓彩绘围屏石榻上就有酿制葡萄酒的场景，从踏踩葡萄到把酿好的酒装到酒瓮中，以及搬运酒坛的情形都有所反映。[②] 在西安北郊未央区大明宫乡炕底寨村西北约300米处发现的安伽墓图像上也有许多饮酒的形象，描绘的是粟特商队主人手持来通，向披发突厥人敬酒的画面，他们饮用的应为粟特人自酿的葡萄酒。[③] 据敦煌写本 P.5034《沙州都督府图经第五》记载，粟特人康艳典曾先后在罗布泊地区典合城和距离典合城北边四里的位置新筑了二所葡萄城，以种植葡萄而得名："二所蒲桃故城，并破坏，无人居止。一城周回二百五十步，高五尺已下。右在山头，垒石为城，去平川七百步，其山无水草树木，北去艳典新造城四里。一城周回一百四步，高五尺已下。右在平川，北去艳典新造城四里。"[④] 看来，粟特人与葡萄、葡萄酒之间存在密不可分的关系。吐鲁番摩尼教寺院广植葡萄，大量饮用葡萄酒，或许与粟特商人不无关系。

进入蒙元时期，在高昌地区，佛教占据统治地位，佛教寺院亦存在寺院手工业现象。[⑤] 目前关于佛教寺院经济的回鹘文文书仅出土一件，为德国探险队发现，现藏柏林，编号为 TⅢM205（U5317），共计48行，现择而录之：

---

① 杨富学：《回鹘摩尼教研究》，中国社会科学出版社，2016，第209~210页。

② 山西省考古研究所、太原市文物考古研究所、太原市晋源区文物旅游局编著《太原隋虞弘墓》，文物出版社，2005，图版二五。

③ 陕西省考古研究所：《西安发现的北周安伽墓》，《文物》2001年第1期，第20页；韩伟：《北周安伽墓围屏石塌之相关问题浅见》，《文物》2001年第1期，第100页。

④ 上海古籍出版社、法国国家图书馆编《法藏敦煌西域文献》（第34册），上海古籍出版社，2005，第132页。录文载于《敦煌地理文书汇辑校注》，郑炳林校注，甘肃人民出版社，1989，第49页。

⑤ 杨富学：《蒙元时代高昌回鹘土地制度初探》，载敦煌吐鲁番学新疆研究中心、《新疆文物》编辑部编《吐鲁番学研究专辑》，敦煌吐鲁番学新疆研究资料中心编印，1990，第293页。

murut-luɣ aryadan-ïɣ sangikik borluq-ï yir-lär-ï birlä bizing qut idilätü yarlïqap näčäkät ägi il iš-siz birt-siz böz-siz tintsui-sïz qïlturu.（第 11 ~ 14 行）

穆鲁特鲁克寺院的僧侣们拥有葡萄园和土地，给我们带来了福分。国家不让他们服差役、献贡物、缴棉布、纳田租。

mur-lut aryadan-ta turɣučïš šilavanti-lar-ning kičg-lär-i säli-lär-i quvɣar-tïn ilttin budun-tïn i-kä kü-čkä tartmaɣü（第 20 ~ 22 行）

凡是居住在穆鲁特鲁克寺院的僧侣人等，不管年纪幼小的孩子，还是地位低下的萨里与库瓦克，村社均不得强迫其去服役。

qïlmazun bu murut-luɣ aryadan-nïng borluq-ïnga qap birt böz yir-lär-ingä trntsui-lar-ïn tsangčï aɣïčïlar almazun asïlu uluɣ birim qoqbu-sï künčit käpäz bor čopra bäslap irl bïrt almadïn iškäč išlatmäzün murut-luq（第 38 ~ 42 行）

对这座穆鲁特鲁克寺院的葡萄园［税］、卡普税、别特尔税、粗棉布税及田租，国库官员一律不得征收。此外，对一些大宗的税收，如亚麻布、芝麻、棉布、葡萄酒及兽毛等，也一样不得摊派捐税，不得征发劳役。①

这一文书揭橥了高昌回鹘时期佛教寺院经济的发达，寺院拥有大量的葡萄园和土地，并拥有大批依附农奴，享有免赋权。农奴种植葡萄、棉花、亚麻、芝麻等农作物，手艺者酿造葡萄、纺织亚麻布和棉布，同时还饲养牲畜以获取毛皮。正因为寺院拥有这些手工制品，政府才摊派收税，只不过到蒙元时期，因统治者信奉佛教而予以豁免。②

---

① Д. И. Тихонов, *Хозяйсотво и Общественный Строй Уйгурского Государства X – XIV вв.*, М.-Л., стр. 258 – 259；Peter Zieme, "Uigurische Steuerbefreiungsurkunden für buddhistische Kloster", S. 244 – 246；杨富学：《一件珍贵的回鹘文寺院经济文书》，第 61 ~ 64 页。

② 杨富学：《一件珍贵的回鹘文寺院经济文书》，第 64 ~ 65 页。

五 高昌回鹘葡萄酒生产的繁盛

葡萄酒是高昌回鹘王国规定的一种实物税，也是寺院主、地主的重要经济来源。高昌地区葡萄种植的年代久远，葡萄酒已融入人们的社会生活中，而且在唐初即已传入中原，受到唐朝君臣的喜爱。《唐会要》载："葡萄酒，西域有之，前世或有贡献，及破高昌，收马乳葡萄实，于苑中种之，并得其酒法。自损益造酒，酒成。凡有八色，芳香酷烈、味兼醍醐。既颁赐群臣。京中始识其味。"① 高昌回鹘时期，葡萄酒的饮用更趋普及，11世纪中期迦尔迪齐撰《纪闻花絮》对此亦有具体记载：

> 九姓乌古斯汗有一千名侍卫和四百名侍女。这一千多人年复一年（或日复一日）每天三餐都和九姓乌古斯汗一起吃，而且想吃多少就有多少。他们每顿饭都能喝到一杯酒，而且这些酒（即产自九姓乌古斯）都是用葡萄酿的。②

其中的九姓乌古斯即指高昌回鹘，这一记载说明，高昌回鹘的葡萄酒产量当是可观的。在吐鲁番出土回鹘文社会经济文书中，经常会出现如下词汇："borluq"（葡萄园）、"bor"（葡萄酒）和"üzüm"（葡萄）。值得注意的是，在敦煌出土的回鹘文书信中，还出现了"quruq üzüm"（葡萄干）一词。③ "bor"是回鹘文写本中关于葡萄制成品记载出现频率最高的词语，借自中古波斯语，是高昌回鹘"极为重要的税收和商品"。④

---

① （宋）王溥：《唐会要》卷100《杂录》，中华书局，1955，第1796~1797页。

② A. P. Martinez, "Gardīzī's Two Chapters on the Turks", p. 134；〔英〕马丁奈兹：《迦尔迪齐论突厥》，第258页。

③ J. Hamilton, *Manuscrits Ouïgours du IXᵉ-Xᵉ Siècle de Touen-Houang* I, Paris, 1986, p. 148；杨富学、牛汝极：《沙州回鹘及其文献》，甘肃文化出版社，1995，第104页。

④ A. von Gabain, *Das Leben im uigurische Königreich von Qočo*（850–1250），S. 66；Sir Gerard Clauson, *An Etymological Dictionary of Pre-Thirteenth-Century Turkish*, London, 1972, p. 354. 对该词的有关考证参阅（元）忽思慧著，尚衍斌、孙立慧、林欢注释《〈饮膳正要〉注释》，中央民族大学出版社，2009，第207页。其中言克劳森指bor来自波斯语，而波斯语又来自希腊语之谓，应有误。经查，克劳森无此言。

圣彼得堡藏回鹘文《卖田契》（编号：SJ Kr. IV/699）：

> küskü yïl bir y(i)g(i)rminč ay al-tï yangï-qa biz······on-da böz k(ä)
> rgäk bolup......kä.....barïp yorïp q(a)lan-ï yaz bašïnta-qï äski čamï
> biz-qa q(a)lmïš üčün ögätäy ilči -kä tonguz yïl biz nang bäg-lig bir küp
> bor tägmäyük üčün

> 鼠年十一月初六我们……等十人需要……棉布，［虽四处］奔
> 走，但因为喀兰（Qalan）税……给我们十人留了下来［以及］窝
> 阔台（Ögätäy）差官所需的猪年留下来的一袋子官酒我们也缴
> 不起。①

根据文书中出现的大汗窝阔台（Ögätäy）一词，可为文献断代。

"bor"一词又见于吐鲁番木头沟出土编号为 TⅢM205（U5317）的回
鹘文佛教寺院经济文书，其中第 40～42 行有豁免税役方面的文字：

> uluɣ birim quanbu-sï. künčit käbäz bor čubra bašlap irt birt almadïn.
> išküč išlätmäz-ün

> 对一些大宗的税收，如亚麻布、芝麻、棉花、葡萄酒及兽毛等，
> 也一样不得摊派捐税，不得征发劳役。②

在吐鲁番回鹘文摩尼教寺院文书第 64 行中有"bor suwï"一词，意
为"酒水"。③对于该词，学界尚有不同意见，如森安孝夫认为应读作

---

① С. Е. Малов, *Памятники Древнетюркской Письменности. Тексты и исследования*,
М. -Л.，1951，стр. 204 – 207；山田信夫『ウイグル文契約文書集成』（第 2 卷）、20 –
21 頁；耿世民：《回鹘文社会经济文书研究》，第 155～158 页；李经纬：《回鹘文社会
经济文书辑解》，第 111～115 页。

② Д. И. Тихонов, *Хозяйсотво и Общественный Строй Уйгурского Государства X – XIV вв.*,
М. -Л.，стр. 258 – 259；Peter Zieme，"Uigurische Steuerbefreiungsurkunden für buddhistische
Kloster"，S. 245 – 246；杨富学：《一件珍贵的回鹘文寺院经济文书》，第 61、64 页。

③ 耿世民：《回鹘文"摩尼教寺院文书初释"》，第 504 页；Geng Shimin，"Notes on an
Ancient Uighur Official Decree Issued to A Manichaean Monastery"，p. 213。

"buz suvï"，意为 "米水"。①

更有意思的是，在吐鲁番回鹘文文书中还有专门的借酒契约，如编号为 TM230，D176（U5260）的文书记载：

> qoy(i)n yïl üčünč ay iki otuz-qa m(a)nga ming t(ä)mür-kä tüš-kä
> bor kärgäk bolup turï baxšï-tïn yarïm qap bor altïm küz y(a)ngïda bir bir
> qap süčük köni birür-m(ä)n birm(ä)din käčürs(ä)r-m(ä)n il y(a)
> ngïnč-a tüši bilä köni birür

> 羊年三月二十二日，我明·铁木耳（Ming Tämür）因需要带利息的酒，便从吐里法师（Turï Baxšï）那儿借了半皮囊酒，秋初时节我将如实还他一皮囊甜酒。②

这里出现了 "süčük"（甜酒）一词。该词在《借粮契》（SJM/7）的第 7 行③和《借酒契》（Ot. Ry. 2333）的第 5 行④也出现了，至于是不是葡萄酒，未知。以斯时葡萄酒之盛行，言其为葡萄酒，当无大误。

六　蒙元时期政府对高昌回鹘葡萄酒的征收

葡萄酒既可用于上缴税务，也可抵押债务，而且是官府的很大一笔财政收入。蒙元时期，畏兀儿地区按丁收税，通常用实物和货币缴纳赋税，主要实物税有谷物、葡萄和葡萄酒。⑤

---

① 森安孝夫「ウイグル＝マニ教史の研究」『大阪大学文学部纪要』第 31/32 号、大阪大学文学部、1991、42、77 页；Moriyasu, Takao, *Die Geschichte des uigurischen Manichäismus an der Seidenstrasse: Forschungen zu manichäischen Quellen und ihrem geschichtlichen Hintergrund*, Wiesbaden, 2004, S. 48、94 – 95.

② 山田信夫『ウイグル文契約文書集成』（第 2 卷）、112 页；耿世民：《回鹘社会经济文书研究》，第 213～214 页；李经纬：《回鹘文社会经济文书辑解》，第 53～54 页。

③ 山田信夫『ウイグル文契約文書集成』（第 2 卷）、105 页；耿世民：《回鹘社会经济文书研究》，第 205 页；李经纬：《回鹘文社会经济文书辑解》，第 45 页。

④ 山田信夫『ウイグル文契約文書集成』（第 2 卷）、87 页；李经纬：《回鹘文社会经济文书辑解》，第 52 页。

⑤ 杨富学：《元代畏兀儿税役考略》，《西北民族研究》1988 年第 2 期，第 120～126 页。

在西域地区有以葡萄酒抵税之例，如新疆民丰尼雅遗址出土的佉卢文文书中，即有以葡萄酒抵税的记载："［阿迟］耶俱县欠税……羊一头，酒一弥里码五硒。"① 这里的酒应指葡萄酒，其中的弥里码和硒为鄯善国的货币单位。②

及至晚唐五代，敦煌地区常有以酒抵劳役工钱之情形，如敦研 001 + 敦研 369（董希文旧藏）+ P. 2629《归义军衙府酒破历》记载：

> 箔子僧两日酒壹斗，支偿酒壹斗，支门楼塑匠酒壹瓮。廿四日，支贺义延酒壹角……廿八日，支灰匠酒壹斗，同日，箭匠酒伍升，洞曲神酒伍升……廿日，支弓匠酒贰斗，同日，支皱文匠酒壹瓮，支董富子纳罗葡酒壹斗。廿一日，酿狢子皮酒贰斗，支木匠彭友子酒壹斗。③

从中不难看出，在敦煌一带，葡萄酒除饮用、作为贸易商品出售之外，在贸易过程中还充当一般等价物。

从吐鲁番出土回鹘文文书看，高昌回鹘的农民不仅要缴纳葡萄园税、葡萄酒税，还要上缴葡萄园茬子税（borluq angiz），如此反复的征税，获益者只能是官府，也可能包括那些大土地所有者。有一件元代回鹘文《摊派令》［编号为 T. M. 68（168/19）］即反映了这一情况：

> ud yïl čaxšapat ay iki oduzqa buyan tämür ilčining nökür-läringä käsig
>
> ašqa birgü bir sïɣ（？）äd biš tämbin bornï turpan sanïnqa tudup taxïšqaya
>
> birsün

---

① 林梅村：《沙海古卷——中国所出佉卢文书（初集）》，文物出版社，1988，第 203 页；Ch. Atwood, "Life in Third-fourth Century Cad'ota: A Survey of Information Gathered from the Prakrit Documents Found North of Minfeng［Niyä］", *Central Asiatic Journal*, Vol. 35, No. 3 – 4, 1991, pp. 167 – 169.

② 杨富学：《佉卢文书所见鄯善国之货币——兼论与回鹘货币之关系》，《敦煌学辑刊》1995 年第 2 期，第 87 ~ 93 页。

③ 段文杰主编《甘肃藏敦煌文献》（第 2 册），甘肃人民出版社，1999，第 166 页。录文参见唐耕耦、陆宏基编《敦煌社会经济文献真迹释录》（第 3 辑），全国图书馆文献缩微复制中心，1990，第 272 ~ 273 页。

　　牛年腊月廿二日，令塔希海牙（Taxïšqaya）供给布颜铁木尔（Buyan Tämür）使者的随从差饭一石（siɣ）肉、五坛瓶（tämbin）葡萄酒。这些记在吐鲁番的账上。①

政府官员用葡萄酒招待使者，这在汉文史籍中亦有体现。例如，丘处机西行西域面见成吉思汗，途次回鹘地区，多获葡萄酒供奉：

　　回纥郊迎，至小城北，酋长设蒲萄酒及名果、大饼、浑葱……泊于城（鳖思马大城，今新疆吉木萨尔县北）西蒲萄园之上阁，时回纥王部族劝蒲萄酒……至回纥昌八剌城（今新疆昌吉市）。其王畏午儿与镇海有旧，率众部族及回纥僧皆远迎。既入，斋于台上，泊其夫人劝蒲萄酒，且献西瓜，其重及秤，甘瓜如枕许，其香味盖中国未有也。②

长春真人所经回鹘地，皆得到葡萄酒供奉，足见当地葡萄酒产量甚为可观，且俗行饮酒。

元代驿站发达，为官府来往人员提供驿马、住宿和饮食，是驿户的职责。在元代文献中，把供应往来人员的饮食分别称为"祗应"，蒙古语称为"首思"（šigüsün，原意为汤、汁）。③这种制度形成于窝阔台时期。窝阔台汗元年（1229），蒙古汗廷规定："使臣每日支肉一斤、面一斤、米一斤、酒一瓶。"④以后不断出台新的规定，但米、面、酒、肉为其基本内容，只是祗应数量有所变化而已。⑤

元代在畏兀儿地区有驿站之设，史载：

①　W. Radloff, *Uigurische Sprachdenkmäler*, Leningrad, 1928, S. 123－124；R. R. Arat, "Eski Türk hukuk vesikalari", *Journal de la Société Finno-Ougrienne*, Vol. 65, No. 1, 1964, S. 70；耿世民：《回鹘文社会经济文书研究》，第 88 页。

②　（元）李志常：《长春真人西游记》（卷上），第 114 页。

③　叶新民：《元代驿站的祗应制度》，载齐木德道尔吉、宝音德力根主编《蒙古史研究》（第 9 辑），内蒙古大学出版社，2007，第 86 页。

④　《经世大典·站赤一》，《永乐大典》19416，中华书局，1960 年影印本，页 2a。

⑤　党宝海：《蒙元驿站交通研究》，昆仑出版社，2006，第 247 页。

［至元］十八年从诸王阿只吉请，自大和岭（山西雁门关以北）至别失八里置新站三十。①

吐鲁番畏兀儿人向这些驿站供酒，文献也有记载："［哈剌火者］使臣进送葡萄酒，来者实频，驿传劳费。"② 由是以观，上引《摊派令》很可能就属于祇应范畴。果若是，则其中的"坛瓶"（tämbin）相应的就应该翻译为"瓶"，从元政府祇应规定看，多数以"瓶"计，少数论"升"或"斗"。

七　葡萄酒与高昌回鹘的日常生活

宋元时期，葡萄种植与葡萄酒的酿制均已成为高昌回鹘人日常生活的一部分，从吐鲁番出土元代回鹘文文书看，葡萄酒甚至可以充任借贷的利息，如编号为 TM234（U5262）的回鹘文《借贷契》记载：

luu yïl ikinti ay biš otuz-qa m（a）nga torčï-qa süčük-kä böz kärgäk
bolup q（a）yïmtu-tin bir yarïm böz aldïm küz y（a）ngï-ta otuzüar tänbin
süčük-ni bir q（a）p birürm（ä）n

龙年二月二十五（日），我朵儿只（Torčï）因需要以甜酒（作利息）的棉布，从卡依木杜（Qayïmtu）那儿借了一个半棉布。秋初时分，我将连容量为三十坛瓶（tänbin）的一袋子甜酒一起偿还。③

在圣彼得堡藏的编号 SJ Kr. 4/638 元代回鹘文《家庭档案文书》第 105、第 115 行亦有文曰：

---

① 《元史》卷 63《地理志六》，中华书局，1975，第 1569 页。
② 《经世大典·站赤六》，页 2b。
③ W. Radloff, "Uigurische Schriftstücke", in Text und Übersetzung, A. Grünwedel, *Bericht über Archäologische Arbeiten in Idukuschari und Umgebung im Winter 1902 – 1903*, Münich, 1905, S. 190 – 191；山田信夫『ウイグル文契約文書集成』（第 2 卷）、97 頁；耿世民：《回鹘文社会经济文书研究》，第 198 页；李经纬：《回鹘文社会经济文书辑解》，第 9 ~ 10 页。

yïlan yïl üčünč ay bir yangïqa ïančï apamnïng ölüg ködürmiš......küp bornï säkiz stïr kümüš birgükä

蛇年三月初一日，依难奇（Ïančï）祖父的葬礼……取用了一皮袋葡萄酒。[1]

前文所引编号为 TM230,D176（U5260）的元代借贷文书言道："羊年三月二十二日，我明·铁木耳因需要带利息的酒，便从吐里法师那儿借了半皮囊酒。"[2]

通过以上三份文书，我们发现高昌回鹘在日常饮食、婚丧嫁娶方面，对葡萄酒均有大量需求，甚至还将葡萄酒作为利息偿还对方。农民往往春季借谷物播种，秋季偿还葡萄酒。[3] 可见，高昌回鹘葡萄酒的生产和贮存量也很大。元人耶律楚材所撰关于葡萄酒的诗篇即如实记录了这一现象，如《西域蒲华城赠蒲察元帅》诗云："琉璃钟里葡萄酒，琥珀瓶中杷榄花。"[4]《庚辰西域清明》诗云："葡萄酒熟愁肠乱，玛瑙杯寒醉眼明。"[5] 由诗文观之，百姓多使用琉璃钟、玛瑙杯盛酒，而作为文人和达官贵人辈之耶律楚材辈等，则往往使用珍奇器皿来盛放葡萄酒。在回鹘文文书中，普通百姓一般使用皮袋（qap）、坛瓶（tämbin/tänbin/tämpin）、漆碗（sïr ayaq）、缸或坛子（küptä）、小茶杯（čašan）、罐子（küb/ködäč）、杯盅（tawatsï）等相对粗糙的器皿。1958 年 2 月黄文弼先生在库车发掘出 34 口大缸，高多在 1 米以上，最高者达 1.5～1.6 米，[6] 因在缸中发现了葡萄籽粒，故可断定这些大缸为

---

① G. Clauson, "A Late Uyğur Family Archive", in Vladimir Fedorovič Minorskij, Clifford Edmund Bosworth, *Iran and Islam: In Memory of the Late Vladimir Minorsky*, Edinburgh University Press, 1971, p. 187；梅村坦「ウイグル文書『SJ Kr. 4/638』——婚礼·葬儀費用の記録」『立正大学教養部紀要』20 号，1987、46‑47 頁；张铁山：《苏联所藏编号 SJ Kr. 4/638 回鹘文文书译释》，《新疆大学学报》1988 年第 4 期，第 99～100、103 页。

② 山田信夫『ウイグル文契約文書集成』（第 2 卷）、112 頁；耿世民：《回鹘文社会经济文书研究》，第 213～214 页；李经纬：《回鹘文社会经济文书辑解》，第 53～54 页。

③ 杨富学：《吐鲁番出土回鹘文借贷文书概论》，《敦煌研究》1990 年第 1 期，第 77～84 页。

④ （元）耶律楚材：《湛然居士文集》卷 6，谢方点校，中华书局，1986，第 135 页。

⑤ （元）耶律楚材：《湛然居士文集》卷 5，第 93 页。

⑥ 黄文弼：《新疆考古发掘报告（1957—1958）》，文物出版社，1983，第 102～104 页。

盛装葡萄酒之用。① 而大瓮则可能是用来酿制葡萄酒的。椿园《西域闻见录》记载："纳果于瓮，覆盖数日，待果烂发后，取以烧酒。"② 反映的或许就是这种情况。

八　高昌回鹘葡萄酒的酿制

高昌回鹘的酿酒方法，元人熊梦祥有详细记载：

> 葡萄酒，出火州穷边极陲之地。酝之时，取葡萄带青者。其酝也，在三五间砖石甃砌干净地上，作甃瓴缺嵌入地中，欲其低凹以聚，其瓮可容数石者。然后取青葡萄，不以数计，堆积如山，铺开，用人以足揉践之使平，却以大木压之，覆以羊皮并毡毯之类，欲其重厚，别无曲药……乃取清者入别瓮贮之，此谓头酒。复以足蹋平葡萄滓，仍如其法盖，复闭户而去。又数日，如前法取酒。窨之如此者有三次，故有头酒、二酒、三酒之类。③

这段文字较为详尽地记载了高昌地区葡萄酒的制作方法，尤其是系统叙述了葡萄经过发酵后形成的头酒、二酒和三酒及其步骤。人们将梨、葡萄、桑葚、桃等新鲜水果洗净放入备好的器皿中，密封发酵，过段时间，取出在锅中熬制，过滤其中渣滓，就成了可口的葡萄酒和果酒。④ 宋人朱翼中言："蒲萄酒法：酸米入甑蒸，气上，用杏仁五两（去皮尖）、蒲萄二斤半（浴过，干，去子皮），与杏仁同于砂盆内一处，用熟浆三斗逐旋研尽为度，以生绢滤过。其三斗熟浆泼饭软，盖良久，出饭摊于案上，依常法，候温，入曲溲拌。"⑤ 人们不单用葡萄酿制，还会掺杂其他

---

① 刘松柏：《库车古缸综述》，《新疆文物》1993 年第 1 期，第 132～133 页。
② （清）七十一：《新疆闻见录》卷 7《风俗》，乾隆四十二年（1777）刊本，页 4a。
③ （元）熊梦祥著、北京图书馆善本组辑《析津志辑佚·物产》，北京古籍出版社，1983，第 239 页。
④ 田卫疆：《元代畏兀儿地区的葡萄酒酿制及向元大都供应葡萄酒相关史实辨析》，第 62 页。
⑤ （北宋）朱翼中：《北山酒经》卷下《葡萄酒法》，中国戏剧出版社，1999，第 15 页。

食材，以酿制风味各异的葡萄酒。就其制作方法而言，应与前引清代椿园著《西域闻见录》所载大体一致。

除大规模酿酒作坊外，尚不乏家庭酿酒。耶律楚材《再用韵记西游事》诗云："亲尝芭榄宁论价，自酿葡萄不纳官。"[①] 普通百姓可自酿葡萄酒，只是酿制方法较为简单粗疏，将洗净的葡萄装入容器内自然发酵即可，对此，文献亦有记载：

> 法用葡萄子取汁一斗，用曲四两，搅匀，入瓮中封口，自然成酒，更有异香。又一法：用蜜三斤，水一斗，同煎，入瓶内，候温入曲末二两，白酵二两，湿纸封口，放净处。春秋五日，夏三日，冬七日，自然成酒，且佳。[②]

另据元人周密《癸辛杂识》载："回回国葡萄酒止用葡萄酿之，初不杂以他物。始知梨可酿，前所未闻也。"[③] 是知，在古代交通甚不便利的情况下，人们因地制宜，就地取材，酿制出具有地方特色的葡萄酒或其他果酒。

元代葡萄酒产地不少，究其来源，皆来自西域，元代学政许有壬曾撰《泳酒露次解恕斋韵序》，其中有言：

> 世以水火鼎炼酒取露，气烈而清，秋空沆瀣不过也……其法出西域，由尚方达贵家，今汗漫天下矣。译曰阿剌吉云。[④]

这里的西域虽非特指吐鲁番地区，但元代畏兀儿影响巨大，许多回鹘知识分子都受到蒙古统治者的重用，"有一材一艺者，毕效于朝"[⑤]，由

---

① （元）耶律楚材：《湛然居士文集》卷4，第67页。
② （明）高濂：《遵生八笺》之《饮馔服食笺》中卷《酿造类·葡萄酒》，巴蜀书社，1992，第804~805页。
③ （元）周密：《癸辛杂识·续集》卷上《梨酒》，吴启明点校，中华书局，1988，第130页。
④ （元）许有壬：《至正集》卷16，《元人文集珍本丛刊》（第7册），新文丰出版公司，1985，第97页。
⑤ （元）念常：《佛祖历代通载》卷22《敕赐乞台萨理神道碑》，《大正藏》第49卷，No.2036，页727c。

其将葡萄酒酿造之法传入内地，可能性是很大的。

九　高昌回鹘葡萄酒的品质

　　元代葡萄酒产地虽多，但以吐鲁番所产为最佳，据元代宫廷太医忽思慧撰《饮膳正要》记载，元代向皇宫供奉葡萄酒的"有西番（吐蕃）者，有哈剌火者，有平阳（今山西临汾一带）、太原者，其味都不及哈剌火者田地酒，最佳"。[①] 此"哈剌火者田地"，田卫疆认为"实际指吐鲁番盆地的鄯善县境"。[②] 显然，其说将"田地"视同于鄯善县之古称"田地县"。327 年，定都河西地区的前凉王朝在吐鲁番盆地设立高昌郡，在今新疆鄯善县西南鲁克沁设田地县。北魏宣武帝二年（501）实行郡、县、城制，田地县升格为郡。唐太宗贞观十四年（640），唐平定高昌，改高昌为西州，田地郡改为柳中县。及至忽思慧《饮膳正要》成书的天历三年（1330），田地县之名已弃用近 7 个世纪。职是之故，我们认为，忽思慧作为蒙古人，[③] 不应使用这一早已弃用的名称。在元代文献中，"田地"一词颇为常见，一般为"地面"或"地方"之意，如《大元通制条格》卷 27《蒙古男女过海》条收录至元二十八年（1291）诏令：

　　　　泉州那里每海船里，蒙古男子、妇女人每，做买卖的往回回田地里、忻都田地里将去的有。么道，听得来。如今行文书禁约者，休教将去者。将去人有罪过者。[④]

同样的用法又见于《元典章》：

---

①　（元）忽思慧著，尚衍斌、孙立慧、林欢注释《〈饮膳正要〉注释》，第 207 页。

②　田卫疆：《元代畏兀儿地区的葡萄酒酿制及向元大都供应葡萄酒相关史实辨析》，第 63 页。

③　关于忽思慧的族属与身份，学界有蒙古和穆斯林二说，尚衍斌撰文排除了穆斯林说，参见尚衍斌《元代色目人史事杂考》，《民族研究》2001 年第 1 期，第 81～84 页。该文后收入尚衍斌《元史及西域史丛考》，中央民族大学出版社，2013，第 1～9 页。

④　《通制条格校注》，方贵龄校注，中华书局，2001，第 635～636 页。

大德元年（1297）五月初七日，奏过事内一件……回回田地里的体例。到回回田地里呵，依圣制体例，休与者。[①]

这里的"回回田地"即阿拉伯诸国，"忻都田地"则指南亚次大陆。推而论之，"哈刺火者田地"应理解为吐鲁番一带。波斯史学家拉施特亦记载说："其次为畏兀儿之城哈刺－火州之境。该处有好酒。"[②] 吐鲁番的葡萄酒，以其"最佳"而长期成为元朝的宫廷贡品，直至元末，史书有如下记载：

[泰定元年（1324）二月甲戌]，高昌王亦都护帖木儿补化遣使进蒲萄酒。[③]

[至顺元年（1330）三月乙亥]，西番哈刺火州来贡蒲萄酒。[④]

[至正七年（1347）十月]戊戌，西番盗起，凡二百余所，陷哈刺火州，劫供御蒲萄酒，杀使臣。[⑤]

总之，吐鲁番以其特殊的地理环境而古来适宜葡萄的种植，而且以之酿造的葡萄酒味道上佳，成为蒙古皇室所喜爱的饮品，元代的驿站也需要供应高昌回鹘所产的葡萄酒。

结　语

吐鲁番盆地气候干燥少雨，适于葡萄的种植与生长，而且以其光照充足、昼夜温差大、沙质土壤这三个独特条件，造就了吐鲁番葡萄的良

---

① 《元典章》卷22《户部八·课程·杂课》，洪金富校定，中研院历史语言研究所，2016，第861页。

② 〔波斯〕拉施特：《史集》（第2卷），余大钧、周建奇译，商务印书馆，1986，第337~338页；W. M. Thackston, *Rashiduddin Fazlullah's Jami u t-tawarikh Compendium of chronicles. A History of the Mongols* part Two, Harvard University, 1999, p. 447.

③ 《元史》卷29《泰定帝纪一》，第644页。

④ 《元史》卷34《文宗纪三》，第755页。

⑤ 《元史》卷41《顺帝纪四》，第878页。

好品质。从出土文物看，早在 2500 年前，吐鲁番地区就已经开始了葡萄的种植，不仅种植历史悠久，而且非常普遍。自 2500 年前，历两汉、北凉、麴氏高昌至唐西州，吐鲁番葡萄园种植业一直持续发展，尤其是麴氏高昌与唐西州时期，吐鲁番葡萄种植不仅面积广，葡萄酒的产量已经很大，而且葡萄酒还成为麴氏高昌官府征收的税种之一。

9 世纪中叶漠北回鹘西迁高昌，继承和发展了吐鲁番一带的葡萄种植业与葡萄酒酿制业，在吐鲁番出土的回鹘文社会经济文书中，涉及葡萄与葡萄酒的文书占比非常高，足以说明高昌回鹘时期的葡萄种植比以前更为普遍。宋元时期，葡萄是高昌回鹘王国最重要的经济作物之一，甚至摩尼教寺院、佛教寺院都广植葡萄。

与此同时，葡萄酒酿制和饮用在高昌回鹘蔚然成风，日常饮食、婚丧嫁娶方面，对葡萄酒均有大量需求，甚至还将葡萄酒作为利息偿还债主，即使摩尼教寺院、佛教寺院，也有饮用葡萄酒的记录。

葡萄酒不仅可用于缴纳赋税，而且可用于抵押债务，葡萄园税和葡萄酒税为高昌回鹘王国带来了巨大的经济利益。葡萄酒不仅成为高昌回鹘官府的很大一笔财政收入，而且蒙元时期政府在畏兀儿地区按丁收税，通常用实物和货币缴纳赋税，主要实物税有谷物、葡萄和葡萄酒。

Viticulture and Wine Brewing in
Qočo Uighur Kingdom

Yang Fuxue   Shan Chaocheng

Abstract：The weather of Turpan is extremely hot and dry in summer, so inhabitants there depend mainly on groundwater irrigation, this environment is suitable for grape cultivation. Grape has been planted in Turpan in two thousand and five hundred years ago, and the Uighurs inherited this technology after the mid-ninth century. Vineyard planting economy in Qočo Uighur Kingdom was developed, at that time grape cultivation was very common in Turpan, people can either rent or sell the grapery. In addition to the large number of vineyards owned by the government and monasteries, the landlords and farmers also widely own the vineyards. The government has a special vineyard tax, and the wine brewing is also in vogue, so the wine tax became one of the government's physical taxes. The local government of Turpan must pay tribute to the Mongolian royal family for its wine, and courier stations also provided wine to passers-by in accordance with regulations.

Keywords: Qočo Uighur Kingdom; Grapery; Wine; Uighuri Social and Economic Documents

敦煌莫高窟乘象菩萨图像与尊格演变浅析

殷　博[*]

内容提要：作为佛传重要内容之一的托胎灵梦，在古印度佛教美术中被描绘为菩萨化身白象投生母胎。佛教东传后，菩萨化身白象转变为北朝作品中的菩萨乘坐白象入胎，并与释迦太子骑马逾城出家的图像相配置。同时，普贤乘象与文殊骑狮的图像相继诞生并成对出现。北朝时期，包含菩萨乘象内容的作品数量在中国明显增多。本文通过比较敦煌莫高窟北朝至初唐时乘象菩萨及其配置图像，尝试说明乘象菩萨周边图像的不同配置，影响其尊格的变化和定名。

关键词：莫高窟　乘象菩萨　配置图像

骑乘大象的菩萨形象是汉传佛教美术中常见的内容，这与早期佛教图像呈现的佛传故事中摩耶夫人梦象受孕，及北传佛教所重视的普贤菩萨皆有很大的关系。北魏时，表现以上两种内容的佛教美术品已成为流行题材。相关研究成果多集中在三个方面：一是以佛传中的托胎灵梦图像为主的研究[①]；

---

　*　殷博：敦煌研究院馆员，主要从事敦煌石窟艺术研究。

①　例如，〔日〕宫治昭：《印度佛传美术的三种类型》，顾虹译，《敦煌研究》1998 年第 4 期，第 58 页；〔日〕宫治昭：《丝绸之路沿线佛传艺术的发展与演变》，赵莉译，《敦煌研究》2001 年第 3 期；〔日〕宫治昭：《犍陀罗美术寻踪》，李萍译，人民美术出版社，2006。

二是以普贤或文殊菩萨图像的发展演变为主进行的研究①；三是在图像比对中探讨佛教美术中国化的研究②。

本文在各位前贤的研究基础上，以佛陀入胎情节在早期佛陀传记中的发展脉络为基础，更详细地比对了莫高窟北朝至初唐时主室龛两侧的乘象菩萨及其配置图，认为诞生于中国的两组乘象菩萨配置图相似性明显，虽然其内容和思想内涵差异较大，但二者在图像特征上有明显的传承性。

一 从菩萨化作白象入胎到菩萨乘坐白象入胎

佛传故事中的托胎灵梦或称摩耶感梦，即释迦佛在兜率天为一生补处菩萨时，化作（或乘坐）白象降下，由摩耶夫人右胁而入，宿于其胎内的情节。以能仁菩萨变化为白象下降投胎的画面，在古印度佛教美术中有丰富表现。对此，已有许多学者做过不同角度的研究。至少在北魏时，出现了菩萨"乘坐"白象入胎的作品，并塑造了其他有别于早期佛传的内容。

佛教传入中国后，各种形式的佛传图像明显带有古印度地区美术的胎记，但两地托胎灵梦内容的不同之处较明显。宫治昭、李静杰等先生通过对托胎灵梦相关作品的细部考察和对比，对此问题做了详尽的研究。③本文在前贤研究的基础上试做分析，提出以下拙见。

第一，无论在象征物时期还是人像时期，菩萨化身象作为主角投胎，是古印度地区托胎灵梦作品中的相同特征（见图1、图2），此特征在11

---

① 例如，潘亮文：《敦煌唐代的文殊菩萨图像试析》，《敦煌研究》2013年第3期；刘永增：《敦煌石窟第280窟普贤菩萨来现图考释——兼谈"乘象入胎"的图像来源》，《敦煌研究》1995年第3期；小岛彩「騎象普賢と騎獅文殊の圖像——中國における成立過程」美術史學會編『美術史』第44卷第1号、1995年3月；孙晓岗：《文殊菩萨图像学研究》，甘肃人民美术出版社，2007。

② 李静杰：《北朝佛传雕刻所见佛教美术的中国化过程——以诞生前后的场面为中心》，《故宫博物院院刊》2004年第4期。

③ 〔日〕宫治昭：《犍陀罗美术寻踪》，第91~94页；李静杰：《北朝佛传雕刻所见佛教美术的中国化过程——以诞生前后的场面为中心》，第76~95、158页。

图1 托胎灵梦（巽迦时代，巴尔胡特塔）

资料来源：宫治昭·肥塚隆编集『世界美術大全集 東洋編 インド』小學館、2000。

图2 托胎灵梦（2~3世纪，阿玛拉瓦蒂遗址出土）

资料来源：宫治昭·肥塚隆编集『世界美術大全集 東洋編 インド』小學館、2000。

世纪的印度佛传美术中依然延续。除新疆地区的一些佛传作品外，中国其他地区的入胎作品中则多为菩萨乘象入胎的造型，菩萨的形象或为成人样貌，或为有圆光的孩童模样。这种自北魏已出现的变化逐渐成为汉传托胎灵梦图像的常见样式。北魏晚期前后，作为主角的乘象菩萨有时则被象征能仁菩萨的婴儿所替代。例如，云冈第 37 窟以一怀抱婴儿的乘象人物来表现托胎灵梦的场面，襁褓中的婴孩应是表示投胎的菩萨。因此，古印度地区的菩萨化象入胎发展为中国的菩萨乘象入胎，是汉传佛教托胎灵梦图像的重要变化。

第二，中印度巴尔胡特和桑奇大塔上托胎灵梦图像常刻画为白象直接从天上降下，以强调"非梦中"的现实性，而犍陀罗地区则将白象置于一状似圆盘的物体中。圆盘的意义除了前贤提出的观点，即将所发生的超现实的时间与现实区别开，表明是不同于现实世界的一种神圣世界的存在①，可能还有其他意义，如菩萨入胎时的"无量广大光明"② 及把释迦比作太阳。《佛说太子瑞应本起经》载佛陀投胎时为"冠日之精"③，又《普曜经》载"现从日光"④。更早由巴利语编著的《经集》中记载了佛陀向频毗沙罗王讲述自己的部族名为太阳。因此佛陀的常用称号之一是"太阳的亲属"⑤。这种有圆盘的表现形式在中国也会出现，可见与中印度相比，犍陀罗地区佛教美术对东亚地区有更大的影响。

第三，汉地作品中不仅是入胎的能仁形象有所变化，他周围的环境亦有改变。古印度地区的作品常刻画摩耶夫人周围的侍女、夜警⑥等其他人物（见图 1、图 2），或是较详细地描绘生活环境。中国早期作品表现此内容时，以突出菩萨入胎为主，对周边环境和其他角色的描绘较简单。

---

① 〔日〕宫治昭：《犍陀罗美术寻踪》，第 92 ~ 94 页。

② 元亨寺汉译南传大藏经编译委员会编译《汉译南传大藏经（元亨寺版）》第 12 册《中部经典》，元亨寺妙林出版社，1993，页 106a。

③ 高楠顺次郎等：《大正新修大藏经》第 3 册《太子瑞应本起经》，大藏出版株式会社，昭和十六年（1941），页 473b。

④ 高楠顺次郎等：《大正新修大藏经》第 3 册《普曜经》，页 491a。

⑤ 郭良鋆：《佛陀和原始佛教思想》，中国社会科学出版社，2011，第 29 页。

⑥ 夜警这一角色的出现是因为在古印度有雇用健壮的外国女性做守夜警卫的习俗，可见印度社会中的风俗对早期佛教美术产生了很多影响。参见〔日〕宫治昭《犍陀罗美术寻踪》，第 93 页。

有的入胎场景中对客观环境的描绘几乎不见，而以画面空白处繁复的云气图案替代。这种荡漾于空气中的气势强调了"祥瑞"之意，增添了画面的丰富性且具有疏密的节奏感，此种表现与中国传统文化和艺术有关。随着此题材的发展，画面中的天人和胁侍形象逐渐丰富，莫高窟普贤乘象图继承和发扬了这些细节。大约北魏中晚期后，部分作品甚至连摩耶夫人的形象也省略，如北魏景明年（502～534）以后的麦积山第 133 窟10 号造像碑。莫高窟北魏至初唐所绘乘象入胎的情况与其相似。此类作品中的伎乐、飞天、菩萨、力士等随从形象，在典籍中也可找到与其对应的情节。① 这种由非凡现象和神秘气氛刻画与烘托的入胎画面，侧重表现更具神格的佛陀。

此外，有部分入胎作品中只刻画摩耶夫人和周边的简单环境，如永平二年释尊坐像背面浮雕图的托胎灵梦图。图中人物和建筑的造型都以简率的线条表示。摩耶夫人背后有 4 个疑似侍者的人头像，这与罗里延·唐盖出土的奉献小塔上的托胎灵梦浮雕②相似，后者画面中建筑物的栏杆上方也刻画了相似的人头像。有学者认为在画面中特别强调这些"像窥视宫殿"的人物，是因为他们"在这个稀有事件中担当的角色"③。

总之，佛传作品中托胎灵梦的场景由"菩萨化身白象"转变为"菩萨骑乘白象"下降入胎，是汉地佛传美术相对于古印度地区最明显的变化。并且，上述入胎作品虽然受到犍陀罗地区的艺术影响，但明显呈现出人们逐渐放弃"历史上的释迦"形象，愈加追求脱离故事性脉络，表现佛陀"不可思议"的超凡特性，更强调宗教神圣感、画面的幻象感和佛传文学发展中佛陀形象神格化的现象。

---

① 例如，《修行本起经》2 卷载："……光明悉照天下，弹琴鼓乐，弦歌之声，散花烧香，来诣我上，忽然不现……夫人言：'向于梦中，见乘白象者，空中飞来，弹琴鼓乐，散花烧香，来在我上，忽不复现，是以惊觉。'"参见高楠顺次郎等《大正新修大藏经》第 3 册《修行本起经》，页 463b。《过去现在因果经》4 卷载："尔时菩萨观降胎时至，即乘六牙白象，发兜率宫；无量诸天，作诸伎乐，烧众名香，散天妙花；随从菩萨，满虚空中，放大光明，普照十方……"参见高楠顺次郎等《大正新修大藏经》第 3 册《过去现在因果经》，页 624a。

② 加尔各答印度博物馆藏。

③ 〔日〕宫治昭：《印度佛传美术的三种类型》，第 58 页。

二 北传佛典中的入胎形象

现存南传经藏中并不见菩萨入胎的详细内容，现知最早涉及菩萨入胎的经文应为《中部·未曾有法经》，其载菩萨自兜率天进入母胎，下降人间。① 北传经藏的相关内容较为丰富。梵文《神通游戏》是现存最早的佛陀传记作品之一，它以巴利三藏中的片段为主线，已经开始运用夸张手法和富有神话色彩的故事编写。其中描写的能仁菩萨化身为一头六牙白象进入母胎，应是较早明确描写象形入胎的文献。从目前研究可知，早期关于菩萨入胎内容的文本均记化身为象，但成书年代难以确定，可能是 1~2 世纪，至晚在 3 世纪。②

能仁由早期佛教美术中的"化象入胎"，转变为"乘象入胎"内容的现象，与相关经典的汉译不无关系。表 1 列出了唐代以前佛传文本的信息，以检视汉译经典中的变化。

表 1　唐代以前佛传本文信息

经名	时代译者	入胎形象	原文	备注
《修行本起经》卷 1	（东汉）竺大力、康孟详	菩萨	"于是能仁菩萨，化乘白象，来就母胎。用四月八日，夫人沐浴，涂香着新衣毕，小如安身，梦见空中有乘白象，光明悉照天下，弹琴鼓乐，弦歌之声，散花烧香，来诣我上，忽然不现……夫人言：'向于梦中，见乘白象者，空中飞来，弹琴鼓乐，散花烧香，来在我上，忽不复现，是以惊觉。'"a	与《过去》同本b
《佛说太子瑞应本起经》卷 1	（三国）支谦	菩萨	"菩萨初下，化乘白象，冠日之精。因母昼寝，而示梦焉，从右胁入。"c	与《过去》同本

---

① "世尊！我亲从世尊如是闻、亲受得：'阿难！菩萨有正念、有正知，从兜率身殁而入母胎'……"参见元亨寺汉译南传大藏经编译委员会编译《汉译南传大藏经（元亨寺版）》第 12 册《中部经典》，页 105a。

② 后来在觉音用巴利语编撰的《因缘记》中载菩萨化身大象进入母胎。

续表

经名	时代译者	入胎形象	原文	备注
《佛说十二游经》	（东晋）迦留陀伽	菩萨	伊罗慢龙王以为制乘，名白象，其毛羽瑜于白雪山之白。象有三十三头，头有七牙，一牙上有七池，池上有七忧钵莲华，一华上有一玉女。菩萨与八万四千天子，乘白象宝车来下。时，白净王夫人中寐，见白象驾翼，寐寤惕惊，寤以告王	
《普曜经》卷 2	（西晋）竺法护	白象形	"……菩萨便从兜术天上，垂降威灵化作白象，口有六牙诸根寂定，首奋耀光色魏魏，眼鼻晃昱现从日光，降神于胎，趣于右胁；菩萨所以处于右者，所行不左。王后洁妙，时晏然忽然即觉，见白象王光色如此，来处于胎其身安和，从始至今未曾见闻；身心安隐，犹如逮禅致正受矣。"ᵈ	应为说一切有部典籍《神通游戏》汉译本；《方广》的前身ᵉ
《过去现在因果经》卷 1	（刘宋）求那跋陀罗	菩萨	"尔时菩萨观降胎时至，即乘六牙白象，发兜率宫；无量诸天，作诸伎乐，烧众名香，散天妙花；随从菩萨，满虚空中，放大光明，普照十方；以四月八日明星出时，降神母胎。于时摩耶夫人，于眠寤之际，见菩萨乘六牙白象腾虚而来，从右胁入，影现于外如处琉璃……"ᶠ	与《修行本起》和《太子瑞应》同本
《佛本行集经》卷 7	（隋）阇那崛多	白象形	"菩萨正念，从兜率下，托净饭王第一大妃摩耶夫人右胁住已。是时大妃，于睡眠中，梦见有一六牙白象，其头朱色，七支拄地，以金装牙，乘空而下，入于右胁。"ᵍ	法藏部典籍《释迦牟尼本行》之汉译本
《方广大庄严经》卷 2	（唐）日照	白象形	"菩萨是时从兜率天宫没，入于母胎，为白象形，六牙具足，其牙金色首有红光，形相诸根悉皆圆满，正念了知，于母右胁降神而入。圣后是时安隐睡眠，即于梦中见如斯事。"并有偈言："胜人托生为白象，皎洁如雪具六牙，鼻足姝妙首红光，支节相状皆圆满。降身右胁如游戏，佛母因斯极欢喜，未曾得见及未闻，身心安隐如禅定。"ʰ	说一切有部典籍《神通游戏》汉译本；《普曜经》同本

经名	时代译者	入胎形象	原文	备注
《根本说一切有部毗奈耶破僧事》卷2	（唐）义净	白象形	菩萨尔时于覩史多天宫五种观察，殷懃三唱告诸天已，即于夜中，如六牙白象形下于天竺，降摩耶夫人清净胎内	说一切有部典籍

注：西晋聂道真译《异出菩萨本起经》、刘宋宝云译《佛本行经》均未提及菩萨入胎的细节内容，故未列入表中。

资料来源：a. 高楠顺次郎等：《大正新修大藏经》第3册《修行本起经》，页463b12～19。b. 黄宝生：《梵汉对勘神通游戏》，中国社会科学出版社，2012，第2页。c. 高楠顺次郎等：《大正新修大藏经》第3册《佛说太子瑞应本起经》，页473b21～22。d. 高楠顺次郎等：《大正新修大藏经》第3册《普曜经》，页491a28～b6。e. 黄宝生：《梵汉对勘神通游戏》，第13页。f. 高楠顺次郎等：《大正新修大藏经》第3册《过去现在因果经》，页624a20～26。g. 高楠顺次郎等：《大正新修大藏经》第3册《佛本行集经》页683b11～14。h. 高楠顺次郎等：《大正新修大藏经》第3册《方广大庄严经》，页548c10～20。

在表1的8部典籍中，根据《佛本行集经》文末内容，有4部经文的部派属性较为明确：

> ……或问曰："当何名此经？"答曰："摩诃僧祇师！名为大事。萨婆多师，名此经为大庄严。迦叶维师，名为佛生因缘。昙无德师，名为释迦牟尼佛本行。尼沙塞师，名为毗尼藏根本。"①

"'萨婆多师'（即'说一切有部'）的《大庄严》就是《神通游戏》，相应的古代汉译是西晋竺法护译《普曜经》和唐地婆诃罗译《方广大庄严经》。《方广大庄严经》的标题标明'一名《神通游戏》'。'昙无德师'（即'法藏部'）的《释迦牟尼本行》就是这部《佛本行集经》。"②其中白象形译本集中在这些经典中。此外，译作菩萨的文本也有4部，《众经目录》卷2小乘经目录载，"《过去现在因果经四卷》、宋世求那跋陀罗译《太子本起瑞应经》二卷、吴建兴年支谦译《修行本起经》二卷，后汉世昙果竺大力共译右三经同本异译"③。可知，此3部经典也都属小

---

① 高楠顺次郎等：《大正新修大藏经》第3册《佛本行集经》，页932a16～21。
② 黄宝生：《梵汉对勘神通游戏》，中国社会科学出版社，2012，第2页。
③ 高楠顺次郎等：《大正新修大藏经》第55册《众经目录》，页160a25～28。

乘类。

值得注意的是，第一，以上经典均属小乘类，根据上述文本制作的佛教艺术品应是包含了明确小乘思想的题材。第二，巴利三藏中本无完整的佛陀传记，只散落着佛说法时偶然提到自己身世经历的片段。佛灭后，部派佛教的发展和信众的增多，佛陀作为教主逐渐被神化，顺应僧众的信仰和感情需求，出现了系统的佛传。这时正处于后期部派佛教和大乘初期并存的时代，大量经文的内容和思想呈现出大小融合的情况，继而影响了汉译文本。第三，有的部派，如说一切有部认为，由于菩萨早已不坠恶趣，不应再以傍生类的白象入母胎。加之经文记述摩耶感"梦"，既然是梦就只是象征性的内容，不可将其作为实质的白象形，不能看作菩萨入胎之形态。① 这种看法很可能对"菩萨"入胎说也有影响。也有部派认为菩萨以白象形入母胎，如《异部宗轮论》载大众部认为"一切菩萨入母胎时作的象形"。②

由于典籍内容的差异，古印度、龟兹等地区早期蕴含部派佛教思想的佛传绘画中多以化象入胎表现。北魏以后的河西、中原地区曾更多地偏重大乘思想，"历史上的释迦"也完全转变为"宇宙主释迦"，更体现神格性的菩萨乘象入胎形象成为主流。

三 莫高窟乘象菩萨及其配置图像

在北传佛教美术中，乘象菩萨除了入胎的能仁菩萨外，还有常见的普贤菩萨。这两类无明显联系的菩萨，在各自的图像发展中均以典籍所述的"乘坐白象"的造型出现，并在北魏时期流行。不同尊格的乘象菩萨图像相继出现后，与其相配置的图像也随之发展变化。这两种配置图在莫高窟的演变展现了以尊崇释迦为主的部派佛教美术，向以大乘思想为主流的佛教美术逐渐变化的图像信息。

---

① 弘学编著《部派佛教》，巴蜀书社，1999，第 54～55 页。
② 弘学编著《部派佛教》，第 54～55 页。

（一）乘象入胎与逾城出家配置图

逾城出家作为佛陀迈向悟道的第一步在古印度地区早期佛教美术中备受重视，以雕刻的形式出现在佛传美术品中。此时的乘象入胎或逾城出家场景，都是以佛传中的一节出现，与其前后内容串联成完整的佛传故事。佛像诞生后制作的出家作品，多以众神簇拥骑马太子呈现，尤其是托马天人的形象很常见。这些图像特征在中国的同题材作品中依然可寻。从相关文本来看，晚于巴利三藏集结的文本中，增加了许多关于佛陀出家当晚的具体情节，而《神通游戏》或是现存较早描写太子在天神帮助下离家的文献。现存多部汉译佛传经典翔实地描述了太子逾城出家的情景，并运用"抱马足"、"捧马足"及"逾城而出"等词句，形象地描绘了出城的场面，为佛传美术作品的表现提供了详尽的参考。北魏时期开始出现的逾城出家图保留了一些犍陀罗因素，通常与其他佛传内容一同呈现。例如，克孜尔第110窟，莫高窟北周第290窟，云冈第6、第35、第28、第41等窟，龙门古阳洞南壁和北壁杨大眼造像龛及一些中原造像碑等。现藏于加拿大安大略博物馆的一块北魏造像碑上，刻制了罕见的单幅逾城出家图。

莫高窟自北魏始绘制的乘象入胎和逾城出家配置图一般在主室西壁龛外两侧，经过隋代的发展期，至初唐成熟。[1] 经笔者统计共有11个洞窟（北魏1个、隋代3个、初唐7个）绘制了这组图像。需注意的是，第一，初唐第209窟绘于西壁，由于不是在龛两侧绘制，本文不详细讨论。第二，入胎和出家图像中的白象与马通常为面向中央主尊相向驰行，但初唐第322窟的白象和马则为背向主尊向外驰行。第三，一般是入胎画于主尊左侧，出家画于右侧，但隋代第383窟相反。这11处图像的基本情况可参考表2。

---

[1] 此外，云冈北魏延昌以后开凿的个别洞窟中也刻制了相同题材，如云冈第5窟附1号窟、第35、第38、第45等窟。

表 2　莫高窟乘象入胎和逾城出家配置图情况（北魏至初唐）

朝代	窟号	乘象入胎所在位置	夜半逾城所在位置	备注
北魏	431	主室中心柱南向面龛外东侧上方	主室中心柱南向面龛外西侧上方	
隋代	278	西壁龛外北侧上方	西壁龛外南侧上方	
隋代	383	西壁龛外南侧上方	西壁龛外北侧上方	位置相反
隋代	397	西壁内层龛顶北侧	西壁内层龛顶南侧	
初唐	283	西壁龛外北侧上方	西壁龛外南侧上方	
初唐	322	西壁外层龛北壁上方	西壁外层龛南壁上方	向外驰行
初唐	57	西壁龛外北侧上方	西壁龛外北侧上方	
初唐	375	西壁龛外北侧上方	西壁龛外南侧上方	
初唐	329	西壁龛顶北侧	西壁龛顶南侧	
初唐	386	西壁龛顶	西壁龛顶	残损大半
初唐	209	西壁南侧	西壁北侧	不讨论

　　表 2 中所列的配置图像总体特征是画面小，形象概括，省略连续性情节，象征意味较浓。它们绘制于主尊附近，在窟室中不居要位，点缀或补白的作用更大，装饰美化功能大于表意叙事功能。

　　乘象入胎与逾城出家最早绘于北魏晚期第 431 窟①，位于中心塔柱南向面龛外东、西两侧。这组作品造型朴拙，色彩淳厚。东侧能仁菩萨跪坐在昂首阔步的白象身上。上身石绿色披帛和下身褐色长裙飞扬在身后，尽显飘逸之感。菩萨右手捻一莲花苞于胸前，左手提一净瓶。能仁头顶上方绘一垂幔舞动的华盖，其两侧各有一条威猛的飞龙。对面相向而行的骏马身姿矫健，马首微晗于脖颈，一只马蹄抬起似要奔驰。画面上部的华盖垂幔和太子身上的披帛、衣裙飘动在身后的动势较弱。这样的描绘与之前的入胎相比缺少迎风的动感，或许是为了表现能仁入胎时以菩萨的身份从兜率天宫降下而来的神圣性。

　　这组画面的中心人物只有一位，即将要成佛的释迦，这与莫高窟北魏以后的相同作品都不一样。而与古印度地区和中国中原地区的同题材

---

① 有研究者认为第 431 窟不是乘象入胎与逾城出家的内容，参见马兆民《莫高窟第 431 窟中的"乾基罗"和"茂特罗"—— 乾基罗和茂特罗与乘象入胎、夜半逾城图像的对比分析研究》，《敦煌研究》2018 年第 4 期，第 58~66 页。

作品比较，这种全然省略现实环境的描绘，也是莫高窟其他时期入胎与出家配置图的特点。

隋代有3个洞窟绘制了这组图像，分别是第278窟（见图3）、第383窟、第397窟。与第431窟的乘象入胎相比，隋代的特征主要有四点。第一，画面人物数量增多。北魏时只有能仁一人，隋代三个窟的入胎画面中各有两人立于白象后，他们手持不同器乐或握立幡，皆为身着披帛和长裙的天人。第二，隋代三幅入胎画面中的两根象牙顶端或跪或立两位着儒服、手持器乐的天人，这些乐舞天人的形象与麦积山10号造像碑的画面类似。东汉和南北朝时汉译典籍中提到了象牙上的奏乐天人，但并不见于北魏第431窟。因此，在图像中表现此画面或是从中原传入敦煌地区。第三，画面上方的华盖和菩萨手中所持物品皆被省略。第四，菩萨身边环绕若干身手捧供养品的飞天，空白处的莲花和云气纹样也增多。可见，这一时期对佛陀神格和宗教神秘氛围的表现更加关注。

图3　乘象入胎、逾城出家（隋，莫高窟第278窟）

资料来源：由敦煌研究院提供。

再看逾城出家的部分。隋代的三幅出家图皆绘制了天人形象的托马者，他们或四人（第278窟、第383窟）或二人（第397窟）组合，与古印度逾城出家的画面类似。且都增加了数量不等的飞天、莲花和云纹，省略了佛陀头顶的华盖。而立于太子身后的人物形象在这个时期发展得较为丰富，第383窟为着儒服侍者，第278窟和第397窟（见图4）分别绘飞天一身和天人两身。相较其余两组图像，3个洞窟中只有第397窟绘龙形瑞兽。此窟装饰意味也更浓，色彩斑斓，有天花乱坠、热闹非凡之感。

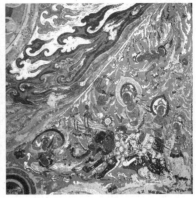

图4　乘象入胎、逾城出家（隋，莫高窟第397窟）

资料来源：由敦煌研究院提供。

初唐时期，有6个洞窟的龛两侧出现了入胎和出家的对称画面。我们通过比对发现以下几点：第283窟中的这组图像和隋代时期的作品比较相似；第322窟的两个场景中不见侍者、天人，似只有太子；第375窟入胎画面中绘制了之前不见的四牙白象，象牙顶端有双手合十的天人；第57窟骑马出家的太子左手捧一敞口盘，其身后立一着儒服、左手持麈尾的侍者。

初唐第329窟保存较好，西壁龛内顶端的乘象入胎和逾城出家画面内容丰富、颜色鲜亮，唐朝繁复瑰丽的时代气息扑面而来。其中菩萨端坐于白象背上，身边有一手持供养品的天人。白象脚下的莲花前后各一朵，并各有一天人手托莲花飞舞，这在其他十个洞窟的入胎场景中不曾出现。太子头顶上方绘隋代省略的华盖。对面的出家场景中有一侍者立于太子身后。有趣的是，白象和马的前方各有一乘龙仙人分别回首看向能仁与释迦。其周围还有雷公和形似乌获的力士形象，也都与画面中的主人公有呼应关系。

汉传乘象入胎配置图大致经历了两个阶段。第一个阶段是无固定搭配的北朝初期，这时的入胎场景多出现在佛传故事中，按时间的先后顺序将其他佛传情节分布在其周围，并无固定的配置图像。第二个阶段是乘象入胎脱离佛传故事的大框架，以单幅独立情节与逾城出家对称绘制在莫高窟北魏至初唐时期的洞窟中。据目前的研究可知，这组配置图像不只出现在莫高窟壁画中，同时也是佛传众多场景中唯一的组合式图像。

关于乘象入胎与逾城出家配置图的来源和内涵问题，学界已有一些探讨。1990年，日本学者小山满先生撰文提出菩萨骑乘象、马的图像应是普贤菩萨乘象与八王子（或十六王子）出家；刘永增先生认为象牙端莲花上伫立伎乐天女的表现，受《观普贤菩萨行法经》记述影响；贺世哲先生从禅观的角度出发，将这组图像列入生身观图像进行考察；李静杰先生提出乘象入胎与逾城出家的组合应导源于云冈北魏晚期石窟，其出现和流行与法华经思想密切关联。① 以上观点多涉及大乘思想对图像的影响，乘象菩萨也被认为与普贤菩萨及《法华经》有关，可见乘象菩萨的尊格的确容易引起争议。莫高窟这组图像的出现除了上述前贤的看法外，或可从佛传图像的早期意涵出发寻找线索。在部派佛教思想中，乘象入胎与逾城出家这两个情节都是最后身菩萨②的事迹。最后身菩萨因是成正觉前的释迦菩萨，与纯然大乘化提倡的诸多菩萨有明确的区别，是部派佛教时期更重视的内容。犍陀罗、龟兹等地区出现大量的佛传类作品，与此原因关系密切。在众多的佛传故事场景中，莫高窟北魏时选择入胎与出家作为配置图绘于窟内，其原因或有以下几点。首先，作为"八相成道"内容之一的乘象入胎与逾城出家③在佛传中都包含了"初始"之寓意：入胎——能仁菩萨作为"最后的轮回者"，即"一生补处菩萨"成为"最后身菩萨"的开端；出家——具有"逾城出家示善离"的意义，是释迦太子脱走向"解脱"的第一步。此外，从图像的创制来看，

---

① 〔日〕小山满：《敦煌隋代石窟的特征》，载《1990年敦煌学国际学术研讨会文集·石窟考古篇》，辽宁美术出版社，1995；刘永增：《莫高窟第280窟普贤菩萨来现图考释——兼谈"乘象入胎"的图像来源》，《敦煌研究》1995年第3期；贺世哲：《敦煌图像研究——十六国北朝卷》，甘肃教育出版社，2006；李静杰：《敦煌莫高窟北朝隋代洞窟图像构成试论》，载《2005年云冈国际学术研讨会论文集·研究卷》，文物出版社，2006。

② 弘学编著《部派佛教》，第54页。

③ 在众多的佛门派别中，所说八相内容大同小异，大要有二说。一为南传佛教《四教义》卷七曰：下天、托胎、出生、出家、降魔、成道、转法轮、入涅槃。参见元亨寺汉译南传大藏经编译委员会编译《汉译南传大藏经（元亨寺版）》第46册，元亨寺妙林出版社出版，1996。二为《大乘起信论》卷一曰："随其愿力能现八种，利益众生。所谓从兜率天退、入胎、住胎、出胎、出家、成道、转法轮、入于涅槃。"参见高楠顺次郎等《大正新修大藏经》第32册，大藏出版株式会社，昭和十年（1935），页580c。

骑乘象和马的能仁与释迦作为佛传文本中已经出现的形象，在构图形式、艺术形象上有相似性和统一性，作为配置图像具有和谐的对称美。

（二）莫高窟乘象普贤与骑狮文殊配置图

佛教东渐后，三国时已有汉译经文中记普贤菩萨名①，至鸠摩罗什译《思惟略要法》载："此谓与禅定和合令心坚固，如是三七日中，则普贤乘六牙白象来至其所，如经中说。"② 可见，至迟 5 世纪初的经典中描绘了普贤骑乘白象的形象。

作为在大乘佛教中诞生的普贤，与其相关的作品不见于古印度地区现存的早期佛教美术中。但据文献记载，早在三国时期普贤骑乘白象的美术品就已在中国出现。③ 在汉传佛教美术中，除了表现单尊普贤像外，普贤与文殊菩萨相配而置是经常被呈现的题材。尤其在莫高窟初唐洞窟中，乘象普贤和骑狮文殊像多绘于龛两侧，与乘象入胎和逾城出家的成组画面共同构成了乘象菩萨及其配置图像。

东汉《佛说兜沙经》载："文殊师利菩萨从是刹来，与诸菩萨俱——数如十方刹尘——皆前为佛作礼，各各于自然师子座交路帐中坐。"④ 可见，经典中描述文殊骑狮子的形象早于普贤乘象。随着《法华经》和《华严经》相继汉译，普贤和文殊作为上首菩萨在这两部经典中贯穿于始终，二位菩萨相配置的作品也逐渐增多。芝加哥美术研究所收藏的西魏大统十七年（551）造像碑刻一组骑狮、骑象天人像，虽不知其尊格，却是现存最早天人骑狮和骑象的配置图像。从现存实物来看，普贤与文殊的配置图像无论是否骑乘坐骑均至迟于北朝末制作出现。

---

① 高楠顺次郎等：《大正新修大藏经》第 12 册《佛说无量寿经》，大藏出版株式会社，大正十四年（1925）；第 13 册《僧伽吒经》，大正十三年（1924）。

② 高楠顺次郎等：《大正新修大藏经》第 15 册，大藏出版株式会社，昭和九年（1934），页 300c11～13。

③ 《高僧传》卷 8 载吴国释惠基"……尝梦见普贤因请为和上。及寺成之后。造普贤并六牙白象之形"。参见高楠顺次郎等《大正新修大藏经》第 50 册，大藏出版株式会社，昭和十四年（1939），页 379a26～28。

④ 高楠顺次郎等：《大正新修大藏经》第 10 册，大藏出版株式会社，大正十四年（1925），页 445b17～19。

莫高窟的文殊形象在西魏大统四年、大统五年（539）营建的第285窟为最早①，其作为无量寿佛的胁侍之一出现。但这时文殊无坐骑，其服装、手势、设色与周边其他胁侍菩萨无明显差别，从形象上无法区别它们各自的尊格特征。可见，文殊在当时的敦煌地区应尚未形成所谓的图像特征，莫高窟初唐始出现的文殊骑狮像应是从内地传入，并与乘象普贤对称绘制成为常见题材。

龛外乘象普贤和骑狮文殊配置图在初唐共绘制5铺，除第332窟绘于中心柱东向面上外，其余均绘制在西壁龛外两侧。从表3可检视莫高窟初唐这一题材的基本情况。

表3　初唐时期莫高窟内普贤与文殊配置图

朝代	窟号	普贤所在位置	文殊所在位置	备注
初唐	68	西壁龛外南侧上方	西壁龛外北侧上方	漶漫不清
初唐	331	西壁龛外北侧上方	西壁龛外南侧上方	
初唐	220	西壁龛外南侧上方	西壁龛外北侧上方	贞观十六年（642）
初唐	332	主室中心柱东向面上	主室中心柱东向面上	武周圣历元年（698）
初唐	340	西壁龛外北侧上方	西壁龛外南侧上方	

开凿于贞观十六年（642）的第220窟西壁龛外南侧、北侧分别绘乘象普贤与骑狮文殊，画面损坏较严重。据东壁题榜可知，这是莫高窟最早有纪年的乘象普贤和骑狮文殊成对出现的壁画。除此外，还存有榜题的洞窟是建于武周圣历元年（698）的第332窟。此窟主室中心塔柱东向面上方，南侧骑狮文殊与北侧乘象普贤相向驰行。这组图像的绘制生动、潇洒，画面构图和造型表现也更为成熟。第340窟西壁龛外南侧、北侧分别绘骑狮文殊与乘象普贤，画面清晰。相比其他洞窟，这组壁画整体构图的正面表现意图则为最强（见图5）。

---

① 〔法〕伯希和：《伯希和敦煌石窟笔记》，耿升、唐健宾译，甘肃人民出版社，1993。根据这本笔记可知第285窟中位于东壁门北位置的说法图，主尊为"无量寿佛"，主尊右胁内侧是"无尽意菩萨"，在它外边的为"观世音菩萨"，而在主尊的左胁内侧为"文殊师利菩萨"，其外侧是"大□志菩萨"，在两侧菩萨的上方，又各有两尊弟子像。

图5 乘象普贤、骑狮文殊（初唐，莫高窟第340窟）

资料来源：由敦煌研究院提供。

相较于其他几座洞窟，初唐第331窟（见图6）的文殊、普贤配置图更具有早期绘制的特色。此窟西壁龛内北侧上方普贤坐于约占画面一半的象背上，一手置于膝部，一手向前伸。一飞天双手托起象足下的莲花。普贤与象均望向对面南侧回首向后、骑在狮背上的文殊。立于狮子身后的一身胁侍菩萨与文殊对视，其天衣尾端飘至右上方。下方有二飞天在五彩祥云中托起狮子。普贤、文殊各有一手前伸，遥指对方，使之联系感加强。两幅壁画中皆未绘华盖、莲花等装饰物，但其后方均绘多身伎乐天人。

与之前三组普贤、文殊被众星捧月式的画面相比，第331窟的普贤、文殊配置图内容简练，画面朴实，在这类题材中极具特色。通常，文殊跏趺坐于狮背的莲花座上，第331窟的文殊则是初唐这五组对称图中唯一跨骑在狮背上的。当它与乘象普贤组合在一起时，与能仁菩萨乘象的入胎图及双腿垂下跨骑于马背上的释迦太子出家图对称而置的场景更加相似。并且，这组图像中手托坐骑的天人形象在其余四窟中不见绘制，而

图6 乘象普贤、骑狮文殊（初唐，莫高窟第331窟）

资料来源：由敦煌研究院提供。

在入胎和出家图中却很常见。相较其他四个洞窟，第331窟的该组图像整体构图的正面表现意图较弱，但更贴近之前的入胎与出家组合图像。最后，该窟普贤、文殊对称图除了在画面的表现形式上与入胎、出家配置图更相似外，图像内容也更接近佛传文本中描写的情节。例如，普贤类经文中多记为普贤乘六牙白象，并描写了象牙上的莲花池和伎乐天，以及乘象普贤周围有祥云、花鬘、天人等天花乱坠的情境。这些在上述5个洞窟中被削弱的内容，却在隋代和初唐龛外的佛传对称图中出现。这种现象既因为佛传文本有相同记载，也因二者同为乘象菩萨的造型，在图像制作时更注重对图像内容本身的直接参考和借鉴。

至盛唐时，乘象普贤和骑狮文殊配置图共有4铺，有3铺出现的位置延续了前期的西壁龛外，如第180、第148窟①。值得注意的是，这个时

———————

① 第148窟西壁有一大涅槃像，在南北两壁各开一大龛，故亦可说出现在南壁龛外的普贤乘象和北壁龛外的文殊骑狮，是属于西壁龛外类型的一种变形。

期的乘象入胎与逾城出家对称图在莫高窟中已全然不见。乘象普贤和骑狮文殊配置图至中、晚唐时作品数量增加不少，并发展出侍从众多的画面组合要素，这种固定模式成为流行题材持续绘制到了元代。同时，随着普贤、文殊信仰的流行，这组配置图也表现在其他地区，成为佛教中具有代表性的配置图像。

莫高窟西魏的文殊尊格特征尚不明显，更无与普贤对称出现的情况，而入胎与出家的配置图早在北魏已出现。初唐，普贤、文殊配置图开始与入胎、出家配置图同时绘制于龛外两侧。若依照上述作品出现的时间而言，初唐时乘象普贤以经文为基础，继承了乘象入胎图的样式，配置图变化为骑狮文殊，处于初级阶段的搭配在构图形式、画面内容的构成要素和艺术造型上，几乎完全参考、借鉴了已成为固定形式的入胎和出家对称图。

值得注意的是，普贤乘坐白象的造型及周边的环境描绘与前文所述的入胎图几乎无二致，除了经文内容外，普贤乘象的创制者明显沿用了已成定式的能仁乘象造型。因此，同是表现乘象菩萨，造型几乎无差别，其尊格的判定只能依据周边的配置图像决定：与逾城出家相配而置的为乘象入胎，配置骑狮文殊像的则为乘象普贤。有的乘象菩萨图因配置内容不明确，对其尊格的定位就很模糊。例如，莫高窟隋代第 280 窟和盛唐第 180 窟分别于西壁北侧和主龛南侧各绘一乘象菩萨，但其配置图像既不是骑马出家的释迦太子，也不是骑狮文殊像，加之无完全相对应的文字信息，故对这两尊乘象菩萨的尊格尚无法下定论。此例证也再次说明了在无文字信息的情况下，图像信息相似度极高的乘象入胎和普贤乘象图，因周边配置图的不同其尊格发生了变化。

结　语

早期佛传中的"化象入胎"演变为汉传佛教中的"乘象入胎"，反映了部派佛教思想向大乘思想的过渡和转变。北魏时也出现了普贤乘象的作品，其造型与同时期流行的乘象入胎相似度很高，两类并无联系的菩萨因为都是乘象的样式而难以区分。出现于莫高窟北魏至初唐的乘象入胎和逾城出家配置图，应在画面构图形式、构成要素、艺术造型等方面影响了初唐出现的乘象普贤与骑狮文殊配置图。乘象菩萨配置图的内容决定了对其本身尊格的判断。

乘象菩萨图配置和尊格的演变反映了图像自身的发展路径，印度佛教中的佛、菩萨信仰体系逐渐解体和分化，在汉传佛教美术中形成和发展出新内容。这是佛教思想及其图像逐步中国化的例证，也体现出佛教美术中图像自身发展的重要性。本文尚存不足之处，祈请方家指正。

A Brief View about the Evolution of Images and Names Relate to the Bodhisattva Who Riding an Elephant in Dunhuang Mogao Grottoes

Yin Bo

Abstract：In ancient Indian's Buddhist art, the dream of reincarnation—as one of the important theme of the Buddha's life—was always described as Shakya bodhisattva rebirth as a white elephant into Ms. Maya's body. After Buddhism spread to east, around the Northern dynasties, the Bodhisattva form of the white elephant became to a Bodhisattva riding on an elephant, and with the image of Shakya prince riding a horse symmetry appears. At the same time, the images of Samantabhadra Bodhisattva who riding on elephant and Manjusri Bodhisattva riding on lion began to appear in pairs. In this article, by comparing the images of Bodhisattva riding on elephant and their configuration image in Dunhuang Mogao Grottoes from the Northern dynasties to Tang dynasty, we trying to explain that how the configuration images around the Bodhisattva who riding on elephant affected to his name and denomination.

Keywords：Mogao Grottoes; The Riding Elephant Bodhisattva; Collocate Image

明初经略甘肃之举措及其历史影响[*]

周　松^{**}

内容提要：明朝在洪武五年冯胜西征之后并没有立即实现对甘肃的完全控制，而是采取从青海到甘肃，先易后难，渐次推进的方式，直到洪武二十六年以后才最终确立在整个河西走廊的统治。洪武朝西北经略举措包含军卫置废，军政中心转移的复杂变动，遵循了防御体制从重将镇边向"塞王守边"转换的总体思路。这一过程中出现的武靖卫、高昌卫、岐山卫、西平卫、岐宁卫、凉州土卫等一系列废置番卫的意义和作用长期未得到应有的审视。在 20 年争夺西北的博弈中，上述番卫都成为特定时期和条件下，明朝拓展疆土的前沿。洪武朝后期，随着河西走廊卫所的全面设立，明朝完全掌控了整个甘肃地区，并在近 300 年中延续下来。它改变了自唐代吐蕃控制陇右之后的民族分布状态，再度形成了陇右内地化的新格局。

---

* 本文为 2016 年度教育部人文社会科学项目"明代达官军研究"（项目批准号：16YJA770017）和 2017 年度国家社科基金项目"明代'归附人'研究"（项目批准号：17BZS053）的研究成果之一。本文曾以《军卫建置与明洪武朝的西北经略》为题发表于《中国边疆史地研究》2018 年第 2 期，受发表字数限制，刊出时有大量删节，文集收录文本为完整版本并重新做了相关修订。

** 周松，历史学博士，西北民族大学历史文化学院教授，主要研究方向为明史、历史地理、北方民族史。

关键词：洪武 西北地区 番卫 塞王守边

洪武二年（1369），徐达指挥的明军迅速占领了元朝的陕西行省辖区，击败、降服了元末北方最主要的军阀集团，严重削弱了元朝图谋复兴的军事能力，初步奠定了明朝西北经略的基础。洪武五年（1372），明军大举北伐，西路军进兵甘肃，是三路大军中唯一一支以较少损失取得胜利的队伍。由此留给世人西北拓边格局底定的印象。但是，冯胜军班师之后，甘肃境内绝大部分地区没有设立镇戍当地的军事、行政机构，河西走廊不断出现各类战事，明朝统辖甘肃的实效不得不令人产生怀疑。因此，从冯胜西征的结果，甘肃地方军政机构反复置废的原因，乃至洪武朝的 20 多年中明朝究竟在河西走廊采取了怎样的经营策略等问题都需要重新审视。为此，本文以军事机构的置废改易为线索，对上述问题加以探讨。

一 洪武朝早期的西北经略与军事机构

洪武二年之后的十年中，明朝军卫制度发生了许多变化。在北方沿边地区，这种变动更为频繁。具体到西北，当地多元的民族结构、复杂的政治军事形势，使同一时期建制调整现象尤为突出。明朝针对西北地区的实际不断进行经略重点转移的脉络，与军卫建设渐次推进的线索相结合，实为洪武末年陕西行都司名至实归之滥觞。

（一）行都督府、都卫、卫所之关系

明军控制关陇之地后，随即建立了相应的行政、军事机构以实施管理。军事机构中，首先是在各重要地点设立了一系列卫指挥使司，如西安诸卫、凤翔卫、临洮卫、巩昌卫等，卫之上的情况则比较复杂。我们平时看到的明朝五军都督府—都（行都）指挥使司—卫指挥使司的结构是在洪武中期以后才基本形成，洪武初年并非如此。早在起兵之初，朱元璋就建立了枢密院、大元帅府等中央军事机关，其下则有各翼元帅府，称谓杂乱。"甲辰改制"后，正式形成了大都督府管辖下的卫所制度。①

明朝建立伊始，出兵北伐，迅速占领华北、西北大片元朝疆土，将中原全境收入囊中。洪武元年（1368）明军攻取开封后②，朱元璋立即前往巡视，一则谋划北攻大都，二则筹备建都事宜。③ 五月于开封置中书分省④，实为建都"北京"的准备工作之一。八月，朱元璋下诏分别以南京和开封为南北两京⑤，而后再度巡视开封。大都落入明军手中之后，短期内行政事务划归河南与山东。史载明河南分省是对元代行省范围的调整，原属于中书省辖地的怀庆、卫辉、彰德、广平、顺德、大名、河间、保定、真定九府划归河南分省。山东行省置于洪武元年四月⑥，此时将北平府划归该行省。⑦ 也就是说，明军攻下北平之初，北平等地隶属山东行省管辖。这一行政区划存在的时间极为短暂，不及半年北平行省设立，《明太祖实录》称："置北平、广西二行省，以山东参政盛原辅为北平参政，中书参政刘惟敬为广西参政。广西州县先隶湖广及北平之真定等府州县隶山东、河南者，皆复其旧。凡北平所辖府八、州三十七、县百三十六、长芦盐运司一。"⑧ 随之，山西和陕西行省也得以建立，同时河南分省也改为行省，行政区得以一致。⑨

此外，在新占领区尚有特殊的军政机构。一是"（洪武元年）五月，

---

① 对明初卫所军制的详细研究可参见南炳文《明初军制初探》，《南开史学》1983 年第 1、第 2 期。

② 《明太祖实录》卷三一，洪武元年三月己亥条，台北中研院历史语言研究校印本，1962，第 540 ~ 545 页。

③ 《明太祖实录》卷三一，洪武元年四月甲子条，第 556 页；"改汴梁路为开封府"，参见《明太祖实录》卷三二，洪武元年五月辛卯条，第 562 页。

④ "诏置中书分省于汴梁，以中书参政杨宪署省事"，参见《明太祖实录》卷三二，洪武元年五月癸巳条，第 562 页。

⑤ 《明太祖实录》卷三四，洪武元年八月己巳朔条，第 599 页。

⑥ 《明太祖实录》卷三一，洪武元年四月癸亥条，第 554 ~ 555 页。

⑦ 《明太祖实录》卷三五，洪武元年十月庚寅条，第 636 页。

⑧ 《明太祖实录》卷四〇，洪武二年三月癸丑条，第 811 ~ 812 页。

⑨ "置陕西、山西二行省。以中书参政汪广洋为陕西参政，御史中丞杨宪为山西参政，迁治书侍御史周祯为广东行省参政，改河南分省为行省。"参见《明太祖实录》卷四一，洪武二年四月戊辰条，第 816 页。

车驾幸汴梁，立河南行都督府，以（陈）德署府事"①。对此，有学者认为在北平大都督分府之前先设河南行都督府，是为筹建北京（今河南开封）事宜。洪武十一年废开封的"北京"之名，行府当裁撤。② 问题在于假如河南行都督府确实存在了 11 年之久，不会在《明太祖实录》史料中不见踪影。检《明太祖实录》，洪武元年四月，徐达取河南府（今河南洛阳）时，"命都督金事陈德守汴梁"③；六月朱元璋由开封返回南京时，"命右副将军冯宗异留守（开封）"④。明朝同时以何文辉为河南指挥使，守河南。⑤ 何文辉实为河南最高军事主管，但从他的官职——河南指挥使看，似乎也不支持河南行都督府的存在。另，地方志载："明陈讲《都指挥使司题名碑记》。河南都指挥使司，在国初为行都督府，洪武五年改设。"⑥ 以文意理解，河南行府似废于洪武五年，由都指挥使司取代。实则洪武三年十二月先设置的是河南都卫指挥使司，而非河南都指挥使司，《河南通志》的可信度由此大减。总之，河南行都督府置废事扑朔迷离，有理由怀疑其存在的时间不可能延续到洪武十一年那么长。二是洪武元年九月明廷"置大都督分府于北平，以都督副使孙兴祖领府事，升指挥华云龙为分府都督金事"⑦。徐达攻取大都后，设立大兴左右、燕山左右、永清左右共六卫守御，归都督副使孙兴祖、金事华云龙统率。大都督分府设立后，以孙兴祖、华云龙为分府正副主官。三年五月，孙兴祖战死于三不剌川五郎口后，应由华云龙取代了他掌管北平大都督分府的职责。这是地方唯一出现的大都督分府。北平为元朝故都，在这里设大都督分府，地位特殊。时人评论说，北平"风气劲武，河山雄丽，五方走集，蹄雷毂风，险阨繁富，为西北边最。洪武初，乃行大都督府以镇之，壮

① （明）黄金：《皇明开国功臣录》卷八《陈德传》，周骏富辑《明代传记丛刊·名人类》（第 23 册），明文书局，1991，第 518 页。

② 参见于志嘉《明北京行都督府考》，《中央研究院历史语言研究所集刊》（第 79 本第 4 分），2008 年 12 月。

③ 《明太祖实录》卷三一，洪武元年四月甲辰条，第 542 页。

④ 《明太祖实录》卷三二，洪武元年六月丙申条，第 574 页。

⑤ 《明太祖实录》卷三二，洪武元年五月丁酉条，第 562~563 页。

⑥ （清）孙灏、顾栋高编纂《（雍正）河南通志》卷七十九，《景印文渊阁四库全书·史部》（第 538 册），台湾商务印书馆，1986，第 656 页。

⑦ 《明太祖实录》卷三五，洪武元年九月壬寅条，第 627 页。

形势，固关要也"①。此举凸显了朱元璋对于镇服北方的高度关注。如果将河南行都督府、北平行大都督分府的性质与其他后设行都督府做一比较，不难发现，河南、北平两府存在某种共性。两府的所在地分别是汴梁和大都，它们正是红巾军宋政权的旧都（至正十八至十九年）和元朝首都。朱元璋在汴梁立行都督府的目的是"讨平未下坞堡"② 以及筹建北京事宜；在北平立行大都督府则是着眼于控制故元旧都，对付北元反击，所以在相应的战事结束之后，它们就应该被裁撤和改置。

洪武三年（1370）六月，明朝相继"设陕西、北平、山西行都督府"③。明初行都督府问题主要有李新峰《明代大都督府略论》（以下简称"李文"）、肖立军《明初行（大）都督府浅探》（以下简称"肖文"）做过探讨。④ 李文在承认行都督府"与地方统军体制尚非一事"的同时，又提出了"大都督府—行都督府—卫所的格局终于在统一战争中形成，大都督府以下构成了独立的上下统属的体系"⑤。或许感受到两种说法间的某种不协调性，最终以行都督府—都卫—都指挥使司的过渡说加以弥补，但是仍不能解决行都督府的性质问题。肖文则另辟蹊径，详细论述了行都督府的存废，总体延续了李文的思路，将行都督府定位于与行省分权的结果。其废置则是分权实效不彰，不得已提升都卫加以替代。⑥ 令人困惑的是，明初地方军政权力制衡的实验何以迟至北伐中原后方才展开，作为派出机构的行都督府到底因何而置等问题的解释似乎尚不能令人满意。同时，论述行都督府与都卫上下级关系的说服力不强（尤其是

---

① （明）李伸编《一山文集》卷三《送北平行大都督府掾宗德章序》，《景印文渊阁四库全书·集部》（第 1217 册），第 727 页。《四库提要》称李继本为元末明初人，名延兴，字继本，东安人，占籍北平。曾为至正十七年进士，任太常奉礼兼翰林检讨。文集中有称"洪武二十七年"，则表明其在洪武朝的大部时间健在。

② （明）佚名：《秘阁元龟政要》卷四，《四库全书存目丛书·史部》（第 13 册），影印明钞本，齐鲁书社，1996，第 337 页。

③ 《明太祖实录》卷五三，洪武三年六月壬条，第 1040 页。

④ 参见李新峰《明代大都督府略论》，载朱诚如、王天有主编《明清论丛》（第二辑），紫禁城出版社，2001，第 47～59 页；肖立军《明初行（大）都督府浅探》，载赵毅、秦海滢主编《第十二届明史国际学术研讨会论文集》，辽宁师范大学出版社，2009，第 339～343 页。

⑤ 李新峰：《明代大都督府略论》，第 54～55 页。

⑥ 肖立军：《明初行（大）都督府浅探》，第 342～343 页。

山西，陕西并未论及）。

笔者认为前贤们的研究回避了明初统军体制为何会出现区域性差异这一现象。史料中反映出明初带有全国一致性的体制是大都督府—都卫—卫所，而且北方三行都督府的存废过程也不是向都卫的逐次让渡关系，反而是同时存在的并列关系。在此情况下，抓住地域性差别来入手或许是解答诸行都督府问题的突破口。

从此时行都督府的分布特点看都是沿北边边境毗连设置，江淮以南地区并不存在。虽然有记载称"明初，江西置行都督府，有大都督左右都督之官：大都督从一品，左右都督正二品。后改设都指挥使司"①。这段记载据《江西通志》附注言，出自明末徐石麒（当作麟）所著《官爵志》，但该书并无江西置行都督府的说法，应另有所本。目前难以凭信，暂存疑。总的来看，行都督府位置特殊，无疑与退居漠北，威胁明边的北元政权有关。可是，如果行都督府作为中央派出机构，专事应对漠北威胁，那么，战事结束理当裁撤；如果专责所在地区的军队组织、训练和日常防御，则显然与都卫（都指挥使司）叠床架屋，徒增烦扰，所以，它必然肩负其他的职责。于志嘉在《明北京行都督府考》②（以下简称"于文"）一文中曾经分析了凤阳行大都督府为营建中都而设，北京行都督府为迁都北京而立的特定职能。这就说明行都督府的设置实与特殊政治意图相挂钩。北边三行都督府既然与都城建设无关，那么与为应对北边国防态势和需求而处于酝酿中的战略规划就脱不开关系。

于文暗示行都督府与诸王府相呼应，极有见地。首先，就在设立北边三行都督府之前的2个月，朱元璋首次册封了10名亲王，其中年龄最长者3人——朱樉、朱㭎、朱棣，分别被封为秦王、晋王、燕王，正好对应了北边三个地区。③ 这并非偶然现象，而是表明了北方行都督府的设立与朱元璋构想中"塞王守边"的规划有着不可分割的联系。其次，我们看到北边各行都督府的首长均为兼职。例如，陕西行都督府佥事郭子

---

① （清）刘铎、赵之谦等纂《（光绪）江西通志》卷十二《职官表十三》，影印清光绪七年刻本，《续修四库全书》（第656册），上海古籍出版社，2002，第281页。
② 于志嘉：《明北京行都督府考》，第689~690页。只是限于论文主旨关系，未能展开申述。
③ 《明太祖实录》卷五一，洪武三年四月乙丑条，第1000~1002页。

兴为秦王府武傅；山西行都督府同知汪兴祖为晋王府武傅①；秦王府武相陕西行省右丞耿炳文也署行都督府事②，《皇明开国功臣录》称"三年正月，开设秦王府，授府左相，直言正色，多所匡正。六月，开陕西等处行中书省，命以左相兼行省右丞，阶资善大夫。寻开行大都督府，命署都督金事"③。在北平方面，应是由北平大都督分府改为北平行都督府，镇守北平的华云龙兼燕府武相。此前，孙兴祖先帅六卫军镇守北平，二年十二月"仍命兼燕王武傅"④。诸王受封在三年四月，时孙兴祖在出征途中，很快战死。六月，"升大都督府都督金事华云龙为都督同知兼燕府武相"⑤。《明太祖实录》中华云龙的传记也说："取元都，遂升大都督府都督金事，分府镇北平，兼北平行省参知政事。寻升大都督府都督同知，册封诸王，以云龙为燕府左相仍兼前官。"⑥ 因此，华云龙应为继孙兴祖之后的燕府武相。各行都督府的主要官员同时兼任当地军政首长和王府官。之所以存在这种地方权力集中的形式，不能不说是为了便于先期协调、安排，为诸王顺利就藩，实现平稳过渡打下基础。

与此同时，面对越来越辽阔的统治区，地方各卫所与大都督府之间在军队日常训练、调动、军伍补充、后勤供应诸多领域的事务必然日益繁杂，它要求必须在两者之间加入相应的中间环节上通下达、协调工作，以提高效率。所以，明朝于洪武三年年底开始在全国范围建置地方高级军事机构——都卫。首先，"升杭州、江西、燕山、青州四卫为都卫指挥使司"⑦，随即"置河南、西安、太原、武昌四都卫指挥使司"⑧。这样在北方边区呈现出各都卫与行都督府并列的结构，貌似职能重复，实则各有使命。

---

① 《明太祖实录》卷五三，洪武三年六月庚辰条，第 1051 页。

② 《明太祖实录》卷五三，洪武三年六月壬午条，第 1054～1055 页。

③ （明）黄金：《皇明开国功臣录》卷四《耿炳文》，《明代传记丛刊》（第 23 册），第 314 页。

④ （明）黄金：《皇明开国功臣录》卷六《孙兴祖传》，《明代传记丛刊》（第 23 册），第 434 页。

⑤ 《明太祖实录》卷五三，洪武三年六月癸亥条，第 1036 页。

⑥ 《明太祖实录》卷九〇，洪武七年六月癸亥条，第 1587 页。

⑦ 《明太祖实录》卷五九，洪武三年十二月辛巳条，第 1164 页。

⑧ 《明太祖实录》卷五九，洪武三年十二月壬午条，第 1165 页。

由于史料中缺乏对行都督府职能的记载，明人就已经将两者混为一谈，并影响到后世。例如，称"都指挥使司。国初为翼元帅府，又改为行都督府。省城或称都卫、都镇抚司。八年，改都卫及行都督府为都指挥使司"①。《国朝典汇》亦称"八年改都卫及行都督府为都指挥使司。今都指挥使司"②。清代沿袭，认为"元之万户府正今之都司也。……元有行枢密院，洪武初改翼元帅府，又改行都督府。已，定为都指挥使，掌都司管卫所戎政"③。显然，明人已经将"国初"特殊的行都督府当作全国通例对待，引出臆断。

（二）洪武五年进兵河西的实效

实际战事层面，洪武三年明朝击退了王保保的突袭后，力求一鼓作气乘胜荡平漠北。为此，洪武五年，明廷兵分三路攻入元朝控制区。三支队伍里的中路徐达、东路李文忠均可算主力，唯有西路冯胜军是作为疑兵使用，以分散元廷的注意力，牵制其军力。元廷吸取了洪武三年失败的教训，诱敌深入，击败徐达军，重创东路军，使此战成为元明对决以来明军遭受的最严重挫折。与前两支队伍相比，冯胜部所向披靡，兵锋遍及整个河西走廊。史书中肯定了冯胜西征的战果，称为"遂略地至嘉峪关，而西陲悉入版图"④。于是冯胜西征成为明人西北拓边的标志性事件。习惯上，往往认为此战之后，明朝就控制了甘肃全境，实则不然。

其一，战役期望上，冯胜军所肩负的使命与中、东二路不同。《明太祖实录》称，朱元璋明确"征西将军由西路出金兰取甘肃，以疑其兵，令虏不知所为，乃善计也"⑤。从某种意义上说，西路并非主力军，也不

---

① （明）郑晓：《吾学编》卷六六《皇明百官述卷下》，《续修四库全书》（第424册），第149页。
② （明）徐学聚：《国朝典汇》卷一四一《兵部·留守都司》，《四库全书存目丛书·史部》（第266册），影印明天启四年徐与参刻本，齐鲁书社，1996，第206页。
③ （清）方以智：《通雅》卷二十五，《景印文渊阁四库全书·子部》（第857册），第507页。
④ （明）雷礼：《国朝列卿纪》卷一百三十《巡抚甘肃等处地方都御史序》，《四库全书存目丛书·史部》（第94册），影印明万历徐鉴刻本，第568页。
⑤ 《明太祖实录》卷七一，洪武五年正月甲戌条，第1322页。

是战役计划的主攻方向。朱元璋本人也并未奢望能取得"必可破也""必有所获"之类的战绩。其二，冯胜军的胜利成果不在于消灭元朝的有生力量，而是破坏其业已脆弱的防御体系，瓦解元朝在甘肃继续统治的基础。其三，冯胜撤军，时人俞本认为是畏惧所谓"回鹘兵"。① 在此基础上，有人推测西征结束是因为惧怕来自东察合台汗国的军事力量，才弃守甘肃，收缩防线。②

　　冯胜所部自兰州出兵，短时间之内就穿越整个河西走廊，直达瓜、沙诸州，已经给后勤供应造成了极大压力，实属强弩之末。落实到具体进军路线，也是各将领统帅少量精锐骑兵，交错分散活动，追求速战速决，根本没有可持续性。所以，在河西走廊的实际战事不多，也算不上激烈。在明军到达前，河西各地设防城池中的蒙古守军多弃城而走，明人所得空城为多。③ 可见俞本的批评带有私嫌。次一层的原因，当是冯胜获悉中路兵败，从而无法继续，也无必要继续滞留河西，增加战争风险。最后，恐怕才是"回鹘兵"的传闻，进一步加剧了战场形势的恶化。总的来看，冯胜进兵的主要意义在于击溃了蒙古的甘肃守军，而明军自身却无法防守，只能选择"弃地"，这样就不能对冯胜西征的成果估计过高。同时还应看到，作为西征的副产品，明军的确越过了黄河，在黄河以北以西的地区建立了桥头堡，置立了庄浪卫等军卫，除了庄浪卫之外，河外重要者尚有宁夏卫。洪武三年，明军曾经尾随王保保败军到达过宁夏，五年漠北兵败之后，迁民于陕西，九年置宁夏卫，应属洪武进取阶段的措施之一。④ 它们成为以后渐次经营的支点。这一结果影响了洪武朝前十年明廷经略西北的基本格局，即在河西走廊采取守势，重点放在河

---

① （明）俞本：《纪事录笺证》，李新峰笺证，中华书局，2015，第 364 页。《纪事录》又名《明兴野记》，仅藏于台北"国家图书馆"，有陈学霖先生校本（收入〔美〕陈学霖《史林漫识》附录三，中国友谊出版公司，2001），但有讹误。李新峰先生的笺证本不仅对该书文本进行了彻底整理，还详加考证，并补充了大量相关史料。本文采用笺证本。

② 赵现海：《明代九边长城军镇史》，社会科学文献出版社，2012，第 238～243 页。

③ （明）佚名：《秘阁元龟政要》卷七，《四库全书存目丛书·史部》（第 13 册），第 474～475 页。

④ 参见（明）管律等纂《（嘉靖）宁夏新志》卷一，《续修四库全书》（第 649 册），影印明嘉靖十九年刻本，第 50 页。

湟以西的西番地区。

二　河湟—西番地区羁縻番卫的置废

洪武二年明军首次进兵关陇之时，邓愈兵锋即已指向大夏河流域，逼降李思齐集团，占据了临洮。随后又拿下河州（今甘肃临夏市），留韦正镇守。大夏河流域的地位非常特殊，元代恰好处于陕西行省和吐蕃的交界处，被视为汉藏交流的"金桥"①。宣政院所辖之三大宣慰使司都元帅府②中的吐蕃等处宣慰司都元帅府（脱思麻宣慰司，mdo smad）治所就在河州③。河州在中原王朝的西部经略中具有核心地位。

（一）河州三番卫

洪武三年六月，元陕西行省吐蕃宣慰使何锁南普、镇西武靖王卜纳剌等人帅所部相继归降邓愈。④俞本在《纪事录》中以当事人的口吻详细叙述了此事的原委。⑤《纪事录》称卜纳剌派人至河州与韦正商谈投降事宜，上缴元朝象征诸王官员身份的金银铜印、金银牌面、宣敕及金玉图书等物，结果"上于河州设武靖卫，以卜纳剌为指挥同知，马迷为指挥佥事，诠注河州，俱颁以金筒诰命，设千、百户、镇抚之职，给以五花诰敕，管领旧蛮番酋。河北岐王阿剌□□〔乞巴〕亦赍金印降，遂设岐山卫于河州，以阿剌乞巴为指挥同知，颁以金筒诰命"⑥。文中"管领旧蛮番酋"的提法明确了武靖、岐山卫的羁縻属性，且点明了河州是诸番

① "汉藏金桥"藏文为"rgay-bod-gser-giy-zma-pa"，参见智观巴·贡却乎丹巴绕吉《安多政教史》，吴均等译，甘肃民族出版社，1989，第37页。
② 分别为乌斯藏纳里速古鲁孙宣慰司都元帅府、吐蕃等处宣慰司都元帅府和吐蕃等路宣慰司都元帅府。
③ 张云认为，治所迁河州前当在今青海湟源之古临羌城（藏文作 gling chang），参见张云《元代吐蕃地方行政体制研究》，中国社会科学出版社，1998，第187~188页。
④ 《明太祖实录》卷五三，洪武三年六月条，第1056~1057页。
⑤ （明）俞本：《纪事录笺证》，第321页。《纪事录》记载卜纳剌归附时间为十月，《明太祖实录》作六月。笺证从俞本说。
⑥ （明）俞本：《纪事录笺证》，第322页。

卫驻在地，高昌卫的情况与之相同。

1. 武靖卫

武靖卫的线索比较明晰，该卫是在元镇西武靖王集团的基础上设立的番卫。《明太祖实录》中详细追溯了武靖王卜剌纳的源流，称其为元世祖忽必烈第七子西平王奥鲁赤的后裔，依次为奥鲁赤→镇西武靖王帖木儿不花→搠思班→梁王脱班→武靖王卜纳剌。① 奥鲁赤后裔世代镇守西番（藏区），因此，在藏文史书中也有一些记载。例如，《红史》载，1359 年噶举派首领前往大都的过程中受阻于河州地区，当时就"在河州住了八天，住在王子官却贝在山腰修建的寺院附近扎下的帐篷中"②。"王子官却贝"的藏文原文为"rgyal-bu-chos-dpal"，应作"王子搠思班"。即至正十九年河州的蒙古诸王中包括仍然在世的镇西武靖王搠思班。《雅隆尊者教法史》则进一步说明"铁木儿不花次妻生子搠思班曾加封靖王名号，赴乌思、藏。他的后继者塔塔儿靖王、塔马西王、卜纳剌王等等，驻于河州"③。李治安提出，明初，"'纳剌'、'卜纳剌'，与本书的卜纳剌王（Prad-dznya-dbang）实即一人。韩伯诗推测，卜纳剌系搠思班之孙，党兀班之子。疑是。韩伯诗还认为，卜纳剌应还原为梵文 Buddhapala。此说法似有问题。倘若'卜纳剌'一词原为梵文，它应在与梵文关系密切的藏文中表现最明显。据本书所载，卜纳剌的藏文转写为 prad-dznya，而与 Buddhapala 差别较大。兹存疑"④。无论如何，这表明卜纳剌承袭武靖王位是在 1359 年之后。

关于卜纳剌降明之后明廷的安置情况根据《明实录》和《纪事录》的记载，似乎非常清晰。然而《代詹学士封靖西王制》则为明朝对甘肃故元宗藩降人的待遇提供了更多的线索。该文李新峰先已提及⑤，但是制文中并未明确点出受封者的人名、官职、部族等具体信息，有必要加以

---

① 《明太祖实录》卷八三，洪武六年七月戊辰条，第 1491 页。

② 蔡巴·贡噶多吉：《红史》，东嘎·洛桑赤列校注，陈庆英、周润年译，西藏人民出版社，2002，第 94 页

③ 释迦仁钦德：《雅隆尊者教法史》，汤池安译，西藏人民出版社，1989，第 53 页。

④ 仁青岱：《雅隆觉沃教史》，李治安译注，《蒙古学资料与情报》1990 年第 3 期，第 39 页，注释 41。

⑤ （明）俞本：《纪事录笺证》，第 395 页，李新峰笺证四。

讨论。文曰：

> 朕惟窦融保五郡而事汉，式彰推戴之忱，李绩举十州以归唐，益著忠贞之节。在当时之宠遇，越常典以褒嘉。眷尔外藩，忠于内附，为绩既懋，其报宜丰。具位某曩在北朝，属为近戚，任维城之重寄，乃胙土于遐陬，抚御合宜，官府各修其职业，恩威并著，部落咸赖以安。兹朕诞开鸿业之初，惟尔灼知历数之在，审于去就，率先遣使而来庭；籍其土疆，不待兴师以及境，知同马援之识真主，义等箕子之归成周。是用颁新命以示恩，仍旧封而授任，庶使守其祭祀，岂惟保兹民人。於戏！锡爵疏封，不忘诚服之意；柔远能迩，实切宠绥之心。尚思对扬，益崇忠荩。可授光禄大夫、靖西王，仍给金印，俾其子孙世世承袭。①

我们分别分析这篇制文的写作时间和具体内容。

首先，《苏平仲文集》和《皇明经世文编》均未交代具体时间，《皇明经世文编》的按语中有"此胜国之胄也，想亦终入沙漠，即并未将卜刺纳与靖西王的封号联系起来，反而猜测是某个降明复叛的前元宗室"，这完全出于陈子龙等人的臆测。借助苏平仲等人的事迹可以大体推断靖西王正是镇西武靖王卜剌纳。

第一，该文作者苏伯衡，字平仲，金华人，元末明初人。先在朱元璋礼贤馆供职，又担任国子学录。吴元年为国子学学正。被擢为翰林编修，却力辞不就。洪武十年，学士宋濂致仕，向朱元璋推荐此人代己，仍被其推辞。二十一年（或二十三年）主会试结束，依旧辞官。可见他并没有长期在朝为官。如果为他人起草诏制，应该不会晚于洪武十年。

第二，所谓詹学士当是詹同。他在洪武二年任职翰林院直学士，兼侍读学士。洪武四年升任吏部尚书，洪武六年以吏部尚书兼翰林学士承旨，七年致仕，随即又起复为翰林学士承旨②。根据詹同的历官经历，可

---

① 参见《苏平仲文集》卷二，《四部丛刊初编·集部》。《皇明经世文编》卷六收入，但缺"可授光禄大夫、靖西王，仍给金印，俾其子孙世世承袭"。

② 以上出处见《明太祖实录》卷三八、卷三九、卷六五、卷八三、卷八九、卷九〇。

以说这篇代草之作必然在洪武四年詹同升任吏部尚书之前。

第三，卜纳剌等人降明时是洪武三年。那么，这篇制文的时间只能在洪武三年到四年之间。

其次，封王制书与卜纳剌的关系。文中指出，"具位某曩在北朝，属为近戚，任维城之重寄，乃胙土于遐陬，抚御合宜，官府各修其职业，恩威并著，部落咸赖以安全"。换言之，就是说封授对象是元朝的宗亲，在元代已经受封在边疆地区。由此也不能肯定授职对象为何人。关键的话在最后"可授光禄大夫、靖西王，仍给金印，俾其子孙世世承袭"。光禄大夫是明朝文武散阶的最高级（正一品、从一品），与这一散阶相连的"靖西王"封号显然并非实职，只不过是维持了从元代即已获得的荣耀而已。从现有史料看，"靖西王"的说法只此一见，很有可能是苏平仲对王号的笔误。在《明太祖实录》中记载的实封卜纳剌存在一些矛盾，一种说法是"洪武五年授怀远将军武靖卫指挥同知，子孙世袭"①；另一种说法是洪武四年正月②。结合《纪事录》的记载，武靖卫设立和卜纳剌授职时间当从洪武四年正月说。有意思的是卜纳剌的武职为怀远将军武靖卫指挥同知，是从三品，要比初封王爵的级别低。基于此，笔者认为，在卜纳剌刚刚降明的时候，为了安抚降人，直接因袭了元朝旧封，是虚封。等到西北边境局势初步稳定，明朝建立羁縻军卫，实授了武职，并且很快将卜剌纳等人调入京师（南京），"带刀侍卫"，实际上解除了其对原有部众的直接控制权。对此，朱元璋还解释说"推诚心以待人，路人可使如骨肉。以嫌猜而御物，骨肉终变为仇雠。朕遇前元亲族，如高昌、岐王等，皆授以显职，仍令带刀侍卫，一无所疑。朕待之如此，彼岂肯相负哉！"③再考虑到《纪事录》中仍有"元武靖王沙加失里"的说法，可以说，武靖王的封爵在一段时间内与武靖卫指挥同知的武职共同存在，换言之，武靖卫指挥同知兼武靖王于一身的身份在卜剌纳死后，分别为其子承袭了。

武靖卫指挥同知卜纳剌在洪武六年（1373）年初升任杭州都卫指挥

① 《明太祖实录》卷八三，洪武六年七月戊辰条，第 1491 页
② 《明太祖实录》卷六〇，洪武四年正月庚寅条，第 1172 页。
③ 《明太祖实录》卷六〇，洪武四年正月庚寅条，第 1172～1173 页。

同知[①]，年底病亡。他的儿子答里麻剌哑洪武九年在南京先“带刀宿卫”[②]，很快承袭了武靖卫指挥同知[③]。《雍大记》称“（洪武）十年立河州左、右二卫”[④]。俞本作洪武九年十二月“添设河州左卫”[⑤]，置卫时间不同。《明太祖实录》则未载河州卫分置事，但有“胡兵寇陕西归德之三岔口，河州右卫指挥徐景等率兵击败歼之，得马牛羊以万数”[⑥] 的记载，可以佐证。至于河州左右卫改置，《明太祖实录》作“改河州右卫指挥使司为河州军民指挥使司，革河州府”[⑦]。俞本称，洪武十二年“八月，改河州右卫为河州卫，革陕西行都指挥使司及河州府宁河县，河州左卫官军调守洮州”[⑧]，更加具体。河州卫能够分置的前提是必须有足够的军额，考虑到各番卫均置立在河州的现实状况，显然军卫分置条件早已具备。所以，极有可能在洪武十年，原武靖等卫由于河州左右卫的析置而被归并进新的军卫体系中了。之后，武靖卫的记载在史料中消失也暗示了这一推论的合理性。据此判断，武靖卫大约存续了6年。

附带说明，俞本曾经记载，洪武八年“十月，上敕元武靖王沙加失里，同河州卫俞本往西海子，诏谕元国师必麻剌失里”[⑨]。《明太祖实录》中提到洪武三年宁正在宁河追杀尚未投降的镇西武靖王卜纳剌部众获胜后，“沙家失里与诸酋长遣人来请降”[⑩]，那么沙家失里与卜纳剌属于同一集团。《明太祖实录》还具体记载了沙加失里与巴都麻失里的身份都是“故元宗王子”，一同归降的还有“院使汪家奴”，“知院琐南辇真”，“平章孙让”，“宣政副使海寿、和尚、马儿”，“也失里等”，共48人。[⑪] 关

① 《明太祖实录》卷七八，洪武六年正月乙丑条，第1432~1433页。

② 《明太祖实录》卷一〇八，洪武九年九月己卯条，第1807页。

③ 《明太祖实录》卷一一〇，洪武九年十一月癸未条，第1826页。

④ （明）何景明：《雍大记》卷六，《四库全书存目丛书·史部》（第184册），影印明嘉靖刻本，第43页。

⑤ （明）俞本：《纪事录笺证》，第398页。

⑥ 《明太祖实录》卷一一八，洪武十一年五月庚子条，第1932页。

⑦ 《明太祖实录》卷一二五，洪武十二年七月丁未条，第2004页。

⑧ （明）俞本：《纪事录笺证》，第407页。

⑨ （明）俞本：《纪事录笺证》，第394页。

⑩ 《明太祖实录》卷二四五，洪武二十九年四月，第3564页。

⑪ 《明太祖实录》卷六七，洪武四年八月癸卯条，第1267~1268页。

于沙加失里的记载再次出现时又作"故元太子"①。《校勘记》指出："故
元太子沙加失里，按《实录》一二六七面作故元宗王子，疑是也。"笔者
理解《明太祖实录》此处称谓不一定有误。赵翼曾经指出："大概国初
时，正宫皇后所生，虽非冢嫡，亦称太子，其余则称王。中叶以后，则
非正宫所生，亦称太子，而命为继体者，则称皇太子。"② 民间也将诸王
子称为太子。沙加失里为诸王子的身份确定无疑，参以《纪事录》，可认
为他也是卜纳剌的儿子之一。此时卜纳剌已死，答里麻剌哑承袭其父在
明朝的武职，而没有袭王爵。沙加失里绝不可能擅自称王，《纪事录》或
许漏记"子"字。

2. 高昌卫

高昌卫同样设在河州，高昌王和尚为指挥同知，他是元代亦都护的
后裔。司律思接受柯劭忞的观点，将高昌王桑哥与和尚视作同一人的不
同名字，认为岐山卫的指挥则是朵儿只班，误作"桑哥朵儿只"。③ 由于
桑哥、和尚都出现在《明实录》中，并且都被记作"高昌王"，引起了混
乱。党宝海考证纽林的斤是钦察台的兄长，桑哥为钦察台之孙、月鲁帖
木儿之子，1353 年已经袭高昌王。和尚是纽林的斤的重孙，与桑哥为叔
侄关系。1370 年降明时也作高昌王。④ 党宝海推测高昌王位继承一直有叔
侄推让的传统，和尚降明之前已经接替了叔父的王位（见图 1）。

和尚亦作"和赏"，据宋濂所撰《坟记》，他死于洪武七年（1374），
时年 28 岁，当生于元至正七年（1347）。和尚降明之后的情形为《明实
录》所不载，赖《坟记》得以了解。据称，和赏"幼亦绍王封，镇永昌。
洪武三年，大兵下兰州。公赍印绶，自永昌率府属诣辕门内附，诏授怀
远将军、高昌卫同知指挥使司事，世袭其职。公乃开设官署，招集降卒
数百人。会宋国公冯公胜奉勅征甘肃，命公移镇西凉，转输馈饷无乏，

---

① 《明太祖实录》卷八一，洪武六年四月己卯条，第 1458 页。

② （清）赵翼：《廿二史札记》卷二九《元帝子称太子者不一》，中国书店，1987，第
425 页。

③ 参见 Henry Serruys，"The Mongols of Kansu during the Ming"，*Mélanges chinois et bouddhiques*，
Vol. 10，1955，Bruxelles，pp. 235，237 – 238。

④ 参见党宝海《13、14 世纪畏兀儿亦都护世系考》，《西北民族研究》1998 年第 1 期，第
34 ~ 35 页。

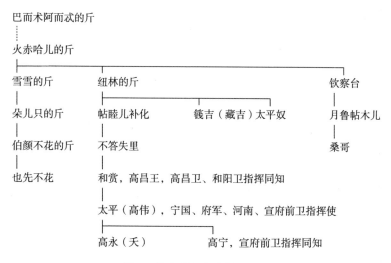

图1 元末明初之高昌王家族

资料来源：笔者根据相关资料改制，参见党宝海《13、14世纪畏兀儿亦都护世系考》，《西北民族研究》1998年第1期，第35页。

朝廷嘉之"①。和尚自永昌归附后，召集降卒一事，有《明太祖实录》可印证。② 其后他参与了冯胜西征，驻西凉负责后勤供应。西征结束后，他回到南京，最终死在那里，有子一人，唤太平。我们关心的是高昌卫的下落。明人晏璧曾为和尚之姊作传，传中透露了端倪，谓"节妇高氏，讳妙光，畏吾而氏。前元驸马高昌王亦都护不答试里之女，宣让王世子之子莽速之配，怀远将军和阳卫指挥同知和赏之女兄也"③。和阳卫在南京。《节孝传》还说，和尚遗腹子是高伟（和尚家以高昌王号取汉姓为高），先后在宁国、府军、河南、宣府诸卫任职。这个高伟应是宋濂《坟记》中所称的太平。倪谦《高昌家乘后序》则记载了其后高伟之子高永、

① 参见《故怀远将军高昌卫同知指挥使司事和赏公坟记》，（明）宋濂《宋濂全集》卷七《记五》，黄灵庚编辑点校，人民文学出版社，2014，第146页。

② 《明太祖实录》卷五八，洪武三年十一月庚寅条，第1123页。

③ （明）晏璧：《节孝传》，收入刘德宽《（民国）龙关县志》卷十八《艺文志下》，《中国地方志集成·河北府县志辑》（第12册），影印1934年铅印本，上海书店，2006，第409页。高昌王和尚家世亦可参考（明）叶盛《水东日记》卷二十七，魏中平点校，中华书局，1980，第264~265页，党宝海已指出此版本错误很多。

高宁的事迹，指出高伟最后所在军卫是宣府前卫①。晏璧《节孝传》称高伟在 18 岁时袭父职，时为洪武二十四年（1391）②。以上材料说明和尚死时的身份是和阳卫指挥同知，这绝非简单的调职，而是暗示了高昌卫由于本卫士卒数量较少（数百人），加之征战伤病亡，并且未能在永昌落脚，最终应被撤并。以此推知高昌卫的存在时间应不超出洪武五年年底，约 2 年。

高昌卫的下落或许与和阳卫存在某种关系。和阳卫初立于吴元年（1367），洪武五年下半年的军卫调整中，一度将和阳卫并入神策卫。③ 这一举动必定是在征战过程中该卫军人损失巨大的结果。然而不久，和阳卫得以迅速恢复。短期内复置只有一个办法，就是调集其他卫所的军人补伍方能维持建制的完整性。联系和尚死时的和阳卫指挥同知武职身份，的确存在洪武五年底将高昌卫并入新和阳卫的可能性。此外，据《云南左卫选簿》所载，该卫指挥佥事短俊的祖先名叫短苔儿，西宁州达达人，在元朝为镇抚，洪武三年降明后，为河州卫百户。他参加了五年的甘肃之役，并调往和阳卫。④ 此人调卫时间与和阳卫复置时间相符，且与和尚所在军卫名称一致，更兼同为洪武三年归附，在河州任职之"达达人"。因此他极有可能原属于铨注河州卫的高昌卫武职，从而为高昌卫的下落提供了间接证据。

3. 岐山卫

岐山卫置卫一事，史文有异，抵牾大多集中在岐王身份的记载上。岐王一系是元代驸马弘吉剌氏赤窟的后裔，份地在西宁附近。《明太祖实录》称"故元高昌王和尚、岐王桑哥朵儿只班以其所部来降"⑤。四年正

① 参见（明）倪谦《倪文僖集》卷二十一《高昌家乘后序》，《景印文渊阁四库全书·集部》（第 1245 册），第 443 页。

② 参见《（民国）龙关县志》卷十八《艺文志下》，第 408 页。

③ 《明太祖实录》卷七六，洪武五年十一月丁未条，第 1403 页。

④ 参见《云南左卫选簿》，《中国明朝档案总汇》（第 58 册），广西师范大学出版社，2001，第 397 页。

⑤ 《明太祖实录》卷五五，洪武三年八月丙寅条，第 1077 页。胡小鹏、魏梓秋《〈明兴野记〉与明初河州史事考论》一文称《明兴野记》（《纪事录》）中的"锁罕朵只巴"就是《明实录》"桑哥朵儿只班"，简称"朵儿只班"或"朵只巴"，系误断原文句读，参见胡小鹏、魏梓秋《〈明兴野记〉与明初河州史事考论》，《西北师范大学报》2011年第 6 期，第 61 页。

月"置武靖、岐山、高昌三卫指挥使司，以卜纳剌为武靖卫指挥同知，桑加朵儿只为高昌卫指挥同知"①。《明太祖实录》中的"岐王桑哥朵儿只班"仅此两见，其余并作"岐王朵儿只班"。检《国榷》载"立武靖、岐山、高昌三卫。卜纳剌为武靖卫指挥同知，朵儿只班为岐山卫指挥同知，和尚为高昌卫同知"。《国榷》编撰主要利用《明实录》，可以《国榷》史文订正《明实录》缺讹，以此可见今本《明实录》文本有误，当从《国榷》。从中得知明朝官方承认的岐王只是朵儿只班。《纪事录》中一见"岐王阿剌乞巴"之后，又载"（洪武四年正月）西宁州地名锁罕秃朵只巴岐王，遣元参政阿失宁至河州降"②，仍与《明太祖实录》保持了一致。

岐王阿剌乞巴此前仅见于《元史》，至正九年（1349）镇守西番，十二年（1352）获功受赐。③二十五年（1365）二月，"戊午，皇太子在冀宁，命甘肃行省平章政事朵儿只班以岐王阿剌乞儿军马，会平章政事臧卜、李思齐，各以兵守宁夏"④。最后一条材料实际上说明阿剌乞巴未能亲自率军防卫宁夏，而是由时任甘肃行省平章政事朵儿只班⑤带领他的属下军马参与军事行动。那么，朵儿只班与阿剌乞巴的关系考量中，前者成为嗣岐王，至少是岐王诸子的可能性很高。阿剌乞巴或许年老，或许身体状况堪忧，已经无力指挥军队。联系俞本的记录，从至正二十五年到洪武三年的五年中，阿剌乞巴活动地域在甘肃、西番地区，可以肯定至少在洪武三年年中，岐王阿剌乞巴仍然在世，但是已经不再实际掌控部属。正在归降明廷的过程中，阿剌乞巴死亡，朵儿只班以岐王的身

① 《明太祖实录》卷六〇，洪武四年正月庚寅条，第1172页。
② （明）俞本：《纪事录笺证》，第332页。李新峰笺证认为"锁罕秃"为蒙语suhaitu之音译，意为红柳地，当在今甘肃景泰县城西偏南寺滩乡永泰村的永泰城旧址一带。同书，第333~334页。
③ 《元史》卷四十二《顺帝五》，中华书局，1976，第887、900~901页。
④ 《元史》卷四十六《顺帝九》，第968~969页。"校勘记"认为"阿剌乞儿"当作"阿剌乞巴"。
⑤ 朵儿只班也称作朵儿只巴、朵儿只把、朵只巴，是元末明初活动在西北地区的蒙古大酋，官职也有甘肃行省平章、岐王、太尉不同的记载。这个名字如果按照藏文的写法，朵儿只班是rdorje-dpal的译音，而朵儿只巴则是rdorje-pa的译音，两者应有区别。然而，综合史料中的记载看，是为一人。

份与明周旋。简言之，洪武三年有意归附明朝的岐王阿剌乞巴突然亡故，朵儿只巴原为甘肃行省平章，此时继立为王，于是明朝不得不再次招降。

《纪事录》称朵儿只巴派遣参政阿失宁到河州请降。招降事宜进行得很不顺利，朵儿只巴本人"虽奉书，而时遣人通语其家无归心"①。韦正派人携朱元璋招抚旧旨，劝告他"若做一家，上必任以重职。汝既年老，恣择便利草地处之。汝当静思之"。朵儿只巴再次派遣他的侄儿朵失结（朵儿只失结）奉表归降。② 但这只是表面文章，在降明一事上，岐王集团内部的认识并不统一。

概括岐山卫的设置线索，可知岐王阿剌乞巴在洪武三年准备降明，但不久后死亡，由朵儿只班继王位。明朝得到阿剌乞巴归降的消息后，准备与其他降王一样在河州设立岐山卫。但是新岐王始终心怀疑虑，最后以叛入甘肃宣告了岐山卫置立努力的失败。因此，岐山卫仅仅停留在明朝的羁縻番卫规划上，并没有实现。相反，从朵儿只班集团分裂出来的朵儿只失结率 2000 余人降明，洪武六年被立为西宁卫，这在某种程度上挽救了明朝濒于破产的招降岐王计划。从明朝设立西宁卫，而没有直接以朵儿只失结取代朵儿只班的措施看，对于岐王还是保留了希望。它将在随后岐宁卫的置立过程中再次显现。

（二）岐宁卫

洪武五年，"朵只巴遣参政阿失宁朝京，以其女献为东宫次妃。上允，敕女官于兰州迎娶，遣礼部官设御宴于兰州待之。朵只巴在红楼子驻营，终不肯赴宴，寻领众遁于西宁"③。《明太祖实录》亦载此事④。明军西征时，傅友德曾在忽剌罕口击败太尉朵儿只班，获得辎重；冯胜也在别笃山口赶跑了岐王朵儿只班，俘获少量俘虏和大批畜

---

① （明）俞本：《纪事录笺证》，第 332 页。
② （明）俞本：《纪事录笺证》，第 341 页。
③ （明）俞本：《纪事录笺证》，第 356 ~ 357 页。笺注认为甘肃永登县南的红城镇可当元代之红城子驿，即红楼子。同书，第 357 页。
④ "故元参政阿失宁自西蕃来降贡马，以灌顶国师玉印来上。诏赐织金文绮"，并没有提到纳女一事，参见《明太祖实录》卷七三，洪武五年四月庚寅条，第 1342 页。

产。① 即便如此，朵儿只班并没有马上逃往漠北，而是继续逡巡于祁连山东南麓。当年年底，朵儿只失结奉冯胜之命，会同河州卫指挥徐景围剿朵儿只班在西宁息利思沟闪古儿之地的大营，夺取了岐王金印②。《纪事录》称："十二月，朵只巴移驻煖州，韦正料其不备，调河州卫指挥徐璟领精锐马步兵二千人夜袭甚营，朵只巴单骑而遁。璟获其金银（印）并妻子及部下番戎以归。"③ 此战沉重打击了岐王集团。

再次出逃的岐王仍然保存有一定的实力。洪武六年在洮州三副使阿都儿等人的邀约下，"朵儿只班等遂率众驻大通山黑子城，入寇河、兰二州。西宁卫千户祈者公孙哥等领兵击之，斩其知院满答立等百余人，千户伦达力战死。寇遂解去"④。但明朝方面还在努力招抚岐王。俞本将此后岐王降而复叛的过程集中追述，称对于战败逃走的朵儿只班，"上怜之，遣赵内侍赍制往谕，以所获妻、子送还。朵只巴已复驻西凉，赵内侍至，待之甚厚。数日，令归，至乌飍岭，朵只巴遣番骑数十人追及，尽杀之"⑤。事实上，这一过程延续了3个年头。首先，在六年年底，"西番土官朵儿只巴遣其子知院僧吉加督、左丞管著（者）等来朝贡方物，并以故元詹事院印来上。诏以僧吉加督、管著俱为镇抚，赐织金罗绮衣服帽靴，仍赐第居于京师"⑥。这是对明朝态度的试探。作为回报，七年（1374）二月，明朝"置岐宁卫指挥使司，以故元平章答立麻，国公买的为指挥同知，枢密院判官古巴，平章著实加、亦怜直为指挥佥事"⑦。虽然朵儿只班并没有出现在受封名单中，但根据当时军事形势推断，必为其集团无疑。岐宁卫的名称也与岐王存在内在联系。

① 《明太祖实录》卷七四，洪武五年六月戊寅条，第1358～1359页。有学者据此认为"元太尉朵儿只班"和"岐王朵儿只班"并非一人。但胡小鹏结合《明兴野记》提出两者为一人。《皇明本纪》载冯胜西征过程有"元岐王太尉朵儿只巴遁去"之说，可见确为一人，参见《玄览堂丛书·续集》（第1册），影印明蓝格钞本，台北正中书局，1985年，第113页。

② 《明太祖实录》卷七六，洪武五年十一月壬申条，第1406～1407页。

③ （明）俞本：《纪事录笺证》，第375页。《纪事录》载此事的时间与《明实录》相差一年，似应从《明实录》。

④ 《明太祖实录》卷八三，洪武六年七月己巳条，第1492页。

⑤ （明）俞本：《纪事录笺证》，第375页。

⑥ 《明太祖实录》卷八六，洪武六年十二月丙寅条，第1541页。

⑦ 《明太祖实录》卷八七，洪武七年二月丙寅条，第1555～1556页。

另外，鉴于朵儿只班反复无常，岐宁卫采取了混合编伍的方式，即抽调附近卫所的明军前往混编。《鲁氏家谱》中保存了岐宁卫军队构成的信息，"明太祖嘉其义，授子巩卜世杰昭信校尉、岐宁卫百户长，颁赐敕谕符验二道、印一颗，令其遵律抚众，驿传应付"①。《敕二世昭信校尉百户公巩卜失加一道》的敕旨云："奉天承运皇帝敕曰：朕君天下，凡慕义之士皆授以官，尔巩卜失杰（加）久居西土，乃能委心效顺，朕用嘉之。令（疑当作今）授以昭信校尉、岐宁卫管军百户。尔当思尽乃心，遵律抚众，庶副朕之委令。尔宜勉之。洪武七年十月□日。"② 明确记载了岐宁卫设立于洪武七年十月的事实。洪武初，巩卜失杰（加）降明后，大约驻扎在今兰州市红古区境内。此时由兰州卫调往岐宁卫，自然是为了稀释岐王集团的部众数量（此时庄浪卫已经设立，或许是就近分拨）。幸而，尚有岐宁卫官印存世，为该卫的设立提供了强有力的佐证。③

明廷向新设立的河西各番卫派出文职人员以加强管理，并深入了解情况。那么，熊鼎等人是何时被派往岐宁的？宋濂称："八年正月授岐宁卫经历，赐白金五十两、钱万三千文。"④ 朱元璋在敕谕中叮咛熊鼎："敕尔西行，务持汉案，以便来闻。其余蒙古行移，从其自择……今遣使驰驿，赍衣往赐，作御寒之用……九年春交者至，尔归面闻。"⑤ 此事《明太祖实录》也有记载。⑥ 显然，朱元璋派遣熊鼎前往岐宁卫的目的是加强

① 《（乾隆）鲁氏家谱》卷一《纶音》，收入王继光《安多藏区土司家族谱研究》，民族出版社，2000，第 55 页。
② 《敕二世昭信校尉百户公巩卜失加一道》，收入《安多藏区土司家族谱研究》，第 56 页。这道敕旨系于巩卜世杰颇为可疑，似应为其父兄。
③ 嘉德国际拍卖有限公司在 2008 秋季拍卖会成交编号 4458 "岐宁卫前千户所百户印"铜印一方，据称该印印面边长 72×72 毫米；通高 89 毫米，方形，撅钮，印文为九叠篆，印台镌刻"洪武七年十月　日"、"礼部造"及"岐宁卫前千户所百户印"与印文相证，印台侧镌刻"印字二十五号"，年代不明，参见博宝艺术品拍卖网，http：//auction.artxun.com/paimai-23762-118806457.shtml。所称"岐州，后魏置东西二岐州，俱在河南南召县西六十里。后魏置，治雍，在今陕西凤翔县南，隋改曰扶风郡，唐复曰岐州，又改曰扶风郡，后改曰凤翔郡，升为西京凤翔府"，显系对该印的错误理解。
④ （明）宋濂：《故岐宁卫经历熊府君墓铭》，载《宋濂全集》卷六六《墓铭三》，第 1557～1558 页。
⑤ （明）姚士观、沈鈇编校《明太祖文集》卷六《谕岐宁卫经历熊鼎、知事杜寅，西凉卫经历蔡秉彝，甘肃卫经历张讷等》，《景印文渊阁四库全书·集部》（第 1223 册），第 45 页。
⑥ 《明太祖实录》卷一○○，洪武八年八月己酉条，第 1703 页。

对羁縻卫的管控。熊鼎主要负责管理该卫的汉文案卷文书，同时收集情报。敕谕中"其余蒙古行移，从其自择"的说法表明岐宁卫通行的文书事务使用蒙古语，反映了该卫的基本部众一定以蒙古人为主。熊鼎到卫后很快上书，指出朵儿只班的动摇性：

> 时朵儿只把虽降，而持两端。君上书万余言，言状其略谓："西凉岐宁，汉唐内地，不可弃。朵儿只把非有归向之诚，特假我声援，胁服邻邦，为自安计。朝廷宜思制之之道，急之则必席卷而遁，虽得其地而无民；缓之则恐羽翼既成而跋扈。宜稍给种粮，抚其遗民，以安众心，而以良将参守之。则朵儿只把特匹夫耳，又将安往？"①

朱元璋闻讯，派遣使者赵成召还熊鼎等人。对明朝而言，岐宁卫的形势一直不稳，那些不愿真正屈服于明朝的河西蒙古军民必定群聚于岐王的旗帜之下坚持抗明。看到明朝召还熊鼎，朵儿只班确认这是明朝即将动武的前兆。他立即抢先动手，派么哥苫儿在打班驿（在乌鞘岭上）截杀了熊鼎、赵成及知事杜寅②，公开反叛。岐宁卫实际上废置。

（三）西平卫与西宁卫

在岐山卫置立计划失败后，明朝建立西宁卫作为某种形式的补充。西宁卫的首领朵儿只失结是当地人，原官为甘肃行省右丞，属于太尉（岐王）朵儿只班集团。据《纪事录》的说法，两人是叔侄关系，曾代表朵儿只班降明。朵儿只班悔降后，朵儿只失结本人率部降明，并跟随冯胜西征。洪武六年正月，明朝以朵儿只失结所部立西宁卫。③西宁卫的地位日渐强化，终明一代一直存在，在明朝的西部边防中发挥了重要作用。朵儿只失结家族世袭西宁卫武职，也被称为"祁氏土司"，与西宁李氏同为重要的土官家族。

---

① （明）宋濂：《宋学士文集·芝园续集》卷四《故岐宁卫经历熊府君墓铭》，《四部丛刊初编》（第1514册），1919年景印本，上海商务印书馆。
② 《明太祖实录》卷一〇六，洪武九年六月戊申条，第1775～1776页。
③ 《明太祖实录》卷七八，洪武六年正月己未条，第1430～1431页。

西平卫仅在《明太祖实录》中有少量并且不够完整的记载。洪武六年四月，明朝设立了西平卫，"以故元来降知院撒尔札拜为指挥佥事"①。在 4 天前的癸未日，则记录了"故元知院撒尔扎拜弟卜颜帖木儿等来朝献马，赐以绮帛及衣二袭，傔从亦赐衣服有差"②。可见，明朝对于撒尔札拜投降处置极为迅速。此事放在刚刚经历了漠北惨败的背景下，不难理解。只是撒尔札拜的来历并不清楚，西平卫的归属关系也未提及，从而使它的具体位置模糊不清。司律思远溯至辽夏时代，推想应位于凉州境内，并且与元代的西平王有关。③ 笔者认为将该卫与西平王联系的观点颇为可取。元世祖朝即以西平王奥鲁赤镇守吐蕃，其驻地就在汉藏交界之处。仁庆扎西认为元代的西平王府在算木多城，与镇西武靖王共居一地，正在今青海互助之松多。④ 那么，西平卫置于此地的可能性很大。元末西平王由巩卜班（贡哥班）于 1337 年承袭，明初归降之河州诸王中不见巩卜班的名字说明他已不在世，而是由王府官属统领部众。根据前例，明朝一般将归附的元朝诸王封为番卫的指挥同知。撒尔札拜作为王府官属受封指挥佥事也是遵循了这一原则。撒尔札拜治下的西平卫存在时间较长。洪武六年至十一年，我们都能看到其朝贡的记录⑤，此后便消失了。有一点可以肯定，史书中没有西平卫叛明的记载。

西宁卫设立之后到洪武之间，西宁与庄浪之间并没与任何重要的军事据点，相反，这里还直接受到顽强反明的朵儿只班集团的持续威胁。为填补防御空缺，洪武十年（1377），明朝要求征西将军抽调凉州守军防守碾北。⑥ 邓愈在击败川藏叛军之时，"遂遣凉州等卫将士分戍碾北等处而还"⑦。

① 《明太祖实录》卷八一，洪武六年四月丁亥条，第 1461 页。

② 《明太祖实录》卷八一，洪武六年四月癸未条，第 1461 页。

③ Henry Serruys, "The Mongols of Kansu during the Ming", p. 253.

④ 仁庆扎西：《西平王府今地考》，《青海社会科学》1986 年第 6 期。张云有不同看法，认为镇西武靖王驻地在河州，参见张云《元代吐蕃地方行政体制研究》，中国社会科学出版社，1998，第 28～30 页。

⑤ 《明太祖实录》卷八六，洪武六年十二月庚子条，第 1537～1538 页；《明太祖实录》卷一一九，洪武十一年八月壬戌条，第 1941～1942 页。

⑥ 《明太祖实录》卷一一二，洪武十年五月辛卯条，第 1857 页。

⑦ 《明太祖实录》卷一一二，洪武十年五月癸卯条，第 1858 页。

为弥补碾北守军的不足，五月又由庄浪卫调来新军 1000 人。[①] 次年三月，明朝正式"置庄浪分卫于碾北，命指挥佥事李景守之"[②]。七月，又将庄浪分卫改置为碾北卫指挥使司。[③] 虽然在一个月后，仍有西平卫朝贡的记载，但是考虑到新的边防布局，西平卫地位降低、作用弱化则显而易见，它被撤并也在情理之中。

（四）西凉、甘肃等卫

日本学者曾言冯胜西征后，"所以在甘州地方设置了甘肃卫，在永昌地方设置了庄浪卫，必定是这次征伐的结果"[④]。这一说法实则于史无证。尹伟先将甘肃卫放在明初经略甘青藏区的一系列土（番）卫中加以论述，实际上就是承认甘肃卫不同于普通军卫的特殊性质。[⑤] 笔者赞同其观点。冯胜西征前，元朝的凉州守将就已经出现了动摇。"洪武三年，平定陕西。元永昌路詹事院凉国公搭搭，领所部北遁死，子南木哥挈所部还凉州归。"[⑥] 迫于形势，次年，"故元詹事院副使南木哥、詹事丞朵儿只自河西率兵民二千余人来降"[⑦]。等到五年冯胜西征时，凉州已是空城一座。战事结束，也没有留军戍守。明朝当时在黄河以北设立最远的军卫是庄浪卫。《国榷》载，洪武五年十一月"壬子，置甘肃卫"[⑧]。实属删节太过。《明太祖实录》称："置甘肃卫都指挥使司、庄浪卫指挥使司。"[⑨] 两者比较，谈迁一定是对置甘肃都卫的说法产生了疑惑。《明一统志》称："本朝洪武二十四年置甘肃卫。二十六年始于此置陕西行都指挥使司，领卫十二、守御千户所二。"[⑩]

---

① 《明太祖实录》卷一一五，洪武十年九月丁丑条，第 1881 页。

② 《明太祖实录》卷一一七，洪武十一年三月庚子条，第 1920 页。

③ 《明太祖实录》卷一一九，洪武十一年七月辛巳条，第 1938 页。

④ 〔日〕和田清：《明代蒙古史论集》（上册），潘世宪译，商务印书馆，1984，第 22 页。

⑤ 参见尹伟先《明代藏族史研究》，民族出版社，2000，第 176 页。

⑥ （清）顾炎武：《肇域志》，王文楚等校点，上海古籍出版社，2012，第 1532 页。

⑦ 《明太祖实录》卷六七，洪武四年七月戊辰条，第 1258 页。

⑧ （明）谈迁：《国榷》卷五，张宗祥校点，中华书局，1958，第 474 页。

⑨ 《明太祖实录》卷七六，洪武五年十一月壬子条，第 1403 页。

⑩ （明）李贤：《大明一统志》卷三七，影印天顺原刻本，三秦出版社，1990，第 652～653 页。《肃镇志》卷一称"二十四年设甘肃卫"，参见（清）高弥高、李德魁等纂修《肃镇志》卷一，《中国方志丛书·华北地方》（第三四八号），据清顺治十四年抄本影印，成文出版有限公司，1970，第 10 页。从史源上看，当出自《一统志》。

并未提及五年置卫事。再者，甘肃都卫的说法明显极不合理。所以，径以甘肃卫代之。笔者认为，《明太祖实录》此处所载虽然可能存在讹误之处，但基本准确。否则史料中 24 年之前出现的"甘肃卫"名称便无从解释。

甘肃卫虽然设置，但地点是否就在甘州（今张掖）则值得怀疑。前面提到，五年明军撤出时弃守河西走廊。在从庄浪到甘州 800 里的距离内没有军卫建置，而是甘肃卫孤悬走廊，这无论如何都不是审慎的防御策略，也与洪武朝渐次推进的河西经略实践相违背。如果甘肃卫的确设在甘州，那么自洪武五年之后到二十三年年底前，明朝多次讨论西北地区后勤供应中盐则例的调整，没有一处涉及甘肃卫，仅及凉州卫止并非偶然现象。① 甚至朱元璋本人"玺书赐秦王樉曰：关内之民自元氏失政以来，不胜其弊。及吾平定天下，又有转输之劳。西至于凉州，北至于宁夏，南至于河州，民未休息，予甚悯焉。今尔之国，若宫室已完，其余不急之役宜悉缓之，勿重劳民也"②，明确讲到了西北粮食运输的范围四至，其中也是以凉州卫为极限。由此间接证据可以推知甘肃卫即使设立，也绝不在走廊腹地。

谈迁更大的失误在于完全忽视了庄浪卫的记载。据《肇域志》"庄浪卫"条载："洪武五年，宋国公冯胜统兵下河西，其县已空。九年调兰州卫官军守御。十年，因旧县址筑城，设庄浪卫指挥使司，领左、右、中、前、后五千户所。"③ 虽然内容比《明实录》丰富，但是同样与洪武十年之前庄浪卫业已存在的事实相矛盾。地方志肯定是将庄浪卫抽军设立庄浪分卫一事与之相混淆。因此，我们的解读是洪武五年年底，明朝在西北防御前沿设立了庄浪卫和作为羁縻卫的甘肃卫。洪武七年"置凉州卫指挥使司，以故元知院脱林为凉州卫指挥佥事"④。《明史》在"凉州卫"

---

① 《明太祖实录》卷一一七，洪武十一年二月丙辰条，第 1912 页；《明太祖实录》卷一九五，洪武二十二年正月丁亥条，第 2926 页；《明太祖实录》卷二〇六，洪武二十三年十二月辛未条，第 3074 页。
② 《明太祖实录》卷一一八，洪武十一年五月乙亥条，第 1927 页。
③ （清）顾炎武：《肇域志》，第 1533 页。
④ 《明太祖实录》卷九三，洪武七年十月甲辰条，第 1627 页。

条下另载"又有凉州土卫，洪武七年十月置"①。直接点明了初置凉州卫的性质。与岐宁卫的设立时间相比，两者几乎同时，并非偶然。再则，岐宁卫与凉州土卫（西凉卫）的驻地也相毗邻。结合《明实录》及朱元璋《谕岐宁卫经历熊鼎、知事杜寅，西凉卫经历蔡秉彝，甘肃卫经历张讷等》的诏令可以看出，西凉卫、甘肃卫、岐宁卫同属以蒙古人为主的羁縻卫，都是以当地首领为主管理旧部的形式出现。相应的，明廷也都向各卫派出了汉人文官作为知事、经历。根据有限材料，除了岐宁卫的熊鼎、杜寅外，西凉卫的经历是蔡秉彝，甘肃卫的经历是张讷。熊鼎等人被杀后，岐宁卫实际废置。西凉卫、甘肃卫的经历更换为许杰和沈立本。②洪武九年（1376）年底，明朝"置凉州卫，遣指挥金事赵祥、马异、孙麟、庄德等守之"③。凉州卫取代凉州土卫与许杰和沈立本的召回有密切关系。马顺平认为，"这三个卫（甘肃卫、庄浪卫、凉州卫）的设立都是以故元降众为主体，带有羁縻的意思，与后来明朝驻军后的卫是不同的"④。笔者总体赞同，唯对庄浪卫的性质看法不同。至此，作为羁縻番卫出现的岐宁卫、西凉卫、甘肃卫全面废置。西凉卫（凉州土卫）为内地式的军卫替代。

到洪武十年，除了西宁卫仍得以保留并继续发挥重要作用外，其他西北羁縻番卫多被废弃，标志着明朝西北经略发生了战略上的新变化，即朱元璋开始更加积极地通过军事手段夺取和强化对河西走廊的控制。

无独有偶，洪武十年之前，北方边境其他地区也存在一些类似的羁縻卫所。陕北方面，洪武三年设立以脱火赤为副千户的忙忽军民千户所，隶属绥德卫。⑤四年，明朝又在东胜州一带设置了失宝赤等5个千户所，辖42个百户所，并派侍仪司通事舍人马哈麻前往东胜州封授。⑥笔者认

---

① 《明史》卷四十二《地理三》，中华书局，1974，第1015页。
② "升甘肃卫经历沈立本为户部侍郎，西凉卫经历许杰为刑部侍郎"，参见《明太祖实录》卷一一〇，洪武九年十月丙辰条，第1820页。
③ 《明太祖实录》卷一一〇，洪武九年十月戊寅条，第1823页。
④ 参见马顺平《明代陕西行都司及其卫所建置考实》，《中国历史地理论丛》2008年第2期，第111页。
⑤ 《明太祖实录》卷五四，洪武三年七月丙申条，第1061页。
⑥ 《明太祖实录》卷六〇，洪武四年正月癸卯条，第1179~1180页。

为后者应当归东胜卫管理。五年，漠北兵败以后，这一系列的千户所均消失。洪武七年，在河套又建立了以塔剌海等为指挥佥事的察罕脑儿卫指挥使司。① 该卫存在时间稍长，与明朝的互动也较多。② 在山西大同方向，洪武三年元朝宗王扎木赤、指挥把都、百户赛因不花等 11 人降明，立官山等处军民千户所。③ 但不到一年，大同官山千户所百户速哥帖木儿、捏怯来杀千户把都等反叛，被明人诛杀。④ 官山军民千户所应就此废置。及至洪武八年，明朝的老对手之一元朝国公乃儿不花归降，又置官山卫指挥使司，隶大同都卫。⑤ 一年后，乃儿不花叛明，逃归沙漠。⑥ 除了察罕脑儿卫之外，陕北、晋北的卫所与西部羁縻卫所相比，更加不稳定，这显然与它们位于激烈对抗的南北斗争前线有关。之后的 10 年中，北边沿线再也没有出现过羁縻卫所。

三　陕西行都司置废与西北拓边的强化

洪武十年以后，明朝以凉州卫作为新的前进据点，多次发动扫荡河西走廊的战争，粉碎了残存的北元集团。

（一）"秦王之国"前后的西安行都卫（陕西行都司）

洪武九年，首批成年亲王开始就藩，持续 4 年，至十三年，三亲王才到了各自的封地。洪武十一年（1378）到十三年（1380），随着秦、晋、燕三王"之国"完成，朱元璋计划中"塞王守边"的基本格局已开

① 《明太祖实录》卷九一，洪武七年七月丁亥条，第 1598 页。将察罕脑儿卫位置定于河套的考证参见周松《察罕脑儿卫置废考》，《中国历史地理论丛》2009 年第 2 期，第 126 ~ 134 页。
② 《明太祖实录》卷九三，洪武七年十月丙申条，第 1627 页；《明太祖实录》卷九八，洪武八年三月壬戌条，第 1670 页；《明太祖实录》卷一〇五，洪武九年三月丙寅条，第 1749 页。
③ 《明太祖实录》卷五六，洪武三年九月己丑条，第 1088 页。
④ 《明太祖实录》卷六七，洪武四年七月庚辰条，第 1262 页。
⑤ 《明太祖实录》卷九八，洪武八年三月戊子条，第 1678 页。
⑥ 《明太祖实录》卷一〇五，洪武九年四月己酉条，第 1762 页。

始显现。① 封于陕西的秦王先赴凤阳祭祖②，十一年获得护卫军 3748 人后"之国"就封③。笔者认为以秦王为首的三王"之国"后，原来服务于"塞王守边"规划的北方三行都督府即行裁撤。伴随这一过程的是西北军政机构同步进行了调整。

韦正驻守河州时，大力招抚西番的蒙藏各部族，而且颇有成效。适逢洪武五年漠北兵败，不得已在整个北方边境暂时采取守势，明朝对于已经见有招抚成效的西番各部族自然格外重视。于是立即在藏区设立乌思藏、朵甘卫指挥使司等一系列名目的机构，封授大批武职，朱元璋甚至亲自过问国师玉印的制造。④ 此时西番归附适逢漠北新败，客观上起到了提振国威、冲淡败局的作用。明朝西北经略关注的重心随之转移到西番地区。朱元璋一方面继续派人加强招抚，另一方面又很快提升了乌思藏、朵甘卫二卫的级别，升为行都指挥使司。为统辖管理这两个羁縻都指挥使司，明朝在河州新置西安行都卫，韦正为都指挥使。⑤ 据现有史料看，这是明人首次在羁縻地方设置行都指挥使司，形式上与都卫（行都卫）平级，但实际上受到西安行都卫的节制。西安行都卫和吐蕃两行都指挥使司的建设将以河州为中心的西部地区结合为一个整体，地位与西安都卫相酹，凸显了行都卫（行都司）提领西番的独特作用。

招抚藏区的成功和西安行都卫驻在河州的安排，不难体察朱元璋倾向于利用政治手段解决未降部落的期望。换言之，鉴于漠北战争的失败，洪武六年后，朱元璋改变策略，试图将招抚藏区的模式在西北加以推广。从实际效果看，比较成功。其间，在洪武八年，明朝"以在外各处所设都卫并改为都指挥使司"，西安都卫改为陕西都指挥使司，西安行都卫改为陕西行都指挥使司。⑥ 但是，以岐王朵儿只班为首的前元势力始终不能

---

① 关于这一过程参见《明太祖实录》卷一〇三，洪武九年正月甲子条，第 1732～1733 页；《明太祖实录》卷一三〇，洪武十三年三月壬寅条，第 2066～2067 页。
② 《明太祖实录》卷一〇四，洪武九年二月庚子条，第 1747 页。
③ 《明太祖实录》卷一一七，洪武十一年三月壬午条，第 1917 页；《明太祖实录》卷一一八，洪武十一年五月乙亥条，第 1927～1928 页。
④ 《明太祖实录》卷七九，洪武六年二月癸酉朔条，第 1437～1439 页。
⑤ 《明太祖实录》卷九一，洪武七年七月己卯条，第 1595 页。
⑥ 《明太祖实录》卷一〇一，洪武八年十月癸丑条，第 1711～1712 页。

真心归附明朝，招抚计划终遭失败，西北经略的焦点遂转移到河西走廊方向。

随着河湟一线羁縻番卫的消失，河州的陕西行都司地位下降，所以洪武九年罢置。[①] 击走朵儿只班后的洪武十二年（1379），明廷又恢复了陕西行都司，只不过复置的都司驻在地不是河州，而是黄河以北的庄浪卫。[②] 有学者提出在庄浪的陕西行都司"没有领属任何卫所"，形同虚设，甚至在《诸司职掌》中都没有记载。[③] 这并非源自编纂者的疏忽，而是陕西行都司正处于建设过程中，所以未遑列入。实际上，洪武十三年，朱元璋罢中书省、析大都督府为五，各都督府所属都司军卫中就没有陕西行都司。[④] 陕西行都司真正名副其实要到洪武二十六年以后。

（二）以战争为核心的西北经略

洪武朝后期，朱元璋陆续封诸子为藩王，镇守边方。西北地区新增庆、肃二王。相当于在原秦王管区内析分的两个亲王辖区。在河西，肃王实际就封之国已到二十八年，此前已将原设于庄浪的陕西行都司迁至甘州。

洪武九年以后到行都司移驻和藩王之国之间的近 20 年间，明朝河西守将多次出兵征伐，奠定了明朝西北疆域的基本轮廓。重要的战役如下。

1. 击败朵儿只班

洪武九年，一方面因招抚吐蕃的使者返回途中被杀[⑤]，另一方面由于朵儿只班诛杀卫经历熊鼎等人而叛，发兵征剿。十年四月，邓愈、沐英大军进攻吐蕃川藏。[⑥] 战果巨大，邓愈《神道碑》称："十月王与副将分

---

① 《明太祖实录》卷一一〇，洪武九年十二月癸酉条，第 1832 页。

② 《明太祖实录》卷一二二，洪武十二年正月甲午条，第 1973~1974 页。

③ 参见梁志胜《洪武二十六年以前的陕西行都司》，《中国历史地理论丛》1999 年第 3 期，第 170、171 页。马顺平认为由于河西战事不多，事务较少，因此陕西行都司与各个卫所维持了名义上的隶属关系，没有实质的军事管辖。但在明廷西部经略的长期规划中有存在的必要。参见马顺平《明代陕西行都司及其卫所建置考实》，第 113 页。

④ 《明太祖实录》卷一二九，洪武十三年正月癸卯条，第 2051~2052 页。

⑤ 《明太祖实录》卷五五，洪武三年八月庚申条，第 1076~1077 页；《明太祖实录》卷一〇七，洪武九年七月，第 1795 页。

⑥ 《明太祖实录》卷一一一，洪武十年四月戊申朔条，第 1851 页。

所将兵为三，并力齐入，覆其巢穴，穷追至昆仑山，斩首不可胜计，获马牛羊十余万。"① 同时，《明太祖实录》载，当年八月"西番土官朵儿只巴叛，率众寇罕东。河州卫指挥使宁正率兵击走之，追至西海北山口而还"②。《明太祖实录》中宁正传系此事于十一年，在讨川藏之后③，表明与朵儿只班的斗争不止一次。俞本的记载更详，谓："遣（濮英）领西安、平凉、巩昌、临洮将士，往西海追袭朵只巴，出兰州，由大通河直抵西宁铁佛寺。遣陕西行都指挥使韦正，自归德州渡黄河，由巴亦喕沿西海边抵北而进。上命卫国公邓愈，授以征西将军印，遣人赍制谕付愈。愈遣俞本赍制追英，督英与正合兵。凡六昼夜，大雪，不及而归。"④ 这就是说，洪武十年的西征兵分两路，一路邓、沐大军在青海东南方向；另一路濮、宁所部在青海东北方向，直指朵儿只班。正如前面所述，其间明朝增派碾北、河州等处守军，并在十一年设庄浪分卫，寻改碾北卫指挥使司。⑤

但是，洪武十年的征讨并没有真正慑服"西番"。十二年，朱元璋再命沐英为征西将军攻伐洮州十八族番首三副使汪舒朵儿、瘿嗦子乌都儿及阿卜商等。⑥ 碾北卫报告，被击败的朵儿只班又与阿卜商三副使联合，准备帅数万之众进犯凉州、庄浪、碾北之地。⑦ 其意图是朵儿只班在北，三副使等在南，分别对明朝边境展开进攻。明朝则派沐英率军应对。沐英西征的战果史载甚详。《名山藏》载："洮州十八族番酋三副使汪舒朵儿、瘿嗦子乌都儿及阿卜商等虽尝遣子入侍，而叛服不常。命西平侯与都督佥事蓝玉等率河南、陕西、山西兵讨之。至朵甘，降其万户迄失迦，

---

① （明）朱梦炎：《卫国公赠宁河王谥武顺邓愈神道碑》，载（明）焦竑《国朝献征录》卷五，《续修四库全书》（第 525 册），影印明万历四十四年徐象橒曼山馆刻本，第 186 页。另见《明太祖实录》卷一一二，洪武十年五月癸卯条，第 1858 页。

② 《明太祖实录》卷一〇八，洪武九年八月，第 1802 页。

③ 《明太祖实录》卷二四五，洪武二十九年四月，第 3564～3565 页。

④ （明）俞本：《纪事录笺证》，第 364 页。《明实录》载邓愈为征西将军事在洪武十年，《神道碑》载在九年。俞本将邓愈西征事系于洪武五年，实误，当从《明实录》。

⑤ 《明太祖实录》卷一一二，洪武十年五月辛卯条，第 1857 页；《明太祖实录》卷一一九，洪武十一年七月辛巳条，第 1938 页。

⑥ 《明太祖实录》卷一二二，洪武十二年正月甲申条，第 1972 页。

⑦ 《明太祖实录》卷一二六，洪武十二年八月壬辰条，第 2013～2014 页。

夷其部落。进至洮，追击其十八族酋长，职方其地。吐蕃川藏皆从风降。城洮守之。击败三副使众，并擒瘿嗦子封来献，杀获数万，获马二万，牛羊十余万。"①

至于朵儿只班侵扰的情况极少记载。唯《明北平都指挥使孙公传》称，洪武十三年孙泰代其父孙继达为凉州卫指挥佥事。"十四年十二月，领兵追捕朵儿只巴，获舍驴参政、留古万同知、土王哥同知、脱禾帖木儿右丞、乞苔台镇抚、不剩打儿知县等贼六百四十余名，马驼牛羊五千六百七十八只。"②孙星衍自称为孙泰从曾孙，其史料来源除《明史》和黄金所作《传》外，尚有《家乘》，据称"可补正史缺略"。从时间上看，孙泰可能是濮英进军河西走廊的南翼军。至此，朵儿只班元气大伤，在明朝坚持斗争十余年之后终于退出了河西走廊。朵儿只班的败退路线大约是窜入祁连山中，经由撒里畏兀儿之地出奔漠北。③由于朵儿只班的破坏，洪武早期所设的安定诸卫部落离散，实际也废置了，时间当在洪武十四年（1381）。需要强调，安定诸卫残破后，洪武朝早期西北的羁縻番卫几乎消失殆尽。

2. 十三年亦集乃与走廊之战

明初河西走廊北侧和西部仍旧盘踞着察合台后王。由于亦集乃路地处漠北草原南下河西走廊的重要孔道，战略位置非常突出，洪武五年曾为冯胜军所攻破，但旋为元军所据。据考证，走廊北侧的亦集乃路是宁

---

① （明）何乔远：《名山藏》卷五十六《臣林记·沐英》，《续修四库全书》（第 426 册），影印山西祁县图书馆藏明崇祯刻本，第 497 页。另焦竑《国朝献征录》卷五《黔国公沐英传》载："十一年拜征西将军，将京师及河南、陕西、山西兵复征西蕃，降其众二万，俘马牛羊二十余万，得纳降七站之地，擒其酋长曰三副使，曰瘿膝子者，献千京，威震西土。"参见（明）焦竑《国朝献征录》卷五《黔国公沐英传》，《续修四库全书》（第 525 册），第 146 页。

② （清）孙星衍《孙渊如先生全集·平津馆文稿》卷下，《续修四库全书》（第 1477 册），第 550 页。

③ 《明太祖实录》卷二四五，洪武二十九年三月壬午，第 3556～3557 页。安定卫置卫招抚事参见《明太祖实录》卷九〇，洪武七年六月壬戌条，第 1586～1587 页；《明太祖实录》卷九六，洪武八年正月癸亥条，第 1649 页，丙戌条，第 1654 页；《明太祖实录》卷一一〇，洪武九年十月丁巳条，第 1820 页。然而，据"曲先卫指挥沙剌杀故元安定王卜烟帖木儿，其子板咱失里杀沙剌以报父雠。既而，板咱失里复为沙剌部将所杀"，在安定卫建立不久，即发生内讧。朵儿只班给予的是致命一击，参见《明太祖实录》卷一一一，洪武十年四月，第 1852 页。

肃王的封地。① 洪武八年，元朝宁肃王板的失里降明，行至华阴病卒。② 板的失里降明说明宁肃王集团已经亡散，明朝进军河西走廊胜算很大。

洪武十三年，西平侯沐英率领陕西军进攻走廊以北的亦集乃路。此战，沐英所部由灵州越黄河，经宁夏，逾贺兰山，涉山后沙漠，采取直线进攻的突袭方式，于七天七夜后到达亦集乃，合围了北元国公脱火赤、知院爱足的军队。一战而胜，擒获其部众后返回。③ 这是在三月。

作为南北呼应的另一路由都督濮英率领，出凉州，直趋河西走廊腹地。濮英所部俘虏了元朝的柳城王等 22 人，民众 1300 余人，马匹 2000 余。之后继续西进，力图打通"哈梅里之路"。五月，濮英在白城、赤斤分别俘获了平章忽都帖木儿和豳王亦怜真所部 1400 人，并王之金印。七月，在苦峪，又俘虏了省哥失里王、阿者失里王的母妻。④

虽然，沐、濮二军在战争结束后，仍未能在大部分征伐地区置卫戍守，但是毕竟沉重打击了走廊西端的察合台后王集团。受到威胁的哈密王室派遣使者"回回阿老丁来朝贡马"，明廷则就势派他返回畏兀儿之地，"诏谕番酋"⑤。由于走廊东端已经没有蒙古集团的活动，明朝进一步向西拓展疆土，遂于洪武十四年在永昌设卫⑥，明朝的西部边境线向西推进了 400 里。

3. 十七年亦集乃之战

洪武十七年（1384），镇守凉州的明将宋晟征讨所谓"西番"，再次攻入亦集乃路。以《明实录》所载战果进行比较，似乎与十三年战役相当。据说，宋晟在亦集乃路擒获了元朝的海道千户也先帖木儿、国公吴

---

① 关于宁肃王和亦集乃路封地关系，可参见赤坂恒明「バイダル裔系譜情報とカラホト漢文文書」『西南アジア研究』第 66 号、2007；赤坂恒明「ホシラの西行とバイダル裔チャガタイ家」『東洋史研究』第 67 卷第 4 号、2009。

② 《明太祖实录》卷一〇二，洪武八年十一月，第 1724 页。

③ 〔日〕和田清：《明代蒙古史论集》（上册），第 25～26 页。《黔国公沐英传》云："十三年春，元孽脱火赤国公，爱足知院为边患。英将陕西兵略亦集乃。西路渡黄河，经宁夏，历贺兰山，涉流沙，至其境，分军为四，一袭其背，二掩其左右，英自率帐前骁勇当其前。夜衔枚以进，合兵攻之，俘其全部以归。"参见（明）焦竑《国朝献征录》卷五《黔国公沐英传》，第 146 页。

④ 〔日〕和田清：《明代蒙古史论集》（上册），第 39～40 页。

⑤ 《明太祖实录》卷一三七，洪武十四年五月乙酉朔条，第 2165 页。

⑥ 《明太祖实录》卷一四三，洪武十五年三月丁丑条，第 2259 页。

伯都刺赤、平章阿来及其部属 18700 余人。除了拣选 890 人收军外，其余均被放还。①《明太宗实录》则载："（宋晟）顷之复镇凉州。尝遣部将张文杰出玉门关，袭鞑靼也速儿监，虏其众二万余，获酋长吴把都等，献俘京师，升右军都督佥事。"② 显然，宋晟以凉州守军取得如此惊人战果并不寻常，最大的可能更是战争对象并非军队主力，而是普通的游牧集团，其中老弱妇孺较多，所以仅仅将不足千人收军。明人在河西地区对亦集乃路反复用兵，基本消除了北元经由此处南下扰边的压力。战后，沙州地区派遣了国公抹陀等四人为使归降明朝。

之后，明朝在河西的攻势趋缓，主要原因是朱元璋在征服云南后，开始将主要目标锁定在对付盘踞辽东的纳哈出和漠北的脱古思帖木儿集团。及至纳哈出投降，脱古思帖木儿败死土拉河后，哈密再次成为明朝用兵的对象。

4. 二十四年哈密之战

脱古思帖木儿覆亡之后，朱元璋立即遣使哈密，意图招降兀纳失里王。③ 虽然很快得到了哈密方面进贡的回应④，但是，明朝对待哈密并没有表现出耐心。哈密与"别部"的武装冲突⑤、提出在内地展开互市的要求⑥等表现，反而加剧了明朝的反感。于是，在洪武二十四年（1391），明廷以哈密阻碍东西交通为由，出兵征讨，统领明军的主帅分别是都督佥事刘真和宋晟。实则在洪武二十三年，明朝就已经下定了进攻哈密的决心。《西宁侯宋晟神道碑铭》云："廿三年夏，遣中使就赐文金及钞。至秋复三遣赐钞文绮，授制谕充总兵官，征哈密里，破之。哈密者，去肃州千余里，虏所城也。诛其伪王子别列怯等三十余人，获虏众千三百

---

① 杨士奇《西宁侯宋晟神道碑铭》云："又三年父没，既襄事，复填凉州。虏时数为边患，公率兵讨之，追至亦集乃之地，斩其凶渠也速儿监等及其众无算，余悉生縶送京师。又招降虏伪国公吴把都等万八千人，而送其酋长工不答儿等百五十人诣京师，简其壮者傅卒伍，余悉处之善地，俾耕牧自便。"参见（明）焦竑《国朝献征录》卷七，第 247 页。

② 《明太宗实录》卷六九，永乐五年七月癸丑条，第 965 ~ 966 页。

③ 《明太祖实录》卷一九八，洪武二十二年十二月甲子条，第 2977 ~ 2978 页。

④ 《明太祖实录》卷二○二，洪武二十三年五月乙未条，第 3023 页。

⑤ 《明太祖实录》卷二○四，洪武二十三年九月戊申条，第 3057 页。

⑥ 《明太祖实录》卷二○七，洪武二十四年二月戊午朔条，第 3087 页。

人及金印一、银印二，悉送京师。所获马牛羊咸给将士。"① 明军由凉州进发，出其不意，快速攻破哈密，斩馘王列（别）儿怯帖木儿、国公省阿朵儿只等1400人，俘获王子别列怯部属1730人，以及金印、银印、马匹。② 其他史料略有不同，《皇明开国功臣录》谓："八月总兵征西哈梅城。九月，攻破之，生擒伪王子别列怯、幽王桑哥失里、知院岳山，获金印一、银印二，及杀国公省院阿朵只等并大小首目，获马匹悉给军用。"③《明北平都指挥使孙公传》载："二十四年四月，率师攻哈梅里，破其城，杀死伪王桑哥失里等四百四十余名，及五百余贼，追斩伪王兀八剌失里等三名、贼伏亦等一百余人，获金印一、银印三、马驼一百五十余匹。"④ 兀纳失里王逃脱，明军也未追赶，还军肃州。

明军撤退之后，兀纳失里重返哈密，洪武二十五年他向明朝派出了贡使⑤，说明双方关系趋于缓和。但是，直到洪武末年，哈密仍然是叛明人士的出逃目的地之一。⑥ 哈密的进一步经营要到永乐朝。

（三）新塞王之国与陕西行都司全面成立

洪武二十四年，朱元璋又为六子设置护卫，做好之国准备，其中属于西北地区前沿的是汉王⑦和庆王。⑧ 二十五年（1392）改汉王为肃王。⑨ 二十六年（1393），四塞王之国，只有宁王到位，因为军队配属不及和粮饷缺乏，肃王、庆王分别暂驻平凉和庆阳以北之古韦州城。⑩ 蓝玉党案之

---

① （明）杨士奇：《西宁侯宋晟神道碑铭》，载（明）焦竑《国朝献征录》卷七，第247页。
② 《明太祖实录》卷二一一，洪武二十四年八月乙亥条，第3138页。
③ （明）黄金：《皇明开国功臣录》卷十七《刘真传》，《明代传记丛刊》（第24册），第143页。
④ 《明北平都指挥使孙公传》，载（清）孙星衍《孙渊如先生全集·平津馆文稿》卷下，《续修四库全书》（第1477册），第550页。
⑤ 《明太祖实录》卷二二三，洪武二十五年十二月辛未条，第3264页。
⑥ 《明太祖实录》卷二四六，洪武二十九年五月癸未条，第3569页。
⑦ 汉王首封在洪武十一年，参见《明太祖实录》卷一一七，洪武十一年正月甲戌朔条，第1907页。
⑧ 《明太祖实录》卷二〇八，洪武二十四年五月戊戌条，第3104~3105页。庆王首封在当年四月，参见《明太祖实录》卷二〇八，洪武二十四年四月辛未条，第3100页。
⑨ 《明太祖实录》卷二一七，洪武二十五年三月庚寅条，第3189页。
⑩ 《明太祖实录》卷二二四，洪武二十六年正月癸亥条，第3276页。

后，曾经"调府军前卫将士之有罪者隶甘州左护卫"①，很快又"以负罪者不可为亲王扈从"，重新配属甘州左护卫军②。二十八年（1395），朱元璋正式设立了五塞王护卫指挥使司，以庆阳卫为庆王宁夏左护卫，以宁夏卫为右护卫，甘州在城官军置肃王甘州右护卫，"凡有差遣，从王调用"。③ 随即，肃王得以"就国甘肃"。④ 除了调用护卫军之外，肃、庆二王甚至拥有了对大批边卫的控制权，所谓"惟陕西行都司甘州五卫及肃州、山丹、永昌、西宁、凉州诸卫从肃王理之；庆阳、宁夏、延安、绥德诸卫从庆王理之"⑤。换言之，肃王的影响遍及整个陕西行都司。

在明军袭破哈密之前的二十三年，河西走廊的军卫建置明显加快，相继设立了山丹卫⑥和甘州左卫⑦。据明朝官修志书记载，甘州诸卫是在甘肃卫的基础上析置而成。此前扑朔迷离的甘肃卫当在洪武二十四年成立于（或迁调至）甘州，二十六年陕西行都指挥使司立于甘州，二十八年甘州五卫最终成立。⑧ 虽然甘肃卫和行都司调来时间为《明实录》不载，但是甘州五卫的建置过程线索基本清晰。二十五年蓝玉西征阿真川，分置甘州中、右、中中三卫。⑨ 二十七年，"改甘州左卫为肃州卫指挥使司，置甘州中中卫指挥使司"⑩。二十八年，"改甘州中中卫复为甘州左卫指挥使司。初，陕西甘州置左右中前后并中中六卫，后改左卫为肃州卫。至是，以都指挥使陈晖奏，遂改中中卫为左卫"⑪。至此，甘州诸卫的置立方告一段落。

从肃王准备就藩到最后之国，经历了 4 年。河西走廊地处西北边防

① 《明太祖实录》卷二二九，洪武二十六年七月癸丑、丁巳条，第 3346 页。
② 《明太祖实录》卷二二九，洪武二十六年七月甲子条，第 3347 页。
③ 《明太祖实录》卷二三八，洪武二十八年四月甲申条，第 3471 页。
④ 《明太祖实录》卷二三九，洪武二十八年六月乙丑条，第 3475 页。
⑤ 《明太祖实录》卷二三九，洪武二十八年六月丁亥条，第 3477 页。原文作"山甘"，据《明太祖实录校勘记》，改为"山丹"。
⑥ 《明太祖实录》卷二〇四，洪武二十三年九月庚寅朔条，第 3051 页。
⑦ 《明太祖实录》卷二〇六，洪武二十三年十二月甲戌条，第 3075 页。
⑧ 参见（明）陈循等撰《寰宇通志》卷二〇一，《玄览堂丛书·续集》（第 17 册），影印明景泰间内府刊初印本，正中书局，1985，第 317~318 页。
⑨ 《明太祖实录》卷二一七，洪武二十五年四月条，第 3193 页。
⑩ 《明太祖实录》卷二三五，洪武二十七年十一月乙巳条，第 3433 页。
⑪ 《明太祖实录》卷二三九，洪武二十八年六月乙酉条，第 3477 页。

最前沿，显然不能以此贻误边政大局。过渡期中，朱元璋任命了总兵官专一管理甘肃边防事宜。二十五年，"以西凉、山丹等处远在西陲，凡诸军务宜命重臣专制之，乃命都督宋晟为总兵，都督刘真副之"，其职责是"凡有征调，悉听节制"。① 这一任命不同于以往秉命出征式的总兵官，它没有制定明确的战争目标，而是强调了专一甘肃边防军务的重任，为此后镇守总兵制的雏形。《明史·兵制》称九边总兵官初设即有甘肃，当源自此处。二十七年，又"命曹国公李景隆佩平羌将军印，往甘肃镇守，调都督宋晟、刘贞率马步壮士缉捕盗马寇边"②。二十八年肃王就国甘肃，立即接管了行都司10卫，李景隆仅负责肃、庆二王所属之外的卫所屯种和军事训练。但这绝不意味西北新塞王已经掌握指挥各总兵官地方最高军事权力。洪武三十年（1397）年初，耿炳文佩征西将军印为总兵官，郭英为副前往陕西、甘肃率兵巡边。③ 同时，朱元璋也向肃王强调与耿氏相配合的原则。④ 耿氏在西北管理军队也要"启肃、庆二王知之"⑤。因此，即使塞王之国统军，仍旧与朝廷派驻的镇边武将维持着制衡关系。这一点与燕、晋诸王的情形截然不同。

西北肃、庆二塞王的情况与北边其他新置塞王——代王、宁王、辽王类似。

在洪武朝的最后10年中，只有大宁及以北地区出现了羁縻番卫。冯胜北征后的洪武二十一年，北元司徒阿速等归附明朝，居住在全宁。⑥ 蓝玉北征结束，明朝在兀良哈之地置泰宁、朵颜、福余三卫指挥使司，"以居降胡"⑦，任命辽王阿札失里等人为三卫指挥使、指挥同知等官⑧。北元残部也在知院捏怯来的率领下降明，朱元璋命令在"口温、全宁、应昌随便居止"，⑨

① 《明太祖实录》卷二一六，洪武二十五年二月癸酉条，第3183页。
② 《明太祖实录》卷二三一，洪武二十七年正月辛酉条，第3375页。李景隆三十一年还京。
③ 《明太祖实录》卷二四九，洪武三十年正月丙辰条，第3605页。
④ 《明太祖实录》卷二四九，洪武三十年正月乙丑条，第3606页。
⑤ 《明太祖实录》卷二五五，洪武三十年十月辛卯条，第3684页。
⑥ 《明太祖实录》卷一八九，洪武二十一年三月丁丑条，第2832页。
⑦ 《明太祖实录》卷一九六，洪武二十二年五月辛卯条，第2946页。
⑧ 《明太祖实录》卷一九六，洪武二十二年五月癸巳条，第2946~2947页。
⑨ 《明太祖实录》卷一九五，洪武二十二年正月戊戌条，第2928页。

随即正式设立以捏怯来为指挥使的全宁卫①。然而，不到半年时间，全宁卫内讧，失烈门劫杀捏怯来，投奔也速迭儿汗，导致"其部下溃散"，明廷命"朵颜、福余等卫招抚之，送大宁，给与粮食，仍还全宁居住"。②全宁卫很快废置，几乎没有什么作用。③

结　语

西北地区连接"西番"，通达乌思藏，西接哈密以西诸国，北拒塞外残元。自 8 世纪末脱离中央政权，至 13 世纪为元朝征服，长期处于吐蕃、回鹘、党项、蒙古各民族统治之下，多元化趋势日深，举凡民族、语言、文字、文化诸方面无不受到这一趋势的浸染。及至明朝西北拓疆，政治上继承了元代中央政府统治西北的遗绪。其最大的差异之处是再次从区域文化的层面改变了河西走廊羌系民族的文化优势，渐渐确立了汉文化的统治地位，从而固化了河西地区内地化的民族文化面貌。从这个意义说，洪武朝西北经略的影响所及恐怕早已超出明代的范围。尽管明朝的边防政策多有改易，但是洪武朝所奠定的空间格局终明一代没有显著变化。从本地区武将拓边守御，到塞王之国守边，再到总兵镇守的分地防御体制形成，也无不植根于洪武朝的经略。

朱元璋在经营西北之初，即已确定了以实现"塞王守边"为目标，以武将拓边、镇边为先导的战略部署。因此，首先在北边三地（秦、晋、燕）同时设立行都督府，以边将兼任王府相傅、行府主官和行省首长，为三大塞王顺利就藩铺平道路。及至洪武九年后，三塞王均已成人（20岁左右），边地形势业已稳定，就藩条件成熟，三王先后"之国"，进入"塞王守边"制的过渡期，遂裁撤行府，并开始向诸王让渡部分军政权力。

西北地区在洪武二年至十年之间，先以大军征讨，继之以招抚羁縻。

---

① 《明太祖实录》卷一九六，洪武二十二年四月己亥朔条，第 2941 页。
② 《明太祖实录》卷一九七，洪武二十二年八月，第 2956 页。
③ 《明史》载全宁卫"永乐元年废"，参见《明史》卷四十《地理一》，第 906 页。笔者认为并无证据，该记载恐不确。

于是，在驱逐了西北的元朝主力之后，河湟地区涌现出一批以地方民族集团领袖为首的羁縻番卫，明朝力图以这种形式将其纳入统治体系之中。为了强化羁縻控制，朱元璋特别设立了西番两大行都指挥使司，统之于西安行都卫，反映了以河州卫为中心的西番经营之重要性及其成效。

首批塞王之国标志着河西走廊的力量对比越来越有利于明朝方面，原有大多数河湟羁縻番卫或因力量寡弱，或因叛服不常，很快被撤并改置，代之以内地式的军卫。相应的，明朝经略重心也由以河州为中心的西番方向转为以庄浪—凉州为中心的河西走廊方向。洪武十年到二十四年的15年间，明军多次出兵进攻河西走廊，北及亦集乃，南至祁连山麓并青海腹地，西达哈密，彻底清除了尚未降服的察合台后王势力。在此过程中，走廊地区的军卫建置一改早期广布羁縻番卫的旧规，由东向西渐次创设了一系列普通卫所，迁行都司于甘州，为第二批塞王就藩开辟了新的边地空间。

肃、庆二王之国后，西北地区完整的塞王守边体制终于构成，出现了各塞王辖区相啮合、军卫犬牙相制、守边将领协同配合的边防新格局。这一格局的形成上承元代遗产、下启清朝治理，奠定了有明二百余年西北疆域的基本轮廓。它给本地区带来的汉族人口和文化重返优势地位这一文化反转现象一直影响到今天。

The Control Measures for Gansu in Early Ming and Its Historical Legacy

Zhou Song

Abstract：In the 5th year of Hongwu period of the Ming Dynasty, after Feng Sheng's conquest of the west, the government didn't gain full control of Gansu（甘肃）. Instead, the government took a strategy of tackling the easy target first and advancing gradually from Qinghai to Gansu. In this way, it was not until the 26th year of Hongwu that the reign of the Gansu Corridor was established. Measures adopted by the administration of the Northwest in Hongwu period included the establishment and abolishment of military guarding posts, the complicated transfer of the military and administrative centers. These measures were taken in accordance with the change of principle concerning the charge of the border defense from the generals to Sai Wang（Princes garrisoning the borderland）. In the contest of controlling the Northwest between the Ming dynasty and the Mongolian rulers, these abolished barbarian guarding posts like *Wujingwei*（武靖卫）, *Gaochangwei*（高昌卫）, *Qishanwei*（岐山卫）, *Xipingwei*（西平卫）, *Qiningwei*（岐宁卫）and *Liangzhoutuwei*（凉州土卫） became the frontier of territory expansion of the Ming dynasty. In the late years of Hongwu, with the establishment of military guarding posts along the Gansu Corridor, the Ming Dynasty gained the complete reign of Gansu.

Keywords：Hongwu; Northwest China; Guarding Post Border; Defense of Saiwang（塞王）

《四夷考·北虏考》与明代蒙古专题
著述比较研究[*]

刘　锦[**]

内容提要：《四夷考·北虏考》是明人叶向高所撰，内容专述明代蒙古史事，是一部具有概括性的明代蒙古史资料辑录，并附有考证。明人治史者多，记蒙古的专题著述不少，除《四夷考·北虏考》外，还有《皇明北虏考》《殊域周咨录》《续文献通考》等著述。为探讨《四夷考·北虏考》与明代蒙古相关专题著述的承袭渊源及史料价值，本文将其与相关明代蒙古专题著述比勘研究，这使我们了解了《四夷考·北虏考》史事翔实，尤其详述明代蒙古重大史事始末，其史料价值高，是研究明代蒙古的重要文献。

关键词：叶向高　《四夷考》　明代　蒙古史

《北虏考》是明代叶向高所撰《四夷考》中 17 篇考之一，其篇幅几乎占全书的一半。《北虏考》可以说是一部概括性的明代蒙古史，记事始

---

　* 本文为国家社科基金青年项目"准噶尔问题与清朝西北疆域形成研究"（15CMZ006）的研究成果之一。

** 刘锦，江西赣州人，历史学博士，中共广州市委党校（广州行政学院）政法教研部副教授。

自洪武元年（1368），迄隆庆末期，记述了其间蒙古及蒙古与明朝关系的史事。在众多关于明代蒙古历史的文献中，叶向高的《北虏考》以取材丰富、内容详赡等著称。

众所周知，明人治史者多，因袭相抄者不少，有的沿用前人著述略加自己见闻；有的甚至雷同，书名不同，但内容一致。例如，郑晓的《皇明北虏考》，其内容多为后人所传述据引。鉴于此，笔者曾就《四夷考·北虏考》的史源及其史料价值进行探讨①，但其与相关明代蒙古专题著述之关系，文章尚未进行深入比较，故有必要追溯和比较《四夷考·北虏考》与其他系统中专述蒙古史事著作的繁简异同，以见《四夷考·北虏考》的价值与地位。纰缪之处，尚祈指正。

一 《四夷考·北虏考》与《皇明北虏考》之比较

《四夷考·北虏考》与《皇明北虏考》两书都以纪传体记明代蒙古史事，但各有侧重。

《皇明北虏考》，一卷，明人郑晓（1499～1566 年）所撰，现存有隆庆元年（1567）刻本、万历二十七年（1599）刻本。其记事始于明洪武元年（1368），迄于嘉靖二十九年（1550），按年系事，记述了明朝、蒙古 180 余年的交往历史及蒙古内部情况，是系统记述明代蒙古史事著作中成书较早的一部，屡为后人所征引。以正史专传体例撰写明代蒙古史事，《皇明北虏考》当为开创之作。在其影响下，系统记述蒙古史事的著述逐渐多了起来。不可否认，《四夷考·北虏考》有抄撮《皇明北虏考》的内容，也因此引起了研究者对《四夷考·北虏考》的重视。两书究竟有多少因袭之处，有必要做个比较。

第一，洪武、永乐朝史事。关于明蒙战争。1368 年，元顺帝率皇室北逃，至此，元朝的统治宣告结束。然而，北迁的蒙古贵族不甘失败，

---

① 刘锦：《〈四夷考·北虏考〉的史源及其史料价值》，《内蒙古社会科学》2012 年第 4 期，第 81～86 页。

蒙古军队不断进攻明边，欲图恢复昔日的统治，战争成为明初明蒙关系的主要内容。《四夷考·北虏考》和《皇明北虏考》都记述了明朝在洪武、永乐年间对蒙古的征讨。然而，《皇明北虏考》只是轻描淡写，一句带过。相反，叶氏则是有针对性地进行详述，这对了解或研究明初对蒙古的经略、明蒙战争史是非常有价值的。例如，洪武三年的战争，《四夷考·北虏考》记载如下：

> 明年春，上以保保数扰边，复命达为征虏大将军，李文忠、冯胜为左、右副将军，邓愈、汤和为左、右副副将军北伐。问诸将策安在，咸言宜直取元主。上曰："王保保方在塞下，舍近图远，失缓急之宜，非计。尔达其自潼关出安西，击王保保；尔文忠自居庸入沙漠，追元遗寇。两军并举，虏在彀中矣。"诸将皆顿首曰："善。"达军出安定，营沈儿峪口，保保潜遣兵袭东南垒，败左远胡德济，达亲救之，乃却。因斩裨将数人，械德济送京师。明日合战，众咸奋，大败保保兵，擒其将士八万四千五百余人，马万五千余匹，杂畜称是。保保走和林。是夏，元主殂于应昌，其国人谥曰惠宗。上嘉其达变，遣使祭而尊之曰顺帝。太子爱猷识里达腊立。亡何，李文忠捣应昌，破之，获太子买的里八剌，降其众五万人，宫女、财宝、图籍不可胜计。元主以余兵走和林。捷奏，上封买的里八剌为崇礼侯，复致书元主，告以谥顺帝及封崇礼侯之意。[①]

《皇明北虏考》的记述是：

> 三年五月，曹国公克应昌，获元主后妃、孙买的里八剌，其太子爱猷识里达剌遁去，始知元主殂于应昌。谥为顺帝，遣使致祭，封买的里八剌为崇礼侯。爱猷识里达剌称帝于虏中，我取虏东胜、兴和，败王保保。[②]

---

① 叶向高：《四夷考》卷之五，《宝颜堂秘笈·续集》（第5册），文明书局，1922年印本。
② 郑晓：《皇明北虏考》，《明代蒙古汉籍史料汇编》（第1辑），薄音湖、王雄编辑点校，内蒙古大学出版社，2006，第192页。

关于明廷对蒙古贵族所下敕书。《四夷考·北虏考》和《皇明北虏考》都记述了明朝对蒙古所下敕书，且录有敕书原文。《皇明北虏考》共记载了 7 次对蒙古敕书的内容，即洪武五年（1372）十二月对元主爱猷识里达剌的敕书、洪武二十二年（1389）对冬兀纳失里大王的敕书、永乐元年（1403）二月对鬼力赤的敕书、永乐四年（1433）三月对鬼力赤的敕书、永乐六年（1409）三月对本雅失里的敕书、永乐七年（1410）四月对本雅失里的敕书、永乐十一年（1414）对阿鲁台的敕书，这 7 次敕书内容约占洪武、永乐两朝记事篇幅的一半。《四夷考·北虏考》记载了先后共五次对蒙古的敕书，除永乐元年（1403）的书谕鞑靼可汗鬼力赤和永乐六年（1409）的书谕本雅失里外，其余都不相同。明朝的敕书及招抚政策在蒙古起到一定的影响，北元的少数贵族纷纷来降归附，对此史实，《四夷考·北虏考》和《皇明北虏考》都有记述，但其记载的史实基本不同。此外，《四夷考·北虏考》和《皇明北虏考》都记载了蒙古内部汗位更迭之事。虽然记述形式不同，但其内容一样。

　　上述内容，反映的是《四夷考·北虏考》与《皇明北虏考》两书中详略不一或不同的几个方面。除此之外，《四夷考·北虏考》还记载了许多《皇明北虏考》所没有的史事，如明朝皇帝、大臣与蒙古将领一些耐人寻味的逸事；明朝皇帝与大臣们对战略战术的讨论及安排。

　　第二，所记宣德至景泰年间的史事。关于宣德至景泰时期的蒙古史事，《皇明北虏考》突出地记述了其间明蒙之间的朝贡往来、以"土木之战"为代表的军事冲突和也先称汗等史事；而《四夷考·北虏考》则主要围绕"土木之变"、明英宗的遣返、也先称汗等事件展开记述。对于重大的历史事件来说，两书都有记载，但侧重点不同。关于"土木之变"。"土木之变"发生的原因和也先挟明英宗攻打明朝的史事，两书内容相差无几。至于"土木之变"的过程，《皇明北虏考》记述简略。与之相比，《四夷考·北虏考》则叙述详细，更为重要的是叶氏还详细记载了明朝大臣在这一事件前后的种种行为表现。例如，宦官王振的行为直接导致"土木之战"的失败；战败噩耗传来后，朝中大臣的战与逃，这些对研究明蒙关系史有重要的史料价值[1]。

---

　　① 叶向高：《四夷考》卷之六。

关于明英宗的遣返。关于明英宗问题，《四夷考·北虏考》和《皇明北虏考》都记述了明景帝及其身边大臣对明英宗的返回进行百般阻挠。除此之外，《四夷考·北虏考》还记述了许多《皇明北虏考》中未记载的史实。例如，明英宗为早日回归，谋除逆奄喜宁，对自己回去后的安排；也先与杨善就明英宗问题的对话；也先等蒙古贵族对明英宗的欢送；也先称汗及其败亡。关于也先称汗，《四夷考·北虏考》和《皇明北虏考》的记载相同，特别是关于也先称"大元田盛可汗"所引起的明廷大臣的相关讨论，而《四夷考·北虏考》的记述来自《皇明北虏考》。关于也先的死亡，除《皇明北虏考》的说法之外，《四夷考·北虏考》还多记了一个死因。

第三，所记天顺至正德年间的史事。《四夷考·北虏考》与《皇明北虏考》记述天顺至正德年间的蒙古史事，都突出了蒙古内部的政局情况。此时的蒙古各部首领各相雄长，争权夺位，一片混乱，蒙古可汗的权威衰弱。关于其间蒙古内部情况的史料，《四夷考·北虏考》大部分抄录《皇明北虏考》，其余来自王世贞的《北虏始末志》①。另外，《皇明北虏考》还记述了正德年间蒙古诸部落的相对位置及部落名称、首领等。例如，亦克罕的五大营，东边的冈留等三部，西边的阿尔秃厮等三部、瓦剌，南边的哈剌嗔、哈连二部，以及北边的兀良罕等部，这是《四夷考·北虏考》所未记载的，且这些记载对研究明代中期蒙古社会是非常有价值的。当然，《四夷考·北虏考》也记载了许多《皇明北虏考》所没有的内容，具体包括以下几个方面。一是对于"套虏"的产生及明朝收复河套问题，《四夷考·北虏考》做了较为详细的记载，而且叶向高本人对驱除"套虏"的失败原因做了分析，这对研究"套虏"问题及叶向高的边防思想都是很有意义的材料。二是记载了明蒙之间的朝贡关系。也先死后，蒙古各部崛起，相互"争雄长"。为增强自身实力，蒙古各部纷纷向明朝朝贡或掠边，围绕蒙古各部和明朝之间的朝贡与禁止、掠边与防御，《四夷考·北虏考》做了详细的记述。三是《四夷考·北虏考》详载"满四之变"。四是明孝宗与大臣关于如何驯服蒙古的讨论。欲求制服蒙古的明孝宗，面对自己的种种失败，在临死之前，召集他的一批大学士私下

---

① 刘锦：《〈四夷考·北虏考〉的史源及其史料价值》，第82～84页。

讨论驯蒙问题，关于他们的言论，《四夷考·北虏考》详细地记载下来。

第四，所记嘉靖元年至二十九年的史事。嘉靖年间，蒙古逐渐走向统一，社会相对稳定，社会经济的发展和生活环境的变化使蒙古强烈要求与明朝贸易，而新登基的嘉靖皇帝在相当长的时间内致力于巩固皇位，无暇顾及蒙古。面对这种情况，也先等蒙古贵族则以战求贡，连年犯边，对此史实，《四夷考·北虏考》与《皇明北虏考》都进行了详细的记述。然而，两书所记内容只有六处史事相同，分别是：嘉靖元年至四年的虏入花马池、大同军叛乱、侵掠陕西诸塞；嘉靖六年的虏入宁夏塞，总兵杭雄御虏；嘉靖十九年七月的虏大掠宣府，至蔚州；嘉靖十九年十一月，掳掠固原，刘天和与战，杀吉襄之子；嘉靖二十年秋的樊继祖督宣大山西三镇兵抗虏；嘉靖二十一年的大掠山西，残伤四十州县。关于嘉靖二十九年的"庚戌之变"，《皇明北虏考》只用了两句概说，其原文是："二十九年八月，俺答遂入渔阳塞，犯京师，焚劫至德胜、西直门，窥八陵，掠教场。上震怒，杀兵部尚书丁汝夔、都御史杨守谦。自是，调边兵入卫京师无虚岁矣。"① 然而，《四夷考·北虏考》却进行了详细的记载，上至嘉靖皇帝下至士兵的大小史事都有述及。此外，《四夷考·北虏考》还记载了"海寇"，也先与吉襄部落的分布、人员数目等以及其他蒙古部落情况，明朝收复河套之事的讨论及行动等内容。

因《皇明北虏考》的记事迄至嘉靖二十九年，关于"庚戌之变"至隆庆年间的史事，没有记载。而《四夷考·北虏考》的记事则迄至隆庆年间。

二 《四夷考·北虏考》与《殊域 周咨录·鞑靼》比较

《殊域周咨录·鞑靼》，七卷②，明人严从简撰，十余万字，为郑晓

---

① 郑晓：《皇明北虏考》，第 215 页。
② 严从简：《殊域周咨录》卷十六至卷二十二《鞑靼》，余思黎点校，中华书局，1993；严从简：《殊域周咨录·鞑靼》，《明代蒙古汉籍史料汇编》（第 1 辑），薄音湖、王雄编辑点校，内蒙古大学出版社，2006，第 341~497 页。以下本文引用使用薄音湖、王雄编辑点校本。

《皇明北虏考》后又一部当时人记明代蒙古史事的专著，是记述元亡后蒙古人活动最详细的资料，史料价值颇高。《殊域周咨录·鞑靼》《四夷考·北虏考》二书同述明蒙史事，两者有何特点与异同？试从比较入手分析于后。

首先，内容方面。通观二书，虽然同记明朝与蒙古之间的史事，但由于叶向高与严从简思考的角度不同，两书所撰写的内容存在差异。非常明显的是，《殊域周咨录·鞑靼》概述了蒙古的源流，这是《四夷考·北虏考》所没有的。

具体而言，一是所记洪武年间史事的异同。《殊域周咨录·鞑靼》用了一卷的篇幅记洪武年间的史事，内容颇为详细，相比之下，《四夷考·北虏考》较为简略。对比两书，可以发现，二者所记内容有部分相同。例如，明朝对蒙古的战争，相同内容有：洪武三年春，北伐王保保；洪武五年六月，李文忠击败蒙古军队于土剌河；洪武二十年，收降纳哈出；洪武二十一年，李文忠败北元主于捕鱼儿海；明太祖与王保保、蔡子英的逸事。对比两书发现，《四夷考·北虏考》除洪武五年六月李文忠击败蒙古军队于土剌河和洪武二十一年李文忠败北元主于捕鱼儿海两事外，其余都是抄撮《殊域周咨录·鞑靼》①。关于明朝对蒙古的敕书，两书所记时间与对象不同，内容也就不一样。

二是所记永乐年间史事的异同。两书都重点记明成祖的"三犁虏庭"，但内容只有永乐八年一处相同，且是《四夷考·北虏考》抄撮《殊域周咨录·鞑靼》。对于其他内容，两书各述不同。

三是所记洪熙至天顺年间史事的异同。关于此期间的记事，《四夷考·北虏考》重点记述了"土木之变"、明英宗的返回和也先称汗三件大事的始末，以及蒙古内部情况。《殊域周咨录·鞑靼》侧重于记述明朝北部边疆，尤其是宣大区发生的军事战争及边防建设，《四夷考·北虏考》中所记相关内容，《殊域周咨录·鞑靼》都有述及，内容大致相同。

四是成化至正德年间记事的异同。《殊域周咨录·鞑靼》重点记载其间明廷对宣大边防的巩固与建设，如置宣府东、西、南三路参将，并详

---

① 刘锦：《〈四夷考·北虏考〉的史源及其史料价值》，第83页。

述每项措施施行的缘由。而《四夷考·北虏考》侧重于记述明朝与蒙古之间的朝贡关系。当然，两者也有相同的内容，如蒙古内部情况、满四叛乱。对于满四叛乱，《四夷考·北虏考》是模仿并抄撮了《殊域周咨录·鞑靼》。关于蒙古内部情况的记载，在内容上，两书基本相同。

五是嘉靖年间的记事，两书基本不同。《殊域周咨录·鞑靼》主要记述宣大防区的情况，对于宁夏、宣大、辽东三区士兵叛乱的记述非常详细，而对于大同戍兵叛乱的记载则更为详细。《四夷考·北虏考》侧重于记述明蒙之间的军事战争。当然，两者都述及"庚戌之变"，《四夷考·北虏考》的记载颇为详细，但《殊域周咨录·鞑靼》只是用简短文字进行概述。因《殊域周咨录·鞑靼》的记事只至嘉靖年间，故隆庆年间之事没有。

其次，结构与特点。两书同记明蒙史事，但因作者所站角度不同，在结构安排及侧重点也就不同，各有特点。

一是结构安排。《殊域周咨录·鞑靼》，共七卷，各卷的安排如下：卷十六，记洪武年间及之前的蒙古史；卷十七，记永乐、洪熙、宣德、正统两朝的明蒙史事；卷十八，记景泰、天顺、成化、弘治、正德年间的明蒙史事；卷十九至卷二十二，记嘉靖一朝的明蒙史事。从结构安排上看，《殊域周咨录·鞑靼》略古详今，嘉靖一朝的史事，共计四卷。

《四夷考·北虏考》，共三卷。各卷情况如下：卷之六（北虏考一），记洪武、永乐两朝的明蒙史事；卷之七（北虏考二），记宣德至弘治年间的明蒙史事；卷之八（北虏考三），记正德至隆庆年间的明蒙史事。

二是记述内容的侧重点。叶向高官为内阁首辅，多站在朝廷的角度去思考明朝与蒙古的关系，这就决定了《四夷考·北虏考》在记载蒙古史事时，详述重大史事的始末，如"土木之变""庚戌之变""隆庆和议"，注重辑录事件处理过程中的典型性言论，以作为借鉴。而严从简多从"边防"的立场出发，叙述了明朝与蒙古之间军事方面的内容。从《殊域周咨录·鞑靼》的内容介绍中可以看出，严氏又多述宣大边外的情况，如宣大区军镇的设置、防区官员级别的变化、城堡的建设、边境戍兵的情况等。

三是撰写特点。通观二书，从整体来看，两者都是按时间的先后顺序来记述明蒙史事，即体例属于编年体。但《殊域周咨录·鞑靼》在记述每一重大事件时，都会详述其始末，兹举一例，记置宣府副总兵：

> （景泰）五年，置协守宣府副总兵官、分守宣府北路参将。初，诸将列衔不一，佩印者称总兵官，亦有称副总兵者，北路初称镇守，景泰间称提督，至是始定。宣府自镇守总兵官外，置副总兵一员，统奇兵，称协守。北路置参将一员，称分守，驻独石，属以口外八城堡。北路后增属滴水崖、青泉、镇安、镇宁，金家庄、牧马诸堡，置分守，宣大布政司岁差山西布政司参议各一员分守，后专除。诏雁门、偏、宁三关番休戍卒。正统末，边塞多事，雁门戍至万九千人，皆振武卫民及大康民壮，长役不休，时以为苦。镇守都御史朱鉴请分番，不许。至是虏寇稍宁，少保谦乃上启宜听其便，从之。虏虽和，谦虑其未革心，益为安内攘外之策。永乐以来，安置降胡於河间、东昌境内，生聚蓄息，骄纵莫驯。正统初，吏部主事李贤建议，比留五胡，欲国家销此积久难除之患，不从：及也先入关，果有欲乘机骚动者。谦因南征苗寇，举其有位号者以随，事平，遂奏留其地。都督杨俊议奏，悉调拔内外军马出塞征虏，谦谓如此则京师各边一切空虚，若犬羊闻之，以重兵迎截我军，牵制分兵，从间道剽掠所在城池，何以御之？进退之间，两有所碍，此岂全胜之道？上疏阻其议。①

从以上记载可知，《殊域周咨录·鞑靼》是编年体中又有纪事本末体。而《四夷考·北虏考》则按时间顺序记述。可见，在体例上，两者存在差异。

此外，两书的作者在撰写过程中，都附有自己的评价，但形式不同。叶向高或在撰写完一件重大事件后，或记述完一位皇帝在位期间的史事后做出自己的评价。例如，对明成祖的评价，"文皇帝凡五出漠北，三犁虏庭，中外劳费，计臣凛凛，虞乏军兴，而虏缘大创。本雅失里妻率属

---

① 严从简：《殊域周咨录·鞑靼》，第398页。

来朝，瓦刺袭封爵，称外臣，阿鲁台是后亦奉贡谨，边境少事矣"①。《殊域周咨录·鞑靼》多有不同，它以按语的形式，或摘录他书，或时人议论，间附己见。兹举例说明，如记永乐八年北征之事：

> 上亲征虏酋本雅失里，诏告天下，命湖广杨荣、金幼孜扈从，命夏原吉辅皇长孙留守北京，车驾发北京。三月，驻跸鸣銮戍……车驾至北京，何福惧罪自杀。

> 按，《北征录》曰，六月九日发飞云壑，虏列阵以待，上敕诸将严行阵。虏伪乞降，上命取招降敕授之。俄而左哨接战，至为龙口，虏拥众犯御营，都督谭广以神机营兵直冲其阵，败之，追奔十余里。上亲逐虏于山谷间，复大败之。虏弃辎重弥望，牛羊狗遍满山谷。广，骁将也，每用为前锋。此北伐之初驾也。此时虏尚能师，所谓列阵，诈降是已。②

三 《四夷考·北虏考》与《续文献通考·鞑靼即契丹》比较

《续文献通考·鞑靼即契丹》（下文简称《鞑靼即契丹》），明人王圻撰，记事始于洪武元年（1368），迄至万历初期，是有关蒙古的专题著述。明太祖朱元璋于 1368 年建立明朝后，北遁漠北的蒙古始终是其防御的重点。《鞑靼即契丹》在概述鞑靼的源流后，重点考述了明代蒙古史事，详细具体，但在不同的时间侧重点各不相同。洪武年间，重点记述了明朝征讨蒙古的几次大的战争，蒙古汗位的更迭及蒙古贵族的归降，如征服纳哈出、蓝玉征虏主于捕鱼儿海。永乐年间，主要详载了明成祖的"五漠三犁"及蒙古贵族的归降。洪熙、宣德期间，略述明朝与蒙古之间的朝贡关系。正统、景泰年间，主要记述了也先与明朝关系，详述

---

① 叶向高：《四夷考》卷之五。
② 严从简：《殊域周咨录·鞑靼》，第 371 页。

明朝对也先称汗的廷议。天顺至正德期间，主记两事，一是也先死后，蒙古各部对明的侵边，二是详述蒙古小王子情况，诸如世系、分布、人口等，但经笔者比对，此内容多抄录郑晓的《皇明北虏考》。关于嘉靖年间的史事，《鞑靼即契丹》据郑晓《皇明北虏考》对明朝边境将士的失败进行考证，同时详述了逃亡蒙古的明人情况。隆庆年间，主要记载了明朝对俺答汗之孙把汉那吉归降事件的处理及之后与明朝互市的蒙古部落和互市的时间、地点，王圻还对通贡互市进行了评论。薄音湖、王雄在点校《续文献通考·鞑靼即契丹》的题解中称其"勾稽当代文献资料，自成一编，可与郑晓《皇明北虏考》、叶向高《四夷考·北虏考》等明代有关蒙古的专题史料互参"①。基于此说法，下文将对两书进行比较。

其一，内容上。《四夷考·北虏考》全而详，《鞑靼即契丹》则相反。洪武至弘治年间的记事，《鞑靼即契丹》所记的内容《四夷考·北虏考》基本具载，只是表达上有所不同而已。例如，记永乐七年的丘福北征，《四夷考·北虏考》记为：

> 其秋，命淇国公丘福为征虏大将军，率武城侯王聪、同安侯火真、靖安侯王忠、安平侯李达往击虏。上谕福曰："本雅失里逆天道，杀信使，故命尔徂征。尔必戒之：出开平而北，即不见虏，亦常如对敌；遇虏设奇奋击，不得便即止，毋为虏所绐。"仍告本雅失里以兴兵问杀使之罪。虏脱脱不花王、把秃王、伪丞相咎卜王等相继来归。福率千余人先至胪朐河，遇虏游兵，击败之。乘胜渡，获虏尚书一人，饮之酒，问可汗安在。尚书言："可汗闻兵来，欲北遁，去此可三十里。"福喜曰："可疾驰击擒此虏矣。"时诸军未集，诸将皆以为此诳我，不可信，不听。令尚书为乡导，径前薄虏营。虏佯败，诱我深入，福锐意乘之。安平侯泣谏曰："将军轻信谍者言，悬孤军至此，虏示弱狃我也，将退欲乘我，进且覆

---

① 王圻：《续文献通考·鞑靼即契丹》，《明代蒙古汉籍史料汇编》（第2辑），薄音湖、王雄编辑点校，蒙古大学出版社，2010，第219～220页。

我，缴疲极取我耳。将军独不念陛辞日上谆戒乎？而躁乱若此？计独宜结营自固，昼扬旗伐鼓，出奇兵挑之，夜多燃炬鸣炮，张军声，使虏莫测。一二日我大军至，并力击之，何不克也？即不然，犹可全师归，何虑不出此而自取败亡为？"武城侯亦力言，福皆不从。谋使同安侯使虏伪求和，以兵继之。同安侯不欲行，福厉声曰："违令者斩！"乃先驰马行，控马者皆泣下。诸将不得已，从之。卒遇虏，安平侯力战，杀数百人，马蹶被执，死之。五将军皆殁，师歼焉。上闻之，震怒，意欲大创虏，拔乱原，乃召诸将议亲征。①

《鞑靼即契丹》记为：

六月，命淇国公丘福、武成侯王聪、同安侯火真、靖安侯王忠、安平侯李远帅师北征。上谕之曰："毋失机，勿轻犯虏，勿为虏所绐。"诸将拜命，遂行。先是，本雅失里营胪朐河，虏挑战辄佯败，福遂乘胜渡河深入。虏又授意尚书一人诈奔降，言本雅失里闻大兵至，皇怖思北走。福用被获者为向导，直抵虏营，远等力阻，不听。才数里，虏伏四起，远、聪皆战死，福被执，全军遂没。事闻，上震怒，决意亲征。②

两相对照，两文的内容相同，但详略有异。

至于正德至隆庆年间的记事，两书有的内容相同，如嘉靖年间的战争史实及逃亡蒙古的明人情况，两书都有提及。有的内容则是《四夷考·北虏考》所无，如蒙古小王子的世系与部落情况，与明互市的蒙古部落以及至市时间、地点与人数。

其二，两书的特点。通观二书，不难发现，《四夷考·北虏考》可谓事无大小，都有提及，对于永乐北征、"土木之变"、"庚戌之变"、"隆

---

① 叶向高：《四夷考》卷之五。
② 王圻：《续文献通考·鞑靼即契丹》，第 222 页。

庆和议"等重大史事的记载尤详，可见叶氏欲以此为指导，从对重大史事的处理中学到处理明朝与蒙古关系的经验。王圻在撰写的过程中《鞑靼即契丹》，根据情况着重记述不同年间的一件或几件史事，年代特点明显。

除上述外，明人著述中以"北虏……"命名的不少，或述一朝两朝之事，或述一地之事。例如，王世贞的《北虏始末志》，叙述洪武元年（1368）至嘉靖年间（1522～1566年）的明代蒙古情况。文字虽少，但有关明朝与蒙古之间的重大史事，都有提及，言简意赅；而蒙古内部的情况，则较为详细，尤其是俺答汗部的世系、人口与分布等。对于《北虏始末志》，叶向高在撰写《四夷考·北虏考》时，已有所参阅，并抄撮其中的史料①。王琼的《北虏事迹》，纂辑在陕西、宁夏、甘肃边外活动的历代少数民族及明代蒙古的有关资料，所记明代蒙古的史事具有局部性；赵时春的《北虏纪略》，主要记述明中叶九边外蒙古部落的分布、主要首领的来历及现状等情况；而茅元仪的《武备志·四夷门·北虏考》则是全文辑录叶向高的《四夷考·北虏考》②。因此，对于这些著述，很难进行相互比较。

四　《四夷考·北虏考》是研究明代蒙古的重要资料

在蒙古文史籍严重缺乏、内容简略的情况下，汉籍史料对研究明代蒙古史的特殊重要性便显现出来。有明一代，北方蒙古各部落长期与明王朝交往密切，时战时和，互相依存，其活动直接影响到明朝的政治、经济、军事、文化各个领域。因此，朝廷以极大精力去处理北方事务，记载蒙古史的汉文史籍自然很多，官方、私人文献中有大量和蒙古有关的内容积存下来。而系统记述北元后裔即鞑靼的专题蒙古史，除《四夷

---

① 刘锦：《〈四夷考·北虏考〉的史源及其史料价值》，第83～84页。
② 茅元仪：《武备志·北虏考》，《故宫珍本丛刊》（第358册），海南出版社，2001，第296～319页。

考·北虏考》外，还有《皇明北虏考》、《殊域周咨录·鞑靼》、王圻的《续文献通考·鞑靼即契丹》、王世贞的《北虏始末志》等。然而，汉文史料因袭重复，很多史著或抄于实录，或录自野史，作者自身的经历或个人见解较少。为此，笔者将《四夷考·北虏考》与相关专述蒙古史事的著作进行比较分析，既见其同，又见其异。

首先，《四夷考·北虏考》与《皇明北虏考》、《殊域周咨录·鞑靼》、《续文献通考·鞑靼即契丹》等的论述侧重点虽有不同，但在史料价值上有共同之处，在明代汉籍蒙古史料中都占有一定的地位。明人记蒙古史事，他们利用自己的优越条件，广采当时的官私著述，加上自己的见闻，有的历记数朝，有的只记一朝两朝，有的只记一事。《四夷考·北虏考》记事起自洪武元年，迄至隆庆末，时达二百余年，为明代有关蒙古的专题著述中年代较长，内容亦较完整。凡有关明朝与北方蒙古的关系，如军事冲突以及封贡、互市等活动，几乎都有详述，为明代蒙古史的研究提供了较为系统的史料。

其次，《四夷考·北虏考》与《皇明北虏考》、《殊域周咨录·鞑靼》、《续文献通考·鞑靼即契丹》都保存了大量关于蒙古内部情况的记载，如汗位更迭、内部战乱、各部落变迁等。可供明代蒙古史研究的史料并不是很多，在一定程度上造成明代蒙古史研究的低迷和消沉。"过去相当长的一段时期内，明代蒙古史的研究一直很薄弱，主要原因就是缺少记载蒙古内部情况的史料。人们的研究只能依靠明代汉籍中的一些零散、主要反映明朝与蒙古关系的记载，因而研究往往不是难以深入，就是得出的结论难免片面。"① 《四夷考·北虏考》是明代蒙古史研究的第一手资料，尤其是关于蒙古内部情况的史料。

质言之，明代有关蒙古史事的专题著述，从不同的视角记载了明代蒙古的社会历史，《四夷考·北虏考》是其中重要的一部，它以翔实可靠的史料，对于明代蒙古社会历史研究拥有重要价值。

---

① 乌兰：《〈蒙古源流〉研究》，辽宁民族出版社，2001，导论，第 32 页。

Comparative Study between *Bei Lu Kao* in *Si Yi Kao* and Other Literature of Mongolia in Ming Dynasty

Liu Jin

Abstract: *Bei Lu Kao in Si Yi Kao* is written by Ye Xianggao, devoted to the history of Mongolia in Ming Dynasty. It's a recapitulatory compilation of Mongolian history, accompanied by textual research. There were numerous scholars doing research on history in Ming Dynasty and many of monographs on Mongolia, such as *Huang Ming Bei Lu Kao*, *Shu Yu Zhou Zi Lu* and *Xu Wen Xian Tong Kao*. By comparison with other literature of Mongolia in Ming Dynasty, the research shows that *Bei Lu Kao* is informative especially in the details of Ming and Mongolian major historical events, which is of high historical value and great significance. Therefore, it is an important book to study Mongolia in Ming Dynasty.

Keywords: Ye Xianggao; *Si Yi Kao*; Ming Dynasty; Mongolian history

《史集·部族志·札剌亦儿部》小考[*]

马林莹[**]

内容提要： 波斯文《史集》之《部族志》记述了蒙元时期蒙古高原上各民族部落的情况，是研究北方民族形成和发展最重要的史料之一。其中《札剌亦儿部》记述了这一时期札剌亦儿部落的基本情况，具有极高的史料价值。笔者以《史集》余大钧汉译本为基础，对比苏联集校本和 Thackston 英译本，对起自兀牙惕部人斡格来豁儿赤的亲属钦察及其后人合赞，止于成吉思汗右翼军千夫长的全部介绍的文本，运用史料对比校勘的方法，发现《札剌亦儿部》一文中人物、事件、地理等方面的六个龃龉之处，本文分别从 "'千户'与'万户'" "人物称谓探赜" "追札兰丁事件" 三个方面逐一考订，以期解决札剌亦儿部中零散人物和事件晦暗不明的历史问题。

关键词： 《史集》 札剌亦儿部 蒙古

札剌亦儿部落是成吉思汗及其先祖时代非常重要的蒙古部落之一。汉文史料的相关记载多有所隐晦或部分删改增添，而拉施特修撰的《史

  ＊ 本文写作得到导师王东平教授及同门师兄师姐的大力帮助，谨以致谢！

＊＊ 马林莹，北京师范大学历史学院博士研究生。

集》因其站在伊利汗国的立场编写，故而保存更多关于蒙古的原始真实
史料。

一 《史集·部族志·札剌亦儿部》概况

波斯伊利汗国宰相拉施特在 14 世纪初修撰的《史集》是一部篇幅浩
繁的历史巨著，根据现存的《史集》各种波斯文抄本来看，只包括第一
部《蒙古史》和第二部《世界史及五族世系谱》，原拟编写的第三部
《世界各地区地志》没有流传下来。"《史集》这部历史巨著，尤其是它
的第一部（蒙古史），具有很高史料价值，是我们研究中世纪史，尤其是
研究蒙古史、元史和我国古代北方少数民族史，以及研究古代游牧民族
社会制度、族源、民族学的重要资料。"① 《部族志》记述了蒙古高原各
民族各部落的情况，"弥补了汉文史料对 10 至 13 世纪这一地区记载的贫
乏；有关蒙古兴起和早期历史的记载，也远较汉文史料详细"②。

《史集》传世的刊本、抄本众多。刊本包括贝勒津本、苏联集校本、
若山校注本、卡利米校注本、汉译本、Thackston 英译本、Boyle 英译本；
抄本有塔什干本（俄译本及汉译本中以下简称"A 本"）、伊斯坦布尔本
（以下简称"S 本"）、伦敦本（以下简称"L 本"）、巴黎本（以下简称
"P 本"）、古勒斯坦皇宫本（以下简称"I 本"）、议会图书本、列宁格勒
本（以下简称"B 本"）、萨尔蒂科夫本（以下简称"C 本"）、贝勒津本
（以下简称"贝书"）、奥地利本、印度事务部本、慕尼黑本、伊斯坦布尔
1653 本。中国学者对《史集》的介绍和利用开始于晚清学者洪钧。韩儒
林与邵循正两位先生曾对其进行了部分译注工作③。从 20 世纪 60 年代开

---

① 〔波斯〕拉施特主编《史集》（第一卷第一分册），余大钧、周建奇译，商务印书馆，
1983，汉译者序，第 13 页。

② 陈得芝：《蒙元史研究导论》，南京大学出版社，2012，第 85～86 页。

③ 韩儒林：《读〈史集·部族志〉札记（部分）》，载元史研究会编《元史论丛》（第 3
辑），中华书局，1986；周清澍：《邵循正生平及其所译波斯文〈史集〉》，载周清澍《元
蒙史札》，内蒙古大学出版社，2001，第 605 页。

始，余大钧、周建奇两位先生将《史集》俄译本陆续译为汉文①。1993年刘迎胜先生发表《〈史集·部族志·札剌亦儿传〉研究》一文，将《札剌亦儿部》前半段（自开始至叙完拙赤塔儿马剌家族）由波斯文译为汉文，并进行了深入的考订注释工作②。王一丹先生长期致力于波斯语文献及《史集》的研究，先后发表多篇相关文章③。刘正寅先生先后对斡亦剌部、乞儿吉思部进行了细致的考订研究④。2015年魏曙光先生发表《中国学者〈史集〉研究述评》一文，对《史集》的研究状况做了梳理。⑤

札剌亦儿的部落名从辽代开始记载为"阻卜扎剌部节度使司"⑥，冯承钧先生考其为"札剌亦儿部"，已得到学术界广泛认同。⑦ 其元代译法有：《圣武亲征录》作"札剌儿"⑧；《元史》作"札剌亦儿""押剌伊而""札剌儿""札剌而""札剌尔""札剌台""札剌儿台"⑨；《南村辍耕录》作"札剌儿歹"⑩。目前学界以谢咏梅先生在此部落用力最多，著有《蒙元时期札剌亦儿部研究》⑪ 一书。《史集·部族志·札剌亦儿部》集中记载了有关札剌亦儿部的情况，是研究此部早期历史的重要史料，但其中仍有许多问题晦暗不明，值得探究。笔者按照前辈学者的研究路

---

① 〔波斯〕拉施特主编《史集》（第一卷），余大钧、周建奇译，商务印书馆，1983；《史集》（第二卷），商务印书馆，1985；《史集》（第三卷），商务印书馆，1986。

② 皮路思：《〈史集·部族志·札剌亦儿传〉研究》，载中国蒙古史学会编《蒙古史研究》（第4辑），内蒙古大学出版社，1993。

③ 王一丹：《波斯拉施特〈史集·中国史〉研究与文本翻译》，昆仑出版社，2006。

④ 刘正寅：《〈史集·部族志·斡亦剌传〉译注》，载达力扎布主编《中国边疆民族研究》（第5辑），中央民族大学出版社，2011；刘正寅：《〈史集·部族志·乞儿吉思部〉研究》，《中国边疆史地研究》2013年第1期。

⑤ 魏曙光：《中国学者〈史集〉研究述评》，《沈阳师范大学学报》（社会科学版）2015年第1期。

⑥ 《辽史》卷四十六《百官志二》，"北面属国官条"。

⑦ 冯承钧：《辽金北边部族考》，载《西域南海史地考证注论著汇辑》，中华书局，1957，第188页。

⑧ 王国维：《圣武亲征录校注》，文殿阁书庄，1936，第15页。

⑨ 《元史》卷一《太祖纪》、卷三《宪宗纪》、卷十九《成宗纪二》、卷七十七《祭祀志六》、卷一百一十三《顺帝传》、卷一百三十一《奥鲁赤传附朔鲁罕、忒木台传》、卷一百三十三《脱欢传》等多处可见记载。

⑩ （元）陶宗仪：《南村辍耕录》卷一，四部丛刊三编景元本，"氏族"之"蒙古七十二种"。

⑪ 谢咏梅：《蒙元时期札剌亦儿部研究》，辽宁民族出版社，2012。

数，在刘迎胜先生文章的基础上，以《史集》余大钧汉译本为基础，对比苏联集校本①和 Thackston 英译本②，对《札剌亦儿部》后半段部分涉及的人物、事件、地理等相关问题做了进一步的注释与考订③，发现了六处文献记载的龃龉之处，以期学界前辈们给予指点批评。

二 关于《札剌亦儿部》部分的考订

笔者关于《史集·部族志·札剌亦儿部》后半段的考订，起自兀牙惕部人斡格来豁儿赤的亲属钦察及其后人合赞，止于成吉思汗右翼军千夫长的全部介绍。

他们的亲属有钦察〔q（i）bjūq〕和钦察的后人合赞（ğāzān）、额失克－秃黑里（ašk tūğlī）和爱捏－伯〔'（a）īneh bīk〕。巴剌罕（brāğān）和兀忽勒（aūqūl）的四个千户曾被交给合赞〔统辖〕。

泰只（tāījī）和他的儿子巴勒秃（bāltū），〔出身于〕脱忽剌温（tūqrāūn）部落和他们的氏族，曾在小亚细亚，并在那里被处死；巴勒秃的兄弟为亦昔（'īsī，俄译作 Иса）。异密巴儿塔思〔b（a）rṭās〕，现任千夫长，也是札剌亦儿人。

在成吉思汗时代，有另一个异密名叫不儿客（būrkeh）；〔成吉思汗〕派他同哲别（jabeh）、速别台（sūbātāi）来到我国；他也留在河的彼岸。其子纳兀儿赤（nāūrjī），现为合罕的书记官〔必阇赤〕，而在此之前，他是帖古〔n（i）kūdār〕的书记官。

在成吉思汗时，曾任〔成吉思汗〕近侍的所有右翼军千夫长之中，有一位巴剌〔b（a）lā〕那颜。

---

① Rashīd al-Dīn Faẓl Allāh, *Jāmiʿ al-Tavārīkh*, Vol. 1, ed. A. A. Romaskevich, L. A. Khetagurov, and A. A. Alizade, Moscow: Intishārāt-i Dānish, 1965; Rashīd al-Dīn Faẓl Allāh, *Jāmiʿ al-Tavārīkh*, Vol. 3, ed. ʿAbdal-Karīm, ʿAlī Ūghlī, and Alīzāda, Baku, 1957.

② Rashiduddin Fazlullah, *Jamiʿuʾ t-tawarikh: Compendium of chronicles*, translated and annotated by W. M. Thackston, Harvard University, 1998–1999, 3 vols.

③ 本文的波斯文拉丁转写采用《伊斯兰百科全书》转写系统，特此说明。

当算端札兰丁〔j（a）lāl-ād-dīn〕渡辛河〔s（i）nd〕而逃时，〔成吉思汗〕派他带着军队进入忻都斯坦，追赶〔算端〕。因为〔巴剌〕没找到〔算端〕，便劫掠了忻都斯坦的一部分，回来〔重新〕为成吉思汗效劳。忽必烈汗时，〔巴剌的〕一个儿子，名叫马忽亦（māqūi），据有他的职位。从伟大合罕处来的使者阿欣〔āh（i）n〕，是他的亲属。在我国〔即伊朗〕，曾驻于起儿漫〔k（a）rmān〕边境的千夫长兀罕（aūğān）〔俄译讹译作 Учаи〕和现任侍从的那邻（nūrīn）马夫两人，都是他的亲属。他有个哥哥，名叫合儿孩－合撒儿〔h（a）rqāi-q（a）sār〕那颜，也是右翼千夫长。①

这五段内容的特点就是人物的世系及经历零散，只有后两段之间有密切关系，且除了哲别、速别台、巴剌那颜略有名气外，其他涉及的人物均不便从各种途径查找相关资料，所以考订艰难。

文中的"钦察"、"伯"、"小亚细亚"、"他也留在了河的彼岸"、"必阇赤"、"算端"、"辛河"、"忻都斯坦"、"起儿漫"、"那邻马夫"、"合儿孩－合撒儿那颜"、"千户"、"帖古"、"追击札兰丁的是几位那颜"、"忽必烈汗"、"伟大"和"使者阿欣"是笔者着力较多的重要考订部分，后六个考订关注点发现了一些史料记载的龃龉之处，以下分别从"'千户'与'万户'""人物称谓探赜""追击札兰丁事件"三个方面进行考订，以期解决札剌亦儿部中这些零散人物与事件晦暗不明的历史问题。

（一）"千户"与"万户"

"巴剌罕（brāğān）和兀忽勒（aūqūl）的四个千户曾被交给合赞〔统辖〕"，该句中的"千户"一词，涉及蒙元时期一个重要制度——千户百户制度："考之国初，典兵之官，视兵数多寡，为爵秩崇卑。长万夫

---

① 〔波斯〕拉施特主编《史集》（第一卷第一分册），第 156～157 页。对应的英译本参见 Rashiduddin Fazlullah, *Jami "u" t-tawarikh: Compendium of chronicles*, translated and annotated by W. M. Thackston, p. 40 of vol. 1。

者为万户，千夫者为千户，百夫者为百户"①。成吉思汗建国后，将蒙古编为众多千户②，由千户长统领。千户长之上设万户长统辖，千户长之下逐级设百户长、十户长统辖，皆世袭其职。

汉译本此处"千户"对应的《史集》波斯文原文作 hizār 为"千户"之意，英译本作 tümäns，此词明显不是英文，其来源何处，做何解释？《至元译语》"数目门"载"千，明安。万，土满"③；《华夷译语》"数目门"载："千，敏干，miŋqan。万，土绵，tümen"④；《鞑靼译语》"数字门"载："一千，你干敏安。一万，你干土绵"⑤；《女真译语》数目门载："一千，额木命哈。一万，额木秃墨"⑥。由此可见，Tümäns 是"万"的意思。此处英译本为何用 Tümäns 代指"千户"之意，原因待考。

（二）人物称谓探赜

笔者选取的《札剌亦儿部》这五段内容，从兀牙惕部人斡格来豁儿

---

① 《元史》卷九十八《兵志》。
② 关于成吉思汗分封千户长的人数，《史集》第一卷第二分册"万夫长、千夫长与成吉思汗的军队简述"记载，隶属于中军、左右翼的军队共有 129 个千户。《元史》卷一百二十《术赤台传》载："朔方既定，举六十五人为千夫长，兀鲁兀台之孙日术赤台，其一也"，这里提到有 65 个千户。《蒙古秘史》第 202 节："除森林部落外，成吉思汗任命的蒙古国的千户长，为九十五千户长。"这里提到有 95 个千户。参见《蒙古秘史》，余大钧译注，河北人民出版社，2001，第 163 页。有鉴于此，关于成吉思汗分封千户长的人数问题，国内外众多学者进行了考订研究。史卫民、晓克、王湘云的《〈元朝秘史〉九十五千户考》（《元史及北方民族研究集刊》1985 年第 9 期）认为《元朝秘史》95 个千户是拼凑起来的，存在同名异译、遗漏错载的情况，认为《元史》65 个千户更接近事实。金浩东的《对于成吉思汗子弟分封的再探讨——以分析〈史集〉中的〈千户一览〉为中心》（《中央亚细亚研究》2004 年第 9 期）指出大约 50 人见于《元朝秘史》而《史集》未载，这种情况可能与蒙哥即位后的大清洗有关。姚大力的《草原蒙古国的千户百户制度》将《元史》65 个千户、《元朝秘史》95 个千户、《史集》129 个千户看成三个序列，分别为癸亥甲子年间的千户建制、1206 年的千户建制、1219 年西征前的千户建制，参见姚大力《蒙元制度与政治文化》，北京大学出版社，2011，第 10～31 页。笔者更倾向于赞同姚大力的观点。
③ 贾敬颜、朱风合辑《蒙古译语女真译语汇编》之《至元译语》，"数目门"，天津古籍出版社，1990，第 12 页。
④ 贾敬颜、朱风合辑《蒙古译语女真译语汇编》之《华夷译语》，"数目门"，第 52 页。
⑤ 贾敬颜、朱风合辑《蒙古译语女真译语汇编》之《鞑靼译语》，"数字门"，第 110～111 页。
⑥ 贾敬颜、朱风合辑《蒙古译语女真译语汇编》之《女真译语》，"数目门"，第 255 页。

赤的亲属钦察及其后人，到脱忽剌温部的泰只及其后人，到不儿客及其子纳兀儿赤，再到巴剌那颜的亲属及后人，不足 500 字的介绍涵盖了众多的人物世系及经历，这相对于《札剌亦儿部》其他部分，内容更为零散。

笔者经查找相关资料，发现此部分所记载的人物称谓方面有 4 处缺憾：或人名翻译有误，或称呼不合时宜，或翻译来源无从可考，或翻译技术方面存在瑕疵，现将此内容逐一钩沉，以廓清这一段晦暗不明的小人物历史。

1. 纳兀儿赤与"帖古"

汉译本"其子纳兀儿赤，现为合罕的书记官〔必阇赤〕，而在此之前，他是帖古的书记官"一句中，"其"指的是"不儿客"，即此句话涉及四个人物："不儿客"、"纳兀儿赤"、"合罕"和"帖古"。

不儿客是成吉思汗时期札剌亦儿部的一个异密。"〔成吉思汗〕派他同哲别（jabeh）、速别台（sūbātāi）来到我国；他也留在河的彼岸"一句，同《史集》记载别速惕部落哲别那颜处，有可互相印证的记载："成吉思汗在巴里黑〔b（a）lkh〕和塔里寒〔ṭal（i）qān〕地区时，曾派遣他同两个札剌亦儿人速别台和讷儿客（nūrkeh）率军去到该境。讷儿客死于途中。他们从那里出发，〔向西进军〕，攻占了波斯伊拉克〔'（i）rāk-（i）'（a）j（a）m〕的许多城市，进行了杀掠后，又从那里进到格鲁吉亚〔g（u）rj（i）stān〕和梯弗里斯。"① 上述记载中的"讷儿客"与"不儿客"应为同一人。关于"不儿客"，未见《史集》别处记载，生年不详。

余大钧先生译注的《蒙古秘史》中提到，速别台 1220 年春奉旨与者别各率万骑追袭花剌子模国王马合谋。后与者别远征阿塞拜疆、格鲁吉亚、阿速、钦察、斡罗思，凯旋而归。者别于 1219 年从成吉思汗西征，次年，奉命与速别额台各率万骑追捕花剌子模国王马合谋。1221～1222 年，与速别额台攻略阿塞拜疆、格鲁吉亚等地，越过高加索山，击破阿速、钦察②。因此笔者猜测这三人在伊朗的时间为 1220 年前后。

---

① 〔波斯〕拉施特主编《史集》（第一卷第一分册），第 318 页。
② 《蒙古秘史》，余大钧译注，第 71、98 页。

不儿客"留在河的彼岸"一句中，汉译本"留在"，波斯文作 na-mānd，停留，含死去之意，英译本作"died"。汉译本"河"，英译本作 Qxus，即乌浒河。乌浒河，即阿姆河，《史记》与《汉书》中作"妫水"①，《隋书》与《新唐书》中作"乌浒水"②。汉译本"彼岸"具体为何处？考阿姆河源出兴都库什山脉北坡，流经土库曼斯坦及乌兹别克斯坦两国境内，由南向北注入咸海。因军队从东往西推进，而《史集》是以伊利汗国为视角撰写，故此处河的彼岸应该是指东岸，即河的右岸（又作马维阑纳儿或马维兰纳赫尔③）。

不儿客的儿子"纳兀儿赤"，"L、B 本作 b〔？n?〕āūrjī〕；贝书作 nādūrjī"④。未见《史集》中的别处记载。

关于"帖古"，波斯文原文作"tikūdār"，英译本作 Tägüdär。汉译本作"帖古"，当误（或人名翻译不全），应改为"帖古迭儿"为佳。"A 本作 tkū 'dā 'r；C、L、I、B 本作 nkūdr；贝书作 nīkūdr。"⑤

帖古迭儿（？～1284），又名帖古迭儿·阿合马，旭烈兀第七子，阿八哈之弟，伊利汗国第三任君主。阿八哈之子阿鲁浑曾与其争位，内战爆发后，帖古迭儿曾经一度击败阿鲁浑，并接受了他的投降。但是随后军队中支持阿鲁浑的将领发动了宫廷政变，帖古迭儿最终于 1284 年 8 月

---

① 《史记》卷一百二十三《大宛列传》；《汉书》卷九十六上《大月氏国传》。

② 《隋书》卷八十三《西域传·挹怛传》、《西域传·乌那曷传》；《新唐书》卷二百二十一下《康传》。

③ 《中亚史资料丛刊　中亚蒙兀儿史——拉失德史》，英译本绪论第二章"察合台世系"指出："察合台王国中心马维阑纳儿，即河中，主要是在锡尔河和阿母河（只浑河或乌浒水）之间。"参见米儿咱·马黑麻·海答儿《中亚蒙兀儿史——拉失德史》，新疆社会科学院民族研究所译，王治来校注，新疆人民出版社，1983，第 34 页。《蒙古西征研究》提到"外阿姆河一带"时，也解释为马维阑纳儿，参见〔俄〕皮库林《蒙古西征研究》，陈弘法译，内蒙古人民出版社，2015，第 32 页。高永久《马维兰纳赫尔考证》一文指出应该是先有 7～8 世纪阿拉伯人用"马维兰纳赫尔"来称呼阿姆河右岸地区，后才有中世纪穆斯林地理学家们的著述，接着才出现 19～20 世纪的欧洲东方学家们使用"马维兰纳赫尔"的拉丁语名称"特兰索克萨尼亚"或"特兰索克西亚那"。在马维兰纳赫尔祆教逐渐消失的过程中，阿拉伯人确实起了巨大的作用。后来伊斯兰文化与突厥文化的结合使得这一地区形成了突厥－伊斯兰文化。因此"马维兰纳赫尔"自然而然由最初表示地理概念的地名，而演变成具有阿姆河与锡尔河之间文化区域概念的专有名词。参见高永久《马维兰纳赫尔考证》，《兰州大学学报》（社会科学版）1995 年第 1 期。

④ 〔波斯〕拉施特主编《史集》（第一卷第一分册），第 156 页。

⑤ 〔波斯〕拉施特主编《史集》（第一卷第一分册），第 156 页。

10 日被处决①。

2. "汗" 与 "合罕"

"合罕"，"S，C，I 本作 qāmān；L 本作 q（?）āmān"②。此处合罕是指哪位蒙古大汗，需要推敲。据姚大力先生考订，蒙古政治体系采纳"合罕"作为帝国最高统治者的正式称号始于蒙哥时期③。故而《史集》使用"合罕"这一称号只能是指代蒙哥及其之后的统治者。

汉译本言纳兀儿赤在为合罕书记官之前是帖古（迭儿）的书记官，帖古迭儿为旭烈兀的第七子，旭烈兀生卒年为 1217～1265 年。而蒙哥生卒年为 1209～1259 年，蒙哥在旭烈兀之前已经逝世，若此"合罕"代指蒙哥，时间逻辑不符。在大蒙古国，蒙哥合罕的下一位合罕继承者为忽必烈（1260～1294 年在位），与此处时间符合，故此处合罕应该指忽必烈合罕。

汉译本"忽必烈汗时，〔巴剌的〕一个儿子，名叫马忽亦，据有他的职位"中，忽必烈被称为"汗"，苏联集校本作 qāān，J 本、K 本、kh 本作"khān"，英译本作"Khan"。故而此处汉译本当误，应该是"合罕"。

汉译本下一句"从伟大合罕处来的使者阿欣〔āh（i）n〕，是他的亲属"，其中的"合罕"也是指忽必烈④。

3. "伟大的" 与 "使者阿欣"

汉译本"从伟大的合罕处来的使者阿欣〔āh（i）n〕，是他的亲属"中，"伟大的"一词在波斯原文和英译本中均未出现，汉译本翻译出自何处，待考。

此外关于此句，英译本为 "Ahin Elchi, who came from the qa'an, was a relative of his"。

笔者考 "Elchi"（使者）一词，《至元译语》"君官门" 中 "使臣" 为 "宴赤"⑤。《华夷译语》"人物门" 中 "使臣" 为 "额里臣"

---

① 有关他的更多事迹参见《史集》第三卷《帖古迭儿（算端阿合马）传》，第 160～184 页。
② 〔波斯〕拉施特主编《史集》（第一卷第一分册），第 156 页。
③ 姚大力：《从汗到合罕——兼论〈元朝秘史〉的成书年代问题》，载姚大力《蒙元制度与政治文化》，北京大学出版社，2011，第 138 页。
④ 《史集》第一卷第二分册第 388 页"阿欣"的人名索引处明确记载为"忽必烈的使者"即是证明。
⑤ 贾敬颜、朱风合辑《蒙古译语女真译语汇编》之《至元译语》，君官门，第 14 页。

（elcin）①。《鞑靼译语》"人物门"中"使臣"为"额里陈"②。《高昌馆杂字》"人物门"中"使臣"为"因只"（ilqi）③。

周良霄先生《元史》一书指出"额勒赤"（elchi）为"使者"之意④。刘迎胜先生的《察合台汗国史研究》也提到"蒙古文 elchi（额勒只），使臣"之意⑤。乌力吉巴雅尔先生的《蒙藏文化关系研究》在讲到佛教文化对阿尔泰语系某些民族语言的影响时也指出"yalavaq 使者—elchi"⑥。

综上，"Elchi"代表一种身份，为"使臣"之意。故而，此处汉英译本不同：汉译本作"使者阿欣"，而英译本将"Ahin Elchi"作为人名使用。

（三）追札兰丁事件

"当算端札兰丁［j（a）lāl-ād-dīn］渡辛河［s（i）nd］而逃时，［成吉思汗］派他带着军队进入忻都斯坦，追赶［算端］。因为［巴剌］没找到［算端］，便劫掠了忻都斯坦的一部分，回来［重新］为成吉思汗效劳。"《札剌亦儿部》仅用了这寥寥几笔就描述了蒙元时期攻灭花剌子模王国这一重大事件，而追击算端札兰丁之战就是其中重要的组成部分。在这场追击战中，追击者为谁、追击目标何人、追击地点何处，显得尤为重要。

1. 算端札兰丁

关于"算端"这一称呼，《伊斯兰百科全书》提出：

Sultan：In Arabic the term sultan generally means "power" or "authority," but starting in the 10th century c. e. increasingly it also came to be an official title designating the person who holds power and authority.

---

① 贾敬颜、朱风合辑《蒙古译语女真译语汇编》之《华夷译语》，人物门，第45页。
② 贾敬颜、朱风合辑《蒙古译语女真译语汇编》之《鞑靼译语》，人物门，第96页。
③ 胡振华、黄润华整理《高昌馆杂字》，人物门，民族出版社，1984，第42页。
④ 周良霄、顾菊英：《元史》，上海人民出版社，2003，第232页。
⑤ 刘迎胜：《察合台汗国史研究》，上海古籍出版社，2006，第150页。
⑥ 乌力吉巴雅尔：《蒙藏文化关系研究》，中国藏学出版社，2004，第89页。

Although the title could refer to a provincial governor or prince, it could also serve as the title of the ruler of an entire region or empire. [1]

《蒙古秘史》作"莎勒坛""速勒坛"，《圣武亲征录》作"速里檀"；《元史》作"算端""算滩""锁潭"，《西游录》作"梭里坛"[2]。这里涉及 d 与 t 的音转问题。"清、浊音 d、t 也往往互用。如答剌罕 darqan，在《北史·蠕蠕传》作塔寒，《唐书》中作达干 tarqan；Ta'ir 作答亦儿、塔亦儿。"同时，"字母—l 在元音后多读为—n。如 Altan 之读作按摊，sultan 之读作算端，Jalaldin 之读作札阑丁"[3]。这是"部分伊斯兰教国家君主的称谓。又译'苏丹'、'素丹'，旧译'算端'、'速檀'、'锁鲁檀'、'苏尔坦'等。阿拉伯语音译，原意为'力量'或'权柄'，引申为'君主'或'统治者'"[4]。

札兰丁，《蒙古秘史》作"札剌勒丁·莎勒坛"[5]。《圣武亲征录》作"速里檀札兰丁"[6]。《世界征服者史》汉译本作"扎兰丁"[7]。《元史·太祖本纪》作"札阑丁"，载："西域主札阑丁出奔，与灭里可汗合，忽都忽与战不利。帝自将击之，擒灭里可汗。札阑丁遁去，遣八剌追之，不获。"《察罕传》作"札剌丁"，载："从帝征西域孛哈里、薛迷思干二城。回回国主札剌丁拒守铁门关，兵不得进。"[8]

札兰丁是花剌子模沙王朝的末代国王（1220~1231）。札兰丁的父亲为阿剌丁·马合谋。"花剌子模、伊拉克、呼罗珊和哥疾宁算端为花剌子

[1] Juan E. Campo, *Encyclopedia of Islam*, edited by J. Gordon Melton, Facts On File, 2009, p. 643.
[2] 《蒙古秘史》，余大钧译注，第 220 页；王国维：《圣武亲征录校注》，第 160 页；《元史》卷一百四十九《郭宝玉传》、卷一百二十二《巴而术阿而忒的斤传》；（元）耶律楚材：《西游录》，向达校注，中华书局，1981，第 3 页。
[3] 周良霄、顾菊英：《元史》，序言，第 7 页。
[4] 中国伊斯兰百科全书编辑委员会编《中国伊斯兰百科全书》，四川出版集团、四川辞书出版社，2007，第 541 页。
[5] 《蒙古秘史》，余大钧译注，第 220 页。
[6] 王国维：《圣武亲征录校注》，第 160 页。
[7] 〔伊朗〕志费尼：《世界征服者史》，何高济译，翁独健校订，内蒙古人民出版社，1980，第 471~555 页。
[8] 《元史》卷一《太祖本纪》、卷一百二十《察罕传》。

模王马合谋"，"他在位时花刺子模王朝的强盛和疆域的扩展达到了顶峰。马合谋的父亲和他本人通过多次远征征服了整个波斯伊拉克、呼罗珊、阿富汗斯坦及河中。他的征服事业由于蒙古人的入侵而中断"①。本传中讲述了马合谋轻率地杀害了成吉思汗的商人和使者及产生的诸多风波，由此两国交战。当马合谋有被俘虏的危险时，札兰丁进行了坚强的抵抗。星相家们的话使马合谋更加慌乱，没有听从札兰丁老成的见解。

《史集·成吉思汗纪》记载了后续的事情。成吉思汗派遣哲别、速别台追击马合谋算端，马合谋在逃跑途中的额别思宽岛上将王国交给了札兰丁算端。札兰丁逃到了哥疾宁，部众来归。成吉思汗追击札兰丁算端，他在辛河上英勇作战，见败局已定，将妻子、儿女、嫔妃们及金银财宝都投入河中，跃马渡过了辛河。后来成吉思汗派八刺那颜和朵儿拜那颜带着足够的军队到忻都继续追击札兰丁算端，他们一直追到忻都中部，也没找到，劫掠了一部分区域后，返回与成吉思汗会和②。《史集·算端传》记载了后续关于札兰丁的事情。札兰丁聚拢了50名没有死在河里的人，通过战争及联姻东山再起。后来蒙古军渡过质浑河（阿姆河）攻击札兰丁算端，经过激战后他再次逃脱③。

《世界征服者史》所载征讨算端诸地的原因、成吉思汗转击算端之战、算端札兰丁和他在印度的历险与《史集》记载大致相同。④

2. "辛河"、"忻都斯坦"及其劫掠区域

关于"辛河"，英译本作"Indus"，波斯文原文作"sind"。《蒙古秘史》作"申沐捏""申沐涟"。《圣武亲征录》作"辛目连河"。对此王国维先生指出："《说乳》本作辛目连河。汪、何二本作辛目速河。今从某氏校改正。《秘史》作申沐涟，今印度河。"⑤

关于"忻都斯坦"，英译本作"Hindustan"，波斯文原文作"hindūst-ān"。《史集》第一卷第一分册地名索引中提到《秘史》作"忻都孙合札

---

① 〔波斯〕拉施特主编《史集》（第一卷第二分册），第256页。
② 〔波斯〕拉施特主编《史集》（第一卷第二分册），第287~311页。
③ 〔波斯〕拉施特主编《史集》（第一卷第二分册），第325~335页。
④ 〔伊朗〕志费尼：《世界征服者史》，第90~162、471~501页。
⑤ 《蒙古秘史》续集卷1，第257节，《四部丛刊》三编本；王国维：《圣武亲征录校注》，第160页。

儿"，查《蒙古秘史》第 264 节作"忻都孙"。《蒙古秘史》第 261 节作
"欣都思"，余大钧先生指出"欣都思国，又作忻都、欣都、印都、印毒，
即印度国"①。沙·比拉指出"Hidusun，即忻都斯坦，印度"②。

关于劫掠区域的位置，《史集》有记载："（前述及，八剌那颜、朵儿
拜那颜追击札兰丁算端到忻都中部）回来时他们攻占了 ［以前］ 为哈马
剌丁一起儿漫亦领有、［后为］ 算端的一个异密领有的忻都的一个地方必
牙堡（qal ʻeh）。"余大钧先生指出："原文作 bīeh，音读不明。关于此
堡的名称及可能位置，参阅：埃里奥《印度史学家叙述下的印度历史》，
卷 2，伦敦，1869 年，392 页。"③

3. 追击札兰丁之人

关于成吉思汗究竟派遣几位那颜追击札兰丁算端，大体有以下三类
不同记载。

一是《史集》记载是由巴剌④和朵儿拜共同率领。《史集》载："成
吉思汗派札剌亦儿部的八剌那颜和……部的朵儿拜那颜两人带着足够的
军队去追击札兰丁算端。"朵儿拜那颜，属于何部落人，汉译本注释记载
为"诸本均缺"⑤。

但《史集》另一处记载只提到了八剌一人："（1222 年）有消息传来
说，札兰丁算端逃到了哥疾宁，在辛河上与忽秃忽那颜作战，将他击溃

---

① 〔波斯〕拉施特主编《史集》（第一卷第一分册），第 363 页；《蒙古秘史》续集卷 1，
第 264 节，《四部丛刊》三编本；《蒙古秘史》，第 261 节，余大钧译注，第 224 页。

② 〔蒙古〕沙·比拉：《蒙古史学史（十三世纪至十七世纪）》，陈弘法译，内蒙古教育出
版社，1988，第 56 页。

③ 〔波斯〕拉施特主编《史集》（第一卷第二分册），第 308 页。

④ 《史集》提到 S 本作 blā，参见〔波斯〕拉施特主编《史集》（第一卷第一分册），第
156 页。《史集》中也作"八剌那颜"，参见〔波斯〕拉施特主编《史集》（第一卷第二
分册），第 308 页。《蒙古秘史》第 202 节作"巴剌"。余大钧指出："巴剌·扯儿必，
札剌亦儿部人。薛扯朵黑之子，阿儿孩·合撒儿之弟。早在 1189 年帖木真第一次称汗
之前，他就已随其父、兄脱离札木合归附帖木真。他多年在帖木真身边忠勤效力，曾任
帖木真的近侍官（扯儿必）。蒙古建国后，受封为功臣千户长。据《史集》记载，1222
年春，他奉旨率军渡过印度河追击花剌子模王札兰丁，后来追了几个月也没有追到札兰
丁，由于不耐暑热，便掠夺了印度的一部分地区返回了。参见〔波斯〕拉施特主编
《史集》（第一卷第二分册），第 308~309 页；《蒙古秘史》，余大钧译注，第 168 页。
《元史》卷一《太祖本纪》作"八剌"，《圣武亲征录》亦同。

⑤ 〔波斯〕拉施特主编《史集》（第一卷第二分册），第 308 页。

了。成吉思汗立即出兵追击札兰丁算端，直到他渡过辛河为止。成吉思汗派八剌那颜去追击他，自己则回去了。""这一年（1223）春天成吉思汗从辛河上回来，派遣窝阔台合罕去征服哥疾宁及其所辖地区。窝阔台攻下了［哥疾宁］，进行了杀掠。炎夏来到后，［成吉思汗］将他召了回来。他来到八鲁罕［即八鲁弯之讹写］草原拜见了父亲。他们在那里过夏，直到八剌那颜从忻都地区回来为止；八剌占领了忻都境内诸城，设置了长官。"①

二是《世界征服者史》记载由朵儿伯·朵黑申率领。《世界征服者史》记载成吉思汗转击算端之战："（成吉思汗）把朵儿伯·朵黑申（Törbei Toqshin）派回去追击算端。"何高济指出，朵儿伯·朵黑申是（Dörbei Doqshin）的突厥语形，"义为'残忍者朵儿伯'，一个朵儿别台（Dörbet）将官之名，他因在1217年出征豁里秃马惕（Qori-Tumat）林木中百姓而知名"②。笔者认为朵儿伯·朵黑申与《史集》中的朵儿拜应该是同一人。

三是《蒙古秘史》、《圣武亲征录》和《元史》均记载这次远征是由札剌亦儿部的八剌一人率领。

《蒙古秘史》第257节："成吉思汗溯申河而上，掳掠了巴惕客先至额客小河、格温小河，到达巴鲁安原野驻营，派遣札剌亦儿氏人巴剌去追击札剌勒丁·莎勒坛、罕·篾力克二人。"③第264节："〔成吉思汗〕出征回回国共为七年。在那里等待札剌亦儿氏人巴剌时，巴剌渡过申河，追击札剌勒丁·莎勒坛、罕·篾力克两人，直到欣都思之地。因为札剌勒丁·莎勒坛、罕·篾力克两人失踪，〔巴剌〕追寻到欣都思中部也没找到，便回师了。在欣都思边境地区，〔巴剌〕掳掠了百姓，夺取了许多骆驼、许多去势山羊后，回来了。"④

《圣武亲征录》："获蔑里可汗屠其众，札阑丁脱身入河泳水而遁。遂

---

① 〔波斯〕拉施特主编《史集》（第一卷第二分册），第351~352页。
② 〔伊朗〕志费尼：《世界征服者史》，第164~166页。
③ 《蒙古秘史》，余大钧译注，第220页。
④ 《蒙古秘史》，余大钧译注，第227页。

遣八剌那颜将兵，急追之不获，因大虏忻都人民之半而还。"①

《元史·太祖本纪》："西域主札阑丁出奔，与灭里可汗合，忽都忽与战不利。帝自将击之，擒灭里可汗。札阑丁遁去，遣八剌追之，不获。"②

但《蒙古秘史》第 261 节提到："〔成吉思汗〕又派遣朵儿边氏人朵儿伯·多黑申去征讨欣都思国、巴黑塔惕国两国之间的阿鲁、马鲁及马答撒里国的阿卜秃城。"笔者认为此处的朵儿伯·多黑申应即《世界征服者史》中的朵儿伯·朵黑申，而他被成吉思汗派遣征讨欣都思国等地，是否同为追击算端札兰丁之战，《蒙古秘史》并未明确指出。而《蒙古西征研究》提到："次年（1222 年），成吉思汗派遣八剌那颜和朵儿伯那颜率领两万军队前来搜捕札阑丁。"③

综上所述，笔者认为此次征讨算端札兰丁由巴剌那颜和朵儿拜那颜共同率领的可能性较大，但更多的材料来证实。

结　语

笔者关于《史集·部族志·札剌亦儿部》部分内容的考订，结论如下。

第一，汉译本"巴剌罕和兀忽勒的四个千户曾被交给合赞〔统辖〕"中的"千户"一词，英译本作"tümäns"（万户），原因待考。

第二，在"人物称谓"方面，汉译本"其子纳兀儿赤，现为合罕的书记官〔必阇赤〕，而在此之前，他是帖古的书记官"，其中的"帖古"一词，当误（或人名翻译不全），应改为"帖古迭儿"为佳。汉译本"忽必烈汗时，〔巴剌的〕一个儿子，名叫马忽亦，据有他的职位"，其中忽必烈称呼为"汗"当误，应该是"合罕"。汉译本"从伟大合罕处来的使者阿欣，是他的亲属"一句中，"伟大"一词在波斯原文和英译本中均未出现，汉译本翻译出自何处，待考。而"使者阿欣"一词，英译本

① 王国维：《圣武亲征录校注》，第 161 页。
② 《元史》卷一《太祖本纪》。
③ 〔俄〕皮库林：《蒙古西征研究》，陈弘法译，内蒙古人民出版社，2015，第 77 页。

将"Ahin Elchi"作为人名使用。

第三，关于成吉思汗究竟派遣几位那颜追击札兰丁算端，笔者认为巴剌那颜和朵儿拜那颜共同率领此次征讨的可能性较大。

The *Partial* Annotation of *Jalayir*
Clan of *Jāmi'al Tavārīkh*

Ma Linying

Abstract：Persian *tribles* of *Jāmi'al Tavārīkh*, one of the most basic and important historical materials to study the formation and development of the nationalities in Northern Asia during the Middle Ages, describes the ethnic tribes in the Mongolia plateau during the Yuan Dynasty. The chapter *Jalayir clan* depicts the main tribal affairs in the period, and it is of significant historical value. This paper, based on the combination of *Jāmi'al Tavārīkh* Persian version with Soviet version, Yu Dajun's Chinese version and Thackston's English version, finds six differens on characters, events and geography involved in the latter part of Jalayir. On that account, I do textual research from three aspects of "'qianhu' and 'wanhu'", "character's appellation" and "the pursuit and attacktion of Jalal al-Din", in order to solve the obscure historical problems about scattered persons and events in Jalayir.

Keywords：*Jāmi'al Tavārīkh*；Jalayir；Mongol

辨章学术，考镜源流

——史源学视域下的《马政志》研究

王明江[*]

内容提要：《马政志》乃明代专述马政制度之书，收录大量名臣奏疏与皇帝敕谕，其文献价值与史料价值颇高。通过梳理《马政志》的版本与内容，运用文献比对的方法，本文发现其史源复杂，主要参引了《关中题奏稿》《名臣经济录》《辽东志》《明实录》等诸多文献。辨析此书史源的问题，有助于深入探究明代陕西马政状况，更有助于重新认识明代马政文献。

关键词：明代　陈讲　《马政志》　史源学

《马政志》取材广博，博洽征引。在撰写过程中，陈讲旁征博引多种文献，充分利用典章、奏疏、敕谕以及碑志等文献，从而系统地叙述了明代（至嘉靖年间）各项马政制度，使时人能够明晰马政的现状。同时，也为后人留下详备的原始马政文献。

但是，学术界关于《马政志》史源学研究较少，鲜有学者针对此问题提出观点。何况《马政志》本身版本众多，需择一善本而探究其史源。

＊ 王明江，兰州大学历史文化学院博士研究生。

笔者认为，在现存的版本中，续修四库本《马政志》既涵盖嘉靖三年（1524）初刻本的卷一与卷二概貌，又收录了嘉靖二十九年（1550）再修本的卷四，适宜以其为史源学的探讨对象。故笔者本着追本溯源的理念，针对《马政志》中出现的奏疏、敕谕与典制内容进行史源研究。

一 《马政志》基本状况

（一）版本概述

《马政志》作为历叙有明一代马政制度（实际此书所述截至嘉靖二十九年）的志书，为后人探讨明代马政制度提供了丰富的史料与文献。迄今为止，此书在流传过程中，最终形成四个版本，即天一阁本、四库丛书本、安徽省图本与续修四库本。

1. 天一阁本

藏于浙江宁波天一阁的《马政志》刻本。此书仅存两卷，即卷一《茶马》与卷二《盐马》。

2. 四库丛书本

《四库全书存目丛书》中所藏《马政志》版本[1]，属于明嘉靖刻本，现存于四川省图书馆。四库丛书本《马政志》幸存两卷，即卷一《茶马》与卷二《点马》。同时，本书收录《重修马政志叙》、两篇《马政志序》、《附体国堂记》、《重修马厂记》、《书重修马政志后》与三篇《马神祠记》。

3. 安徽省图本

安徽省图本指安徽省图书馆所藏的仅存卷一《茶马》的《马政志》。据安徽省图书馆公布的信息，该馆所藏《马政志》属于明刻本，"存茶马一卷。十行二十一字，小字双行同，白口，四周单边，板心镌'马政志'"[2]。

---

① （明）陈讲：《马政志》，《四库全书存目丛书》（史部第276册），齐鲁书社，1996。

② 《马政志》安徽省图书馆网站，http://opac.ahlib.com/opac/book/1900255391;jsessionid = 5F24EC33EF76D523C82171A12EDF8983? index = 1，最后访问日期：2018年11月7日。

4. 续修四库本

《续修四库全书》中所收录明嘉靖年间刻本《马政志》，存三卷，即卷一《茶马》、卷二《盐马》与卷四《点马》，而非王河与朱黎明二位先生所谈到"但独缺四卷"①。其中，续修四库本"卷四点马"乃以四库存目本"卷四点马"补阙，最终形成缀合后的续修四库本《马政志》。

（二）基本内容

《马政志》乃嘉靖初年陈讲巡按陕西马政时所著，撰述了明代的马政制度，收录了明代马政文献。在此书中，陈讲条分缕析马政诸多方面。同时，收录皇帝敕谕与名臣奏疏。由于现存版本复杂，各版本之间内容亦是大同小异。《续修四库全书》中收录的《马政志》共存三卷，而《四库全书存目丛书》中所收之书仅有两卷。

鉴于此种情形，为了能够全面总结本书的内容与主旨，笔者拟以《续修四库全书》中收录的《马政志》为例，对其著述内容进行概括与总结。笔者从现存卷帙中总结其精要，按照此书的内容特点，将其著述内容归纳为三大部分，即完整叙述马政制度、提供原始马政法令以及丰富督理马政经验。《马政志》完整叙述了自大明创建至嘉靖年间的马政制度。在此书中，主要围绕马政制度，以时间为线索，系统梳理了制度沿革，使读者能够明晰马政体制之下每条制度沿革的过程。

一般来讲，皇帝的敕谕也作为朝廷的法度依据。在《马政志》一书中，为了对明代马政制度的演化提供朝廷政策法令依据，便收录了多篇皇帝的敕谕。这些敕谕成为马政制度沿革的重要依据，充实了明代的马政法令研究资料。

在续修四库全书本《马政志》中，陈讲又多次征引名臣奏议，譬如杨一清、陈讲、刘大夏、胡彦、盛汝谦、刘仑、何孟春、魏洪冕以及杨守礼等多位大臣的奏疏。这些官员均是当时主管或督理马政的重要官员，奏疏中反映的问题均是当时督理马政时需要解决的问题。陈讲将这些奏疏摘录入书，为其以后马政事务的开展提供经验。

---

① 王河、朱黎明：《陈讲与茶马志》，《农业考古》2005 年第 2 期，第 251 页。

二　《马政志》史源学研究

（一）奏疏部分史源求索

奏疏作为个人向皇帝报告具体事务的文献，包含多种重要的信息。明人喜好编著奏议汇而成集。《马政志》中亦收录多篇奏疏，既充实了典志内容，又保存了大量的原始文献。

对于《马政志》中奏疏的本源，笔者利用《千顷堂书目》与《四库全书总目提要》，查阅嘉靖三年（1524）之前的奏疏集稿，进而通过书同文古籍库与中国基本古籍库，最终确定《马政志》征引的奏疏主要是杨一清奏疏、《名臣经济录》以及何孟春奏疏。

1. 取材杨一清奏疏

在《马政志》一书中，陈讲屡次引用杨一清的奏疏。同时，杨一清先后督理三边马政的奏疏亦在整理，准备刊刻。这也为陈讲著述《马政志》提供了极为珍贵的原始材料。因此，笔者认为《马政志》的原始文献源自杨一清的奏疏。

首先，从时间角度来看，陈讲征引杨一清的奏疏是完全可以的。自弘治十五年（1502）至正德十六年（1521），杨一清巡抚陕西，署理马政事务，留下了大量的奏疏。在嘉靖五年（1526），杨一清刊刻出版了《督抚奏议》①一书，这说明杨一清曾留存大量的奏疏。嘉靖二年（1523），陈讲便前往陕西担任巡茶御史一职。因此，在写作《马政志》过程中有机会参考杨一清的奏疏。

其次，在陈讲所著《马政志》中引用了大量的杨一清奏疏。关于

---

① 关于嘉靖五年刊刻《督抚奏议》，在《杨一清集》中的《前言》谈道："'关于奏议'之明刻本，除《关中题奏稿》外，尚有《督府奏议》及嘉靖二十九年刻的关于《关中奏议全集》本两种。笔者（唐景坤）为编辑整理《杨一清集》，遍访京、沪、南京以及杨一清故乡镇江各大图书馆，这后两种明刻本都无藏者，以致整理过程中，后八卷不得不以错漏较多的云南丛书本补，严重影响校勘质量，深表遗憾。"参见（明）杨一清《杨一清集》，唐景坤、谢玉杰点校，中华书局，2001，前言，第6页。

所引杨一清的奏疏出处，经过多次比对留存下来的文献，笔者认为《马政志》中所征引的杨一清奏疏主要有两种来源。第一，部分奏疏内容源自《关中题奏稿》；第二，奏疏内容来源于《名臣经济录》中的杨一清奏疏。

第一，《马政志》部分征引杨一清《关中题奏稿》，也就是点校本《关中奏议》。关于《马政志》中征引杨一清的奏疏，笔者曾做过两种推论，即 A，陈讲参阅杨一清的奏疏集；B，嘉靖三年（1524），陈讲向杨一清索要部分奏疏。

其一，从 A 推论出发，由于杨一清奏疏成集较多，版本流传不一。就《关中奏议》的版本而言，唐景绅先生认为，"'关于奏议'之明刻本，除《关中题奏稿》外，尚有两种，嘉靖五年（1526）刻之《督府奏议》本及嘉靖二十九年（1550）刻之《关中奏议全集》本"①。这也就表明两点：一是由于《关中题奏稿》属于明刻本，但不知其具体年代，故暂且将之视为陈讲可征引之重要文献；二是《督府奏议》与《关中奏议全集》分别为嘉靖五年与嘉靖二十九年刊刻印行，而《马政志》已于嘉靖三年（1524）刊刻付梓。因此，这两种奏疏与《马政志》的撰述并无多大关系。

其二，从 B 推论出发，笔者查阅杨一清的履历，发现其嘉靖三年十二月底重新担任陕西三边总制。据《明实录》载，"上命一清以原官改兵部尚书兼都察院左都御史，提督陕西三边军务"②。这也就说明在《马政志》刻板印行结束之前，陈讲也是无缘与杨一清相见，遑论陈讲向杨一清请求阅览其奏疏。

于是，结合上述两种推论，最为重要的线索就是《关中题奏稿》与《马政志》之间的关系。唐景绅与谢玉杰点校的《杨一清集》收录了杨一清的《关中奏议》、《西征日录》、《制府杂录》、《吏部献纳稿》、《宸翰录》、《阁谕录》、《密谕录》以及《督抚稿》等多部奏疏。其中，就《关中奏议》的点校工作而言，唐景绅与谢玉杰谈道："现存的〈关中奏议〉

---

① 唐景绅：《杨一清和他的〈关中奏议全集〉》，《文献》1986 年第 4 期，第 82~83 页。
② 《明世宗实录》卷四十六，嘉靖三年十二月戊午条，第 1193 页。

刻本有四种，这次整理，前十卷用的底本是明刻本《关中题奏稿》，以《四库全书》本、《云南丛书》本参校；后八卷以《云南丛书》本补，《四库全书》本参校。"① 由此可知，《杨一清集》中《关中奏议》前十卷依据底本乃是《关中题奏稿》。笔者将两段文献进行比较，发现文献内容大体一致。现将两段不同著述中的相同文献录之于下：

《马政志》中载：

> 疏曰：伏自金牌制废，每年止凭汉中府岁办课茶兼搭巡捜私茶，易马不过数百匹至千匹而止。补辕抑勒，往往良驽相参，招易未久，倒伤相继，番人既病于价亏，军士复不得实用。今边方在在缺马，官帑有限，收买不敷。月追岁并，士卒告困。欲查旧例，征运四川课茶，缘川、陕军民兵荒。之后，创残巳甚，边方飞输，犹自不堪。宁能增此运茶之役。照得汉中府产茶州县通年所出茶斤百数十万，官课用不过十之一二，其余俱为商贩私鬻之资。若商贩停革，私茶严禁。在山茶斤，无从售卖。茶园人户仰事俯育何所资藉，彼见茶园无利，不复葺理，将来茶课亦亏。夫在茶司则病于不足，既无以副番人之望；在茶园则积于无用，又恐终失小民之业……夫如是，茶出于山，而运于商，民不及知；以茶易马，官不及知。不伤府库之财，不失商民之业，我可坐收茶马之利。长久利便之策，宜无出此。②

在点校本《杨一清集》中的奏疏《为修复茶马旧制以抚驭番夷安靖地方事》也曾记载：

> 户部为修复茶马旧制以抚驭番夷、安靖地方事。该本部题，陕西清吏司案呈，奉本部送于户科抄出，钦差督理马政都察院左副都御史杨奏……补辕抑勒，往往良驽相参。招易未久，倒伤相继，番

---

① （明）杨一清：《杨一清集》，前言，第12页。
② （明）陈讲：《马政志》，《续修四库全书》（第859册），上海古籍出版社，2002，第25页。以下均引自该版本。

人既病于价亏，军士复不得实用。要其事势，亦有由然。今边方在在缺马骑征，官帑有限，收买不敷。月追岁并，士卒告困。近虽修举监、苑马政，然方收买种马孳牧，求用于数年之后，惟茶马可济目前之急。顾茶司无数万之储，纵然招致番马，何所取给？欲查照旧例，征运四川课茶，缘川、陕军民兵荒。之后，创残已甚，边方飞挽，犹自不堪，宁能增此运茶之役。查得洪武三十年钦依禁茶榜文内一款：本地茶园人家，除约量本家岁用外，其余尽数官为收买。若卖与人者，茶园入官。钦此。" 照得汉中府产茶州、县，递年所出茶斤百数十万，官课岁用不过十之一二，其余俱为商贩私鬻之资。若商贩停革，私茶严禁，在山茶斤，无从售卖。茶园人户，仰事俯育，何所资藉？彼见茶园无利，不复葺理，将来茶课亦亏。夫在茶司则病于不足，既无以副番人之望，在茶园则积于无用，又恐终失小民之业。若不从宜处置，深为不便……夫如是，茶出于山，而运于商，民不及知；以茶易马，官不及知。不伤府库之财，不失商民之业，而我可以坐收茶马之利。长久利便之策，宜无出此。①

通览上述两种文献，从整体来看，文献内容大体相似，可以断定《马政志》中这段奏疏内容源于杨一清的《为修复茶马旧制以抚驭番夷安靖地方事》奏疏。从字句着眼，《马政志》中收录的杨一清奏疏有所删减。譬如，在《马政志》中并无"要其事势，亦有由然"，"近虽修举监、苑马政，然方收买种马孳牧，求用于数年之后，惟茶马可济目前之急。顾茶司无数万之储，纵然招致番马，何所取给"等文献。这就说明陈讲在征引杨一清的奏疏时会有针对性地删减内容，以便适于此书的编纂工作。

因此，归纳上述的推论与分析，笔者认为陈讲在撰述《马政志》的过程中引用了《关中题奏稿》中的奏疏内容并有所增删，这也说明了《马政志》中杨一清的奏疏渊源问题。

第二，《马政志》选录《名臣经济录》中杨一清多篇奏疏。在整理

---

① （明）杨一清：《杨一清集》，第 83、87、88 页。

《马政志》的过程中，笔者发现有些奏疏并未在点校本《杨一清集》中。这使笔者怀疑陈讲是否征引了其他奏疏汇录。果不其然，笔者发现《名臣经济录》中收录了杨一清的奏疏。《名臣经济录》乃明代黄训所编，与陈讲属于同一时期人物，其中收录的杨一清奏疏与《马政志》内容完全一致。现将两种不同著述中相同文献抄录如下：

在《马政志》中载曰：

> 二年，都御史杨一清疏请查照先年事例仍差御史巡茶宪理马政。兵部议拟题奉，钦依陕西一应马政，都着巡茶御史兼管，务要着实举行，不许视常怠玩。
>
> …………
>
> 杨疏曰：臣弘治十六年八月内到于陕西地方□□苑马寺，查得牧马草场见在止存六万六千八百八十八顷八十亩，养马恩队军人止有七百四十五名，牧养儿扇骒马并驹止有二千二百八十四……臣虽退伏草野，与世长违，亦有荣矣！①

在《名臣经济录》中，《陕西马政一》也载云：

> 正德二年，御史杨一清疏请查照先年事例，仍差御史巡茶兼理马政。兵部议拟题奉，钦依陕西一应马政，都着巡茶御史兼管，务要着实举行，不许视常怠玩。
>
> 杨疏曰：臣弘治十六年八月内到于陕西地方亲诣苑马寺，查得牧马草场见在止存六万六千八百八十八顷八十亩，养马恩队军人止有七百四十五名，牧养儿骟骒马并驹止有二千二百八十四……臣虽退伏草野，与世长违，亦有荣矣！②

通览上述文献，两者之间并无差异。除去《马政志》"二年"与

---

① （明）陈讲：《马政志》，第21~22页
② （明）黄训编《名臣经济录》，《景印文渊阁四库全书》（第444册），台湾商务印书馆，2008，第98~100页。

《名臣经济录》"正德二年"的细微差异，确认其两者文献内容相同。"二年"与"正德二年"的差异也在于陈讲在编撰过程中以年系事。《马政志》载："正德元年，吏、兵二部尚书马文升、刘大夏会议关陕重地，各镇兵马权无专制，合将巡抚都御史杨一清加重责任，总制三边题奉。"①其后，正德二年便简略为"二年"。这也在本书中随处可见。

因此，综合上述的分析与文献比对，笔者认为《马政志》中杨一清的奏疏还源于《名臣经济录》。同时，据统计，在《名臣经济录》中，收录杨一清的奏疏 6 篇，其中与马政相关的奏疏仅有 2 篇，这两篇均收录于《马政志》中。

2. 参引《名臣经济录》

《马政志》一书中参考征引了大量《名臣经济录》中的文献。《名臣经济录》是明代黄训所编。黄训字学古，自号黄潭，是成化年间进士。《名臣经济录》则是黄训辑录明洪武至嘉靖年间著名大臣奏疏而成的一部著作。关于《名臣经济录》的成书年代，据研究，《名臣经济录》嘉靖年间已有刻本问世。"现以汪云程刊刻嘉靖三十年（辛亥年，1551）本流传最广。万表所称'徽本'既是汪云程本，现能见到的该书亦是该版本。"② 在比对两者的奏疏文献中，笔者发现《马政志》中多篇奏疏内容与《名臣经济录》中的奏议完全一致。因此，笔者大胆断定《马政志》必然征引了《名臣经济录》中收录的奏疏，主要有以下两点原因。

第一，《马政志》中徐蕃的一篇奏疏与《名臣经济录》收录的奏疏内容一致。笔者检阅《马政志》中的徐蕃奏疏，发现其收录徐蕃的此篇奏疏仅为《名臣经济录》与《皇明名臣经济录》。然而，由于陈九德所辑《皇明名臣经济录》乃黄训《名臣经济录》的删节本，并且《皇明名臣经济录》于"嘉靖己酉年（1549）七月既望"③ 刊刻而成，与《马政志》刊刻时间相距甚远。故而《马政志》征引的奏疏内容必源自《名臣经济录》。现将两种文献抄录部分如下。

---

① （明）陈讲：《马政志》，第 21 页。
② 李巍：《〈皇明名臣经济录〉研究》，硕士学位论文，中央民族大学，2011，第 46 页。
③ （明）陈九德辑《皇明名臣经济录》（第 1 册），嘉靖二十八年刊刻本，现藏于东洋文化研究所。

《马政志》中收录的徐蕃奏疏载：

> 给事中徐蕃疏曰：臣等切惟威远之策，莫先于修武备。而武备之修，莫要于蕃畜牧。臣见往者陕西茶法马政提督未有专员，孳牧或兼于都堂，茶课则委之御史，体统病于分合之靡常弊端，滋于交承之不一。今我皇上专命都御史一员并付……乞敕本官量于两司官内择委一二才干以佐经画，府卫衙门凡有事干马政者，悉从节制。如有贤否勤惰并听问具考语类，报吏部以明黜陟，则众思兼集矣！①

《名臣经济录》中收录的徐蕃奏疏《陕西马政四》云曰：

> 给事中徐蕃疏曰：臣等切惟威远之策，莫先于修武备。而武备之修，莫要于蕃畜牧。臣见往者陕西茶法马政提督未有专员，孳牧或兼于都堂，茶课则委之御史，体统病于分合之靡常弊端，滋于交承之不一。今我皇上专命都御史一员并付……乞敕本官量于两司官内择委一二才干以佐经画，府卫衙门凡有事干马政者，悉从节制。如有贤否勤惰并听问具考语类，报吏部以明黜陟，则众思兼集矣！②

通过对比上述文献，可以明显发现《马政志》中徐蕃的奏疏与《名臣经济录》中所收录的内容并无区别，互相一致。

第二，《马政志》中收录了一篇刘大夏的奏疏，经过翻阅古籍文献与检索数据库，发现其仅与《名臣经济录》中收录的刘大夏《陕西马政五》相同。现将两个版本的奏疏抄录如下。

《马政志》中所收录刘大夏奏疏曰：

> 尚书刘大夏疏曰：看得徐蕃、夏璜等所言皆详备切要，深补本部原拟之不足，大意俱欲加重本官之任，以成公家之事。缘都御史

① （明）陈讲：《马政志》，第20页。
② （明）黄训编《名臣经济录》，第102～103页。

杨一清受命于马政废坠之后，委的事体艰大责任难为，况其所行俱于巡抚、巡按及都布按三司事相干涉。若使人得沮挠，事或掣肘。纵有才能，亦难济事……陕西总制镇守抚按及都布按三司并转行各府卫州县所一体遵守，并将节次奏奉，成命行移。在京各该衙门知会庶使，仰体朝廷兴举马政之心，凡有干预，务要钦遵，共成国是。①

《名臣经济录》中收录的刘大夏《陕西马政五》云：

尚书刘大夏疏曰：看得徐蕃、夏瑮等所言皆详备切要，深补本部原拟之不足，大意俱欲加重本官之任，以成公家之事。缘都御史杨一清受命于马政废坠之后，委的事体艰大责任难为，况其所行俱于巡抚、巡按及都布按三司事相干涉。若使人得沮挠，事或掣肘。纵有才能，亦难济事……陕西总制镇守抚按及都布按三司并转行各府卫州县所一体遵守，并将节次奏奉，成命行移。在京各该衙门知会庶使，仰体朝廷兴举马政之心，凡有干预，务要钦遵，共成国是。②

比较上述两种文献中刘大夏的奏疏，内容并无差异。

因此，通过比较上述两位大臣的奏疏内容，虽然收录于不同著述，但是内容一致。《名臣经济录》成书早于《马政志》，所以《马政志》应会采摭《名臣经济录》中的文献资料。

3. 选录何孟春奏疏

《马政志》撰述过程中参引何孟春奏疏。在整理《马政志》的过程中，笔者发现书中有何孟春的奏议。经过比较文献，笔者发现《马政志》中收录的奏疏与现存的何孟春奏议内容一致，笔者认为陈讲在著述过程中必定参考了何孟春的奏疏，主要有以下两点原因。

---

① （明）陈讲：《马政志》，第 20 页。
② （明）黄训编《名臣经济录》，第 103～104 页。

首先，何孟春，字子元，郴州（现湖南郴州市）人。明宪宗十年（1474）出生，弘治六年（1493）中进士，卒于嘉靖十五年（1536），谥号文简。何孟春历仕太仆少卿、太仆卿及都察院右副都御史等官职，对明代中期马政极为熟悉。因此，陈讲极有可能参考何孟春的奏疏。

其次，在《马政志》卷四《点马》中，有篇何孟春的奏疏。之后，笔者查阅《四库全书总目提要》，发现何孟春著有奏疏集稿《何文简疏议》。经过文献相互比对，《马政志》所收录何孟春奏疏与《何文简疏议》中的文献内容一致。然而，关于《何文简疏议》成书时间，《景印文渊阁四库全书》中《提要》载："万历初，巡抚湖广金都御史汝阳赵贤始搜辑其诗文刻之于永州，又别录其奏议为一集刊于衡州，前二卷为官兵部时作，第三卷为官河南参政，入为太仆寺卿时作，第四卷至八卷为巡抚云南时作，末二卷为官侍郎时作。"① 这也说明陈讲在著述《马政志》时，应无法参阅《何文简疏议》。因此，笔者认为在《马政志》成书的过程中参引了何孟春的奏疏，而非《何文简疏议》。将两种文献部分抄录如下。

《马政志》曾征引何孟春的奏议，其中记载：

> 一查得成化元年，仰该兵部议行屯田，每项出银一钱，委管屯官征收回卫，寄发有司仓库收贮。如遇边操官军倒死原领马匹，告相明白。令其寻要堪中好马，前项贮官银两收买，给发骑操。不许那移别项支用，镇巡等官年终具奏，此例之行，为日已久。盖专为马价而设，奈何法欠周防，事多亏弊，稽案劾籍，迄无可凭……把总等官，一遇各军倒死马匹，即便开报巡抚衙门，仍行各该太仆寺官比较印烙回报。然后，类奏施行。庶几，收银买马，数目易清，欺弊无所匿，分数不能隐。而奏报之数，在本部者亦可为据依也！②

在《何文简疏议》中亦有奏疏载：

---

① 《何文简疏议》，《景印文渊阁四库全书》（第429册），第3~4页。
② （明）陈讲：《马政志》，第48~50页。

一查得成化元等年，为陈言边务等事，节该兵部议行陕西各边
卫所屯田。除办纳外粮草外，每项出银一钱，委管屯官征收回卫，
寄发有司仓库收贮。如遇边操官军倒死原领马匹，告相明白，令其
寻要堪中好马，将前贮官银两收买，给发骑操。不许那移别项支用，
镇巡等官每于年终备将收过银两、买过马匹数目具奏。查考此例之
行为日久。粮草额外实是加征，独于边方有之，专为马价而设。奈
何法欠周防，事多亏弊，稽案勃籍，迄无可凭……把总等官，一遇
各军，倒死马匹。即便开报巡抚衙门，仍行各该行太仆寺官比较印
烙回报。然后，类奏施行。庶几，收银买马，数目易清，欺弊无所
容，分数不能隐。而奏报之数，在本部者亦可为据依也！①

上述两种文献中，《马政志》中"仰该兵部议行屯田"与《何文简
疏议》中"为陈言边务等事，节该兵部议行陕西各边卫所屯田。除办纳
外粮草外"互异，《马政志》中"元"与"匿"两字与《何文简疏议》
中"元等"与"容"不同，《何文简奏疏》载："查考此例之行为日久。
粮草额外实是加征，独于边方有之"，《马政志》中并无此语。除此之外，
两种文献内容基本一致。这印证了笔者之前的推测，即《马政志》曾征
引部分何孟春的奏疏。

（二）敕谕内容史源探寻

在中国古代社会，敕谕是皇帝对臣子的褒扬或鞭策。《马政志》一书
中共收录七份重要的敕谕，这些敕谕或勉励官员忠于职守，或褒奖官吏
办事干练，以便官吏能够切身感受到最高统治者对马政的重视。关于
《马政志》中敕谕的史料来源，鲜有学者进行分析与研究。

笔者通过比较文献，对《马政志》中收录的敕谕进行一一甄别，认
为《马政志》中的敕谕部分主要来源于实录、奏疏与志书。

1. 参照《明实录》

陈讲在撰述《马政志》的过程中曾参引多篇明代的敕谕。笔者在整

---

① （明）何孟春：《何文简疏议》，《景印文渊阁四库全书》（第 429 册），第 38～41 页。

理《马政志》时发现其中的敕谕内容与《明实录》《关中题奏稿》有部分文献相似。然而，经过文献之间的相互比较，笔者发现《马政志》中的敕谕内容与《关中题奏稿》中的差异较大。①《明孝宗实录》中的敕谕内容却与《马政志》中文献内容顺序一致。因此，笔者推断《马政志》中的敕谕内容引自《明孝宗实录》。

首先，嘉靖元年（1522），陈讲曾担任翰林院庶吉士，他有机会接触到实录。《明孝宗实录》包含明孝宗一朝的各项敕谕、律令以及政治文化经济方面的大事，况且已早于嘉靖三年（1524）之前撰修完成，这也为陈讲撰述《马政志》提供了丰富的素材。

其次，《马政志》中的敕谕内容与《明孝宗实录》内的文献一致，这无疑就力证《马政志》中敕谕曾经参考过《明实录》。现将两种文献摘录如下。

《马政志》中谈道：

> 敕谕：陕西设立寺监衙门，职专牧马。先年边方所用马匹全藉于此，近来官不得人，马政废弛殆尽。今特命尔前去彼处督同行太仆寺、苑马寺官，专理马政，尔须查照兵部奏准事理，考究国初成法，亲历各该监苑，督委都布按三司能干官员，踏勘牧马、草场……特兹简命尔须不惮勤劳、悉心经理，务俾马匹蕃息、边方足用，以复国初之盛，以济戎务之急。尚有显擢以旌，尔能如成绩效，弗彰有孤，委任责亦难逭，尔惟钦哉！故谕。②

---

① 由于《马政志》中的敕谕内容与《关中题奏稿》中的内容差异较大，笔者认为两者文献并无摘录之疑。现将两种文献内容节选，以便明晰其中差异。《马政志》载："责令该管官员用心牧养，官军骑操之数亦令该管官员如法点视比较，毋致倒失亏欠。尔仍不时往来，提调稽考。各该寺监等官有阘茸不识者，尔即具奏黜罢或起送别用，另选才能以充任，使其有尽心职务。功绩昭著者，具奏旌擢。其西宁等处各茶马司茶易番马，甚济国用。"（明）陈讲：《马政志》，第19页。《关中题奏稿》云："责令该管官员，用心牧养。钦此！钦遵。臣章句迂儒，本无致用之具。伏蒙皇上简擢，总理陕西马政。且马政虽是一事，关系军国大计，正愚臣劾忠宣力之秋。重荷温旨褒嘉，揣分扪心，实深愧惧！有君如是，其忍负之？誓竭驽钝，以图报称。"（明）杨一清：《杨一清集》，第1~2页。

② （明）陈讲：《马政志》，第19页。

《明孝宗实录》中载：

> 敕曰：陕西设立寺监衙门，职专牧马。先年边方所用马匹全藉于此，近来官不得人，马政废弛殆尽，今特命尔前去彼处督同行太仆寺、苑马寺官，专理马政，尔须查点兵部奏准事理，考究国初成法。亲历各该监苑，督委都布按三司能干官员，踏勘牧马、草场……特兹简命尔须不惮勤劳、悉心经理，俾马匹蕃息、边方足用，以复国初之盛，以济戎务之急。尚有显擢以旌，尔能如成绩效，弗彰有孤，委任责亦难逭，尔惟钦哉！故谕。①

通览上述文献内容，虽然来源不同，但是内容一致。同时，《明孝宗实录》远早于《马政志》。因此，笔者认为敕谕的内容征引自《明实录》。

2. 征引何孟春疏议

在明代的奏疏集中，编著者不仅收录了奏议内容，还收录了皇帝回复此奏疏的一些敕谕，此乃明代奏疏集的最大特色。《马政志》中引用多篇敕谕，对其来源问题也是鲜有所述。笔者对比两种文献，发现《马政志》中的敕谕内容与何孟春的奏疏内容一致。因此，笔者认为《马政志》敕谕内容征引自何孟春奏疏。

首先，何孟春奏疏里有多篇皇帝本人对何孟春的马政敕谕。现存的何孟春奏疏均收录于《何文简疏议》里，在此疏议中笔者发现多篇皇帝的敕谕，这也为《马政志》征引何孟春疏议提供了前提条件。

其次，《马政志》中的敕谕内容与何孟春奏疏内容基本一致。现将两种文献中敕谕内容分别摘录如下。

在《马政志》中有云：

> 敕谕：边方武备，莫急于马。近来各边官军不思马匹出民脂膏，罔肯用心喂养。每称灾病、追贼等项，倒失数多，奏讨开报……买过马若干匹，给与某官某军领养。有无见存，倒失领出。未买银若

---

① 《明孝宗实录》卷一百九十四，弘治十五年十二月辛酉条，第 3579～3581 页。

干两，拖欠马若干匹。及见存银若干两，是何衙门收贮或有别项支用，就行追究下落。果有侵欺情弊，应提问者径自提问，应奏请者指实奏闻处治。①

在《何文简疏议》卷二《马政疏》中也载曰：

> 题为边方马政利病事，节该钦奉。敕：边方武备，莫急于马。近来各边官军不思马匹出民脂膏，罔肯用心喂养。每称灾病、追贼等项，倒失数多，奏讨关报……买过马若干匹。给与某官某军领养。有无见存，倒失领出。未买银若干两，拖欠马若干匹。及见存银若干两，是何衙门收贮或有别项支用，就行追究下落。果有侵欺情弊，应提问者径自提问，应奏请者指实奏闻处治。钦此！②

由上述文献互相比较而知，除何孟春《马政疏》中"题为边方马政利病事，节该钦奉"与"钦此"等文字并未出现于《马政志》，《马政志》中"敕谕"与《马政疏》中"敕"的差异，两种文献内容基本一致，并无相异之处。这也印证了笔者猜测，即《马政志》参引何孟春的奏疏。

3. 参考《辽东志》

在整理《马政志》一书的敕谕内容时，笔者利用书同文数据库检索，发现《马政志》的敕谕部分与《辽东志》《皇明世法录》中的部分文献相似。笔者认为《马政志》征引了《辽东志》的部分文献，其原因如下。

首先，《辽东志》与《马政志》的作者为同一时期人物，这也就说明《马政志》参考《辽东志》也在情理之中。在《马政志》中，笔者发现《马政志》与《辽东志》、《皇明世法录》的部分文献相似。《辽东志》作者是明正统十六年进士任洛，其与陈讲为同年进士，陈讲极有可能参考其书。而《皇明世法录》的著者陈仁锡乃明天启年间的人物，与本书作

---

① （明）陈讲：《马政志》，第48页。
② （明）何孟春：《何文简疏议》，第37页。

者陈讲并非同一时期的人物，且在陈讲所处时代之后。因此，《马政志》
征引的文献应是《辽东志》。

其次，《马政志》征引的敕谕内容与《辽东志》中的文献一致，笔者
现将这两种文献摘录如下。

《马政志》中载曰：

> 敕谕：国初，设行太仆寺，提调比较都司卫所官军马匹，查究
> 奸弊，职掌最重。后该兵部奏准，照太仆寺点闸京营马匹事例。而
> 行柰地远，权分军职，官员往往抗违欺慢，以致官拥虚名，马政尽
> 弛……若守备分守以上，官号令不严，以致所部官军损失马匹数多
> 者，一并参奏，仍听督理马政官提调，稽考镇守等官不得故相沮挠，
> 以致误事。尔受兹委任，必须持廉秉公，殚心竭虑，务使马匹肥壮，
> 可备战守，尚有旌擢以酬尔劳。如或因循怠玩，互为容隐，虚应故
> 事，无益地方，罪不轻贷，尔其慎之。故敕！①

在《辽东志》中有云：

> 敕辽东行太仆寺官。国初，设行太仆寺，提调比较都司卫所官
> 军马匹，查究奸弊，职掌最重。后该兵部奏准，照太仆寺点闸京营
> 马匹事例。而行柰地远，权分军职，官员往往抗违欺慢，以致官拥
> 虚名，马政尽弛……若守备分守以上，官号令不严，以致所部官军
> 损失马匹数多者，一并参奏，仍听督理马政官提调，稽考镇守等官
> 不得故相沮挠，以致误事。尔受兹委任，必须持廉秉公，殚心竭虑，
> 务使马匹肥壮，可备战守，尚有旌擢以酬尔劳。如或因循怠玩，互
> 为容隐，虚应故事，无益地方，罪不轻贷，尔其慎之。故勅！②

比较上述两种文献，内容基本一致。因此，笔者认为此处敕谕内容

---

① （明）陈讲：《马政志》，第 52 ~ 53 页。
② （明）任洛：《辽东志》卷五《官师志》，明嘉靖十六年重修传抄本；金毓黻主编《辽
　海丛书》（第 7 集），辽海书社，2009，第 17 ~ 18 页。

源自《辽东志》。

（三）典制方面史源穷究

《马政志》作为明代重要的一部志书，其典制部分的史料价值自是不言而喻。然而，嘉靖二年，陈讲巡察陕西地方，嘉靖三年，陈讲便刊行《马政志》。这也表明《马政志》必定参众书而成一书。经过文献之间的对比，笔者发现典制部分主要来自杨一清的《关中题奏稿》与《大明会典》。

1. 摘录《关中题奏稿》

《马政志》作为明代重要的志书，叙述了明代马政制度的沿革。然而，典制部分内容翔实，一年之内著者陈讲倘要完成典制部分的撰述工作，亦绝非易事。之后，经过笔者仔细比较，发现《马政志》中的典制内容与杨一清奏疏一致。因此，笔者推测典制部分也是摘录《关中题奏稿》中部分内容而成。

首先，《马政志》摘录杨一清奏疏《为申明事例禁约越境贩茶通番事》内容。在叙述"差行人"的制度中，《马政志》以洪武三十年（1397）为发轫，之后谈到永乐六年（1480），明成祖朱棣颁布圣旨。其中一段文献与杨一清的奏疏内容相似，这使笔者不得不怀疑二者之间的关系。现将该部分摘录如下：

在《马政志》卷一《茶马》云曰：

> 永乐六年，太宗文皇帝圣旨：陕西、四川地方多有通接生番，径行开隘与偏僻小路。洪武年间十分守把严谨，不许放过段匹、布、绢、私茶、清纸出境，违者处死。如今关隘上头目军士多不用心，守把巡捕，往往透漏段匹、私茶出境，恁户部再出榜文晓谕禁约……若不听号令，仍前私贩出境，挐获到官，定将犯人与本处不用心把关头目，俱各凌迟处死，家迁化外，货物入官。如私贩之人同伴有能自首者，免罪，给与重赏。①

---

① （明）陈讲：《马政志》，第18页。

《关中题奏稿》卷三《为申明事例禁约越境贩茶通番事》① 的奏疏载：

> 永乐六年十二月十九日，钦奉太宗文皇帝圣旨："陕西、四川地方多有通接生番，经行关隘与偏僻小路。洪武年间十分守把严谨，不许放过段匹、布、绢、私茶、青纸出境，违者处死。如今关隘上头目、军士多不用心守把巡捕，往往透漏段、绢、私茶出境。恁户部再出榜去晓谕禁约……若有不听号令，仍前私贩出境，拏获到官，定将犯人与本处不用心把关头目，俱各凌迟处死、家迁化外，货物入官。如私贩之人同伴有能自首者，免罪，给与重赏。②

通过上述文献之间的比较，我们可以发现，"永乐六年，太宗文皇帝圣旨"与"永乐六年十二月十九日，节该奉太宗皇帝圣旨"之间的区别，其余文献内容大体相同。

其次，《马政志》中典制部分还参考了杨一清的《为申明敕谕陈言边务以御虏寇事》奏议。现将两种文献内容抄录如下：

《马政志》卷二《盐马》载：

> 十六年，兵部议准，马政都御史杨一清处置牧马、茶马、盐马，实济边用。合行巡茶御史查照开盐中马事宜，次第举行。是年，御史王杲奏灵州盐法大坏，欲行设法召中收价买马，均给三边。③

---

① 关于此部分文献的史源问题，笔者在查阅比较相关文献之时，还发现《马政志》所征引的文献与杨一清的奏疏《为修复茶马旧制以抚驭番夷安靖地方事》相似，但笔者发现四处与《马政志》原文不相符之地方，即"永乐六年，太宗文皇帝圣旨"与"永乐六年十二月十九日，节该奉太宗皇帝圣旨"之间的区别；《马政志》中有"如今关隘上头目军士多不用心守把巡捕，往往透漏段匹、私茶出境"；"若不听号令，仍前私贩出境"与"若有私贩出境"之间的差异；"着他勤勤的差的当人去各关上省会把关头目、军士"与"着差的当人去各关上省会把关头目、军士"存在不同。这使笔者十分疑惑造成两者文献差异的原因，后笔者又发现杨氏奏疏《为申明事例禁约越境贩茶通番事》，经比较，与原文一致。故笔者认为此处文献必征引杨一清奏疏《为申明事例禁约越境贩茶通番事》。

② （明）杨一清：《杨一清集》，第 90 页。

③ （明）陈讲：《马政志》，第 35 页。

《关中题奏稿》卷十三《为申明敕谕陈言边务以御虏寇事》也载录：

> 正德十六年，兵部议准，先该臣处置牧马、茶马、盐马，实济边用。合行巡茶御史查照开中马事宜，次第举行。是年，御史王杲奏，灵州盐法大坏，欲行设法召中收价买马，均给三边，户部题奉钦依……①

观察上述文献，可以发现两种文献内容大体一致，《马政志》中"十六年，兵部议准，马政都御史杨一清处置牧马、茶马、盐马"与《关中题奏稿》中"正德十六年，兵部议准，先该臣处置牧马、茶马、盐马"略有出入。关于两者之间的差异，《马政志》中的内容与上文衔接，"正德十六年"缩略为"十六年"，"先该臣"写为"马政都御史杨一清"，其实质内容并无差异。

因此，比较上述两种文献，笔者认为陈讲在著述典制部分时亦时征引了《关中题奏稿》中的部分内容。

2. 正德本《大明会典》

在修撰《马政志》时，典制部分以年系事，弘治、正德以及嘉靖初年的马政制度颇为翔实。笔者比较文献后，发现《马政志》征引了正德本《大明会典》的内容。

首先，正德本《大明会典》成书时间早于《马政志》，陈讲参考此书亦是情理之中。《大明会典》曾多次修撰，现在通行版本是万历时期完成的《大明会典》，但此书于正德四年便撰修完成。史载："正德四年十二月十九日，光禄大夫、柱国少师兼太子太师、吏部尚书、华盖殿大学士臣李东阳等谨表。"② 因此，陈讲在著述《马政志》时可以参引其中的内容。

其次，在《马政志》中，有关课茶数目的内容十分详尽。笔者也于正德本《大明会典》中发现相似文献，现节选部分文献如下。

---

① （明）杨一清：《杨一清集》，第503页。
② 《大明会典》卷一《大明会典进表》，明正德刻本，日本国立国会图书馆藏，编号为35—23。

《马政志》中云：

> 正统五年，令各布政司府州县批验茶引，所无茶课者俱裁革。
>
> 六年奏准，甘肃仓所收茶自宣德及正统元年以前者，按月准给陕西行都司并甘肃左等卫所，官员折俸布绢，每茶一斤折粮一斗，自后所积茶多，悉照此例挨陈折给。
>
> 八年，令陕西甘肃仓所收茶折支军官俸给，每斤折米一斗五升。①

正德本《大明会典》载：

> 正统五年，令各布政司府州县批验茶引，所无茶课者俱裁革。六年奏准，甘肃仓所收茶自宣德及正统元年以前者，按月准给陕西行都司并甘肃左等卫所官员折俸布绢，每茶一斤折粮一斗，自后所积茶多，悉照此例挨陈折给。七年，令四川夔州府属县岁征课茶，务点殷实里甲部运保宁茶仓，仍每岁量金斗级收受，候军夫支运。八年，裁革四川筠连茶课司其筠连、高珙、宜宾等县茶课每斤折钞一贯，各于该县征收支用。令陕西甘肃仓所收茶折支军官俸给，每斤折米一斗五升。②

通过上述文献的比较，除《大明会典》载"七年，令四川夔州府属县岁征课茶，务点殷实里甲部运保宁茶仓，仍每岁量金斗级收受，候军夫支运"，"裁革四川筠连茶课司其筠连、高珙、宜宾等县茶课每斤折钞一贯，各于该县征收支用"，其余文献内容一致。笔者认为陈讲专注于陕西一带的茶法马政，无暇关注四川地区的马政课茶，故将其略去。序中也写道："讲奉天子命，按治陕西马政。疲驽之力，重任莫胜，奔汉沔，历洮河，驻秦关，望于汧陇，远想成周之盛，有余慨焉。"③ 这段文献也

---

① （明）陈讲：《马政志》，第 23 页。
② 《大明会典》卷三十二《户部十七·茶课》。
③ （明）陈讲：《马政志·序》，第 15 页。

说明陈讲巡按陕西马政，其著述会以陕西马政为核心关注对象。

故而，结合上述两点因素，笔者认为《马政志》参引了正德本《大明会典》。

（四）卷二《牧马》部分的史源臆测

在《马政志》书中，保存至今的仅有《茶马》、《盐马》与《点马》三卷，《牧马》不存，未流传下来。笔者在推究《马政志》史源问题之时，发现在《名臣经济录》中丘濬著有《牧马之政》四篇。于是，笔者大胆推断《牧马》卷部分史源来自丘濬的《牧马之政》。

首先，在《名臣经济录》中，陈讲多次征引其中的文献。据笔者统计，《马政志》共摘录《名臣经济录》的奏疏达5篇①，其中包括杨一清的《陕西马政一》与《陕西马政二》、何孟春的《陕西马政三》、徐蕃的《陕西马政四》与刘大夏的《陕西马政五》。这些奏疏内容均被陈讲全文收录于《马政志》，这也表明《名臣经济录》是陈讲撰述过程中极为重要的参考书目。

其次，《名臣经济录》收集了丘濬四篇《牧马之政》。丘濬是明中叶非常重要的大臣，学问精深，曾参与多部实录的编纂工作。故而，陈讲极有可能收录丘濬的四篇牧马奏疏以便充实《牧马》卷二。

结　语

通过梳理《马政志》的版本与基本内容，笔者发现《马政志》的史源比较复杂，奏疏内容主要选录杨一清奏议、《名臣经济录》以及何孟春奏议等文献；敕谕部分主要摘录自《明实录》、何孟春疏议以及《辽东志》等典籍；典志部分主要采撷于《关中题奏稿》与正德本《大明会典》；《马政志》卷二《牧马》更是很有可能参引《名臣经济录》中丘濬的四篇《牧马之政》。

---

① 根据《景印文渊阁四库全书》收录的《名臣经济录》计算。

由于明代史籍辗转相抄，古籍舛误甚多。在现存的明代马政文献中，《马政志》保存了明嘉靖时期陕西地区大量的马政文献，其史料价值不言而喻。本文探究此书的具体史源，有助于深入探究明代陕西马政状况，更有助于重新认识明代马政文献。

Textual Research on the Origin and Development

—A Study of *Ma Zhengzhi* from the Perspective of Source of Historical Materials

Wang Mingjiang

Abstract：*Ma Zhengzhi*（马政志）is a book dedicated to the Ma Zheng system in the Ming Dynasty，which contains a large number of memorial to the throne and imperial edicts，and its literature and historical value are quite high. By combing the version and content of *Ma Zhengzhi* and using the method of literature comparison，it is found that the historical origin is complex，and mainly refers to many literatures，such as *Guan Zhong Tizougao*（关中题奏稿），*Mingchen Jingjilu*（名臣经济录），*Liaodong Chronicle*（辽东志），*The Memoir of Ming Dynasty*（明实录）and so on. Analyzing the Source of historical materials of this book is helpful to deeply explore the situation of horse administration in Shanxi in Ming Dynasty，and to re-understand the literature of horse government in Ming Dynasty.

Keywords：Ming Dynasty；Chen Jiang；*Ma Zhengzhi*；Source of Historical Materials

《民族史文丛》征稿启事

1. 《民族史文丛》是由西北民族大学社会科学研究院主办的有关中国古代民族史研究的专业学术出版物，每年出版两辑。《民族史文丛》坚持学术原则，鼓励百家争鸣，采用专家匿名审稿制度。

2. 《民族史文丛》主要编辑涉及中国古代民族史的学术作品，设立民族史、少数民族文献、民族文化（经济、民俗、宗教）、学术综述、学术译文等栏目。

3. 来稿必须严格遵守学术规范，或有理论创新，或有新史料研究，或有新的学术心得。稿件不限字数，尤其欢迎具有扎实文献支撑的长文或者史料刊布。

4. 因经费和人力限制，来稿恕不退还，自投稿之日起一个月内作者即可收到评审意见。文章一经采用，酌付稿酬并寄送本书 2 册。

5. 来稿必须为作者本人的研究成果。文章所涉及图片等版权事宜须取得相关单位或个人的授权。

6. 作者投稿，请将电子稿件发送至 axe970@126.com。来稿请附作者姓名、单位、职称或学位、主要研究方向、通信地址、邮编、电话和电子邮箱。

7. 文章格式要求：请参照"《历史研究》和《中国社会科学》引文注释的格式"，文章标题、摘要、关键词请附英文翻译。

图书在版编目（CIP）数据

民族史文丛. 2019 年. 第 1 辑：总第 1 辑／才让，周
松主编. -- 北京：社会科学文献出版社，2019.9
ISBN 978 - 7 - 5201 - 5475 - 8

Ⅰ. ①民… Ⅱ. ①才… ②周… Ⅲ. ①中华民族 - 民
族历史 - 文集 Ⅳ. ①K28 - 53

中国版本图书馆 CIP 数据核字（2019）第 188855 号

民族史文丛 2019 年第 1 辑（总第 1 辑）

主　　编／才　让　周　松

出 版 人／谢寿光
责任编辑／郭红婷

出　　　版／社会科学文献出版社·当代世界出版分社（010）59367004
　　　　　　地址：北京市北三环中路甲 29 号院华龙大厦　邮编：100029
　　　　　　网址：www. ssap. com. cn
发　　　行／市场营销中心（010）59367081　59367083
印　　　装／三河市龙林印务有限公司

规　　　格／开　本：787mm × 1092mm　1/16
　　　　　　印　张：15.25　字　数：236 千字
版　　　次／2019 年 9 月第 1 版　2019 年 9 月第 1 次印刷
书　　　号／ISBN 978 - 7 - 5201 - 5475 - 8
定　　　价／89.00 元

本书如有印装质量问题，请与读者服务中心（010 - 59367028）联系